四柱命理學·사주명리학 1

형충회합과 한난조습

四柱命理學 · 사주명리학 1 형충회합과 한난조습

발행일	2023년 5월 19일		
편저자	서순향		
펴낸이	손형국		
펴낸곳	(주)북랩		
편집인	선일영	편집	정두철, 배진용, 윤용민, 김부경, 김다빈
디자인	이현수, 김민하, 김영주, 안유경	제작	박기성, 황동현, 구성우, 배상진
마케팅	김회란, 박진관		
출판등록	2004. 12. 1(제2012-000051호)		
주소	서울특별시 금천구 가산디지털 1로 168, 우림라이온스밸리 B동 B113~114호, C동 B101호		
홈페이지	www.book.co.kr		
전화번호	(02)2026-5777	팩스	(02)3159-9637
ISBN	979-11-6836-881-1 03180 (종이책) 979-11-6836-882-8 05180 (전자책)		

(주)북랩 성공출판의 파트너

북랩 홈페이지와 패밀리 사이트에서 다양한 출판 솔루션을 만나 보세요!

홈페이지 book.co.kr   •   **블로그** blog.naver.com/essaybook   •   **출판문의** book@book.co.kr

작가 연락처 문의 ▸ ask.book.co.kr

작가 연락처는 개인정보이므로 북랩에서 알려드릴 수 없습니다.

내 운명
쉽게 알아보기

서순향 지음

四柱命理學·사주명리학 1

형충회합과 한난조습

불운에 대비하고 행운을 쟁취하라!
간지의 음양오행과 여러 가지 살을 중심으로 알아보는
나의 행복 지름길

북랩

인사말

밝은 곳이 있으면 반드시 어두운 곳이나 그늘진 곳도 있다는 것은 너무 당연한 사실이라 자칫하면 아무런 생각 없이 흘려버리기 쉽습니다. 즉 음지(陰地)가 변하여 양지(陽地)가 되고, 야당이 변하여 여당이 되며, 오늘은 비록 패자이지만 내일은 승자가 될 수 있는 것처럼 궁극적으로 음양은 시간의 변화와 기준의 설정에 따라 지금의 양이 음이 될 수도 있고 지금의 음이 양이 될 수도 있는 것입니다. 사주는 陰이고 행운은 陽입니다. 체는 사주이고 용은 행운입니다. 체는 이론이며 용은 실질적인 것입니다.

계절의 변화인 날씨도 마찬가지입니다. 음에 해당하는 추운 겨울은 오히려 습기가 적고 건조하며, 양의 기운인 화를 가진 더운 여름에 오히려 음의 기운인 습기가 많아 눅눅한 것처럼 음양은 항상 공존하고 있습니다.

현대명리학은 해석과 적용 방법이 제각각입니다. 십성, 격국, 십이운성, 십이신살, 형충회합, 한난조습, 생장하수장, 신살 등의 모든 이론을 조합해서 적용하여야 할 것입니다. 또한 현대명리학의 이론을 배제하지 않고 새로운 이론도 받아들여 발전해 나가도록 하여야 합니다. 명리학에서는 두 시간까지 같은 사주팔자로 해석하여 적용하므로 사주는 같지만 다른 삶을 사는 이들이 있습니다. 그러므로 2시간을 1시간으로 나눌지, 40분으로 나눌지는 앞으로 연구해야 할 부분입니다. 오주법이 명리학자들 간에서 새로운 이론으로 펼쳐지고 있으나 수많은 데이터를 가지고 적용하여 논리적이고 합당하다고 판단될 때 적용하여야 할 것입니다.

命理의 이치는 命의 이치를 깨닫는 학문입니다. 격국의 구성을 보고 명의 청하고 탁함과 그 사람이 어떤 성품을 가졌느냐를 파악하며, 사주팔자의 구성대로 직업을 가지게 되며 일생을 살게 됩니다.

길흉화복은 사주의 음양오행과 4계절과 한난조습과 만물의 생장하수장으로 연결고리가 이어지고 있는 것입니다. 겉보기에 아무런 근심 걱정 없이 행복해 보이는 사람도 반드시 인생에서 무언가 말 못할 고민이나 불행의 씨앗을 지니고 있을 수도 있습니다. 또한 흉악한 범죄를 저지른 사람도 마음속에 자기보다 약한 사람을 돕거나 보호하려는 선한 생각도 가지고 있는 것입니다.

인생에는 완전한 정답도 오답도 없습니다. 인생이란 연습할 수가 없어서 매 순간 새로운 걸 경험하고 체득하고 헤쳐 나가야 합니다. 또한 매 순간 선택의 기로에 있어 선택해야 합니다. 그리고 어떠한 일도 시간이 모든 걸 해결해 줍니다. 인생에는 기쁨, 즐거움, 사랑, 슬픔 등의 희로애락이 있으며 길흉화복이 항상 교차합니다. 길한 운이 영원할 것이라고 착각하며 살지 말고, 욕심이 과하면 화를 부르게 됩니다. 그리고 남과 비교하게 될수록 마음속의 불행을 자초하므로 만족하며 살아야 행복한 것입니다. 그러므로 평범한 삶이 주어지는 게 가장 힘들지만 평범한 것이 가장 행복한 것이며 평범한 일상이 행복한 걸 모를 때가 많습니다. 내 운명을 스스로 알아보며 개척하고, 조급해하지 않는 삶이 되었으면 하는 바람으로 독자 여러분께 이 책을 바칩니다.

2023년 5월, 대구에서

서순향

차
례

Ⅲ 刑沖會合

Ⅳ 怨嗔殺과 鬼門關殺

Ⅴ 神殺의 吉神과 凶神

VI 寒暖燥濕

VII 四柱의 通辯

I

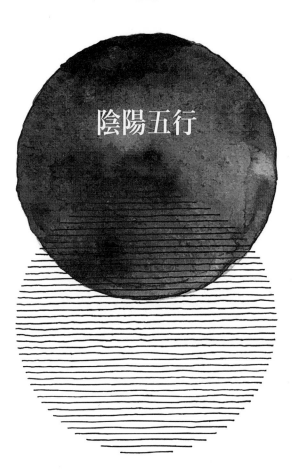

陰陽五行

命理學의 起原과
陰陽五行

역학에는 주역, 명리학, 관상학, 성명학, 육임학, 구궁학, 기문학, 풍수지리학, 점성학 등이 있다. 그중 명리학은 음양오행과 4계절과 24절기로 구성되어 간지와 더불어 적용되고 있다. 공자와 노자 시대부터 명리학에서 음양을 구분하기 시작하였으며 길흉화복을 추산하는 학문으로 推命術, 算命術이라고도 한다. 육조 후기에는 오성추명술이 성행하였고 이후 음양오행설에 근거한 시진추명술이 발전하였다.

전국시대에 귀곡자, 낙녹자가 있었고 한나라 때는 동방삭, 사마계 등이 있었다. 당나라 때에는 이허중이 년주를 위주로 한 길흉화복, 생로병사, 인연 등을 판단하는 납음오행을 실용화하였으며 이것을 黨四柱라고 한다. 명나라 때는 연해자평에서 발전된 신봉장남『命理正宗』, 만육오『三命通會』, 유백온『滴天髓』가 있다. 청나라 때는 진소암『滴天髓輯要』, 임철조『滴天髓闡微』, 난강망(무명지사)『窮通寶鑑』등이 있다. 이들은 음양과 오행의 상극, 합, 형, 충, 파, 해로 구성했으며 일간을 중심으로 하여 오늘날의 명리학을 학문적으로 뒷받침하게 한 지침서가 된다.

서자평은 년주 중심에서 일주 중심인 시진추명술을 주장하였으며『淵海子平書』로 명리학을 체계화하였다. 또한 현대명리학에서 사주의 년주, 월주, 일주, 시주 중 일간을 자신으로 육친을 적용한 추명학을 완성하였으며 이는 현대명리학에 적용되고 있다.

우리나라에 명리학이 소개된 것에 대해서는 전해져 내려오는 자료가 없으므로 정확한 역사는 알 수가 없다. 하지만 설총과 고운, 최지운, 신라말 도선국사 등이 동양학을 섭렵하였다 한다. 고려에 이르면 최충, 정몽주, 최성지, 우탁, 길재 등 많은 분들이 명리에 능통한 학자들로 꼽히고, 조선시대에는 무학대사가『무학비기』를 남겼다고 하나 현재 전해지지 않고 있다. 또한 토정 이지함 선생과 이황, 이이, 사명대사, 서산대사가 유명하며 명리학의 전성기는 조선시대의 명종, 선조때였다고 한다. 조선 중기에는『土亭秘訣』이 있었으며 예언서인『鄭鑑錄』이 있었다. 근현대에는『命理要綱』의 陶溪 박재완,『四柱捷經』의 自彊 이석영, 그리고 霽山 박재현 등은 한국 역학계에 큰 업적을 남긴 大家들이다.

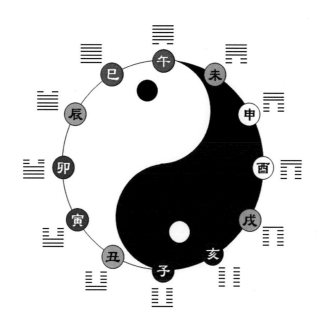

陰陽과 十二地支의 周易卦

(1) 陰陽

음양이란 하나의 덩어리가 둘로 나뉜 것이며, 자연과 생명의 근원과 기운이며 우주 삼라만상에 다 존재한다. 음양은 상대성이며, 둘이 합해서 하나의 짝이 되며, 떼려야 뗄 수 없는 불가분의 관계이다. 또한 음양은 항상 공존하며 혼자서는 존재할 수 없고, 대립하기도 하며 융화하거나 고정되기도 하며 때에 따라 변화하기도 한다. 양이 극점에 이르러 해가 동쪽으로 떠올라 기울면 음이 극점에 이르러 달이 올라와 가득 찬 후 기울게 된다. 이것이 반복되는 것이다.

陽은 父, 男, 老, 天, 强, 晝, 白, 東, 福, 富, 大, 吉, 前, 進, 情, 上, 左, 動, 善, 火, 生, 藥, 태양, 불, 낮, 밝음, 맑음, 가벼움, 단단함, 나타남, 시작 등이다.

陰은 母, 女, 少, 地, 弱, 夜, 黑, 西, 禍, 貧, 小, 凶, 後, 退, 神, 下, 右, 靜, 惡, 水, 死, 病, 달, 물, 밤, 어둠, 탁함, 무거움, 부드러움, 숨음 등이다.

자연의 이치와 법칙은 명리학의 십이운성의 이치와 같은 無에서 有로, 유는 다시 무로 이어서 음과 양으로 나누어지는 것이다. 사주에서 년, 월주는 양이며 일, 시주는 음이다. 또한 천간이 양이면 지지는 음이다.

사주팔자는 주역의 八卦와 부합하여 形而上學과 形而下學으로 나누어지며 哲學的이다. 주역의 八卦의 음양에 있어서 陽은 年干의 건괘(乾卦, ☰), 월간의 離卦(☲), 일간의 巽卦(☴), 시간의 艮卦(☶)로 이루어진다. 또한 陰은 년지의 兌卦(☱), 월지의 震卦(☳), 일지의 坎卦(☵), 시지의 坤卦(☷)로 이루어지며 이것을 사주팔자라 한다.

인간에 비유하자면 양기는 어린아이일 때 발바닥에 강하고, 초등학교 때는 발에서 무릎까지 강하고, 청소년기에는 생식기에 기가 강해지고, 청년기에는 배에 강하고, 장년기에는 가슴 부위에 강하고, 노년기는 머리에 강하다. 양기는 나이가 들수록 위로 기운이 올라가며 말이 많아지게 된다. 사람은 음양에 치우치지 않고 中和之道를 가져야 편안하게 살게 되는 것이 세상의 이치이다.

(2) 오행

오행은『呂氏春秋』의 十二覽부터 시작되어 그 학설을 이어『小戴禮記』가 계승하고 이후『淮南子』로 이어졌다. 우주는 다섯 가지 종류로 존재하며 이것을 오행이라고 한다. 이후 오행은 수천 년 동안 인간의 심리와 자연의 법칙에까지 적용되었다.

오행은 음양에서 발전되어 음양을 이어주는 역할을 한다. 오행은 木(形, 나무), 火(氣, 불), 水(物, 물), 土(變化, 흙), 金(質, 쇠)으로 이루어진다. 천간의 오행은 다음과 같다. 목은 양인 甲木과 음인 乙木이 있다. 화는 양인 丙火와 음인 丁火가 있다. 토는 양인 戊土와 음인 己土가 있다. 금은 양인 庚金과 음인 辛金이 있다. 수는 양인 壬水와 癸水가 있다. 오행 중 목은 생명이 자라는 것이며, 화는 솟아오르고 퍼지는 것이며, 토는 조습의 온도를 조절하고 뭉치게 하는 힘을 주며, 금은 노력한 결실을 얻게 하고, 수는 유동하여 융통성이 있으며 적응을 잘하게 되며 재치가 있다.

십천간의 체용에 의한 음양

體	+	-	+	-	+	-	+	-	+	-
天干	甲	乙	丙	丁	戊	己	庚	辛	壬	癸
用	+ 木 -	-	+ 火 +	+	중 土 앙	앙	- 金 -	+	- 水 +	-

십천간의 음양

天干	+	-	+	-	+	-	+	-	+	-
	甲	乙	丙	丁	戊	己	庚	辛	壬	癸

오행의 음양은 수화가 양이며 금목이 음이다. 또한 목화가 양이며 그중 양은 화이며 음은 목이다. 금수가 음이며 금이 양이고 수가 음이다. 用의 화는 양 중의 양이며 목은 양 중의 음이며, 금은 음 중의 양이며 수는 음 중의 음이다.

그러므로 양 중의 양은 화이며 음 중의 가장 음은 수가 되는 것이다. 體의 양간인 갑병무경임은 양이며, 음간인 을정기신계는 음이다. 오행중 수화는 하늘에서 내리는 복이므로 제대로 되어 있으면 의식주 걱정은 없다. 그러므로 수화가 제대로 되어 있는지 살펴야 한다.

간지의 음양

	陽					陰				
天干	甲	丙	戊	庚	壬	乙	丁	己	辛	癸
地支	子	寅	辰	午	申	戌	丑	卯	巳	未	酉	亥

천간의 오행의 체는 다음과 같다. 갑은 양목이며 을은 음목이다. 병은 양화이며 정은 음화이며 무는 양토이며 기는 음토이다. 경은 양금이며 신은 음금이며 임은 양수이며 계는 음수이다. 천간의 용에서 갑을과 병정의 목화는 양이며 경신과 임계의 금수는 음이며 토는 중앙이다.

지지의 음양은 子寅辰午申戌이 陽이고 丑卯巳未酉亥가 陰이며 이것을 체용 중 '體'라고 한다. 이것은 뒷부분에서 다시 논하도록 하겠다. 이상으로 볼 때 용이 중기이니 중기가 중요한 것이다. 삼합으로 볼 때 寅午戌과 申子辰이 수화로 양이며 사유축과 해묘미가 금목으로 음으로 이루어지는 것을 알 수 있다. 음양의 짝으로 이루어지는 것이며 지장간의 배합을 통해 가족 관계나 사람 관계를 볼 수가 있다.

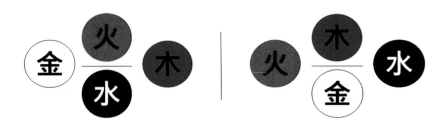

수화는 양이며 금목이 있어야 하며, 도구나 펜에 비유한다. 금목은 음이며 수화가 있어야 하며, 물건이나 칠판에 비유한다. 수화는 정신적인 일, 금목은 실제적인 재물 등의 일이 일어난다.

건강은 목화가 다치거나 잘못될 때 일어나므로 수화가 받쳐 주어야 한다.

금이 있으면 화가 약해지고 화가 있으면 목이 약해지고 수가 있으면 금이 약해지고 목이 있으면 수가 약해진다.

모든 오행인 목화토금수는 봄부터 생명이 자란다. 금은 다듬어져야 값이 나가며 종획이라 하며 가을과 겨울 금은 정화가 좋다.

사주에 수화는 음인 금수의 기운이 강왕하면 활동을 싫어하고 목화의 기운이 강왕하면 활동적이 된다. 수가 왕하면 4계절 다 가정궁이 나쁘거나 행실이 좋지 않거나 천대받는다.

① 木(甲, 乙) - 曲直

- 의미: 생장, 강직, 仁, 東, 春, 아침, 左, 온화, 인정, 측은지심, 인정에 약함, 청색, 청룡, 角(ㄱ, ㅋ), 유덕, 곡직, 갑을목, 인묘목
- 속성: 출발, 생장, 생동, 시작, 추진력, 의지, 성장, 역동, 분발, 발전, 탄생, 희망, 생명, 상승, 지휘, 유시무종, 바람, 만물, 임기응변에 능함, 방향을 잘 바꿈, 감정에 잘 치우침, 희망과 포부가 크나 싸우고 굴복하기도 함.
- 건강과 신체: 眼(눈, 시각), 膽(담), 肝(간), 酸(신맛), 項(목, 얼굴), 頭(머리), 모발, 동맥, 신경, 분비 계통
- 나무, 동량지목(棟梁之木), 목재(木材), 지엽목(枝葉木), 조림(造林), 근초목(根草木), 묘목(苗木), 양류목(楊柳木), 섬유
- 악기, 가구, 직물, 의류, 죽세, 목각, 문방, 분식, 문학가, 작가, 예술, 언론, 교육, 학자, 건축, 건물, 목공
- 목이 태왕: 바람 잘 날이 없으며 융통성이 부족하고 어리석다.
- 목이 태약: 인자함과 베풂이 없고 냉정하다.
- 목이 없을 때: 토가 힘을 쓰고 제멋대로 날뛰며 뻣뻣해지고 물을 막는다. 타인과의 소통이 안 되어 자기애에 갇혀서 꽉 막힌 사람이 된다.
- 목이 없을 때: 화가 지속되지 않고 힘을 못 쓰고 쉽게 꺼진다. 또한 화의 열정이 없어져 확산되고 감정 기복이 많고 싫증을 빨리 낸다.
- 목이 없을 때: 수가 흐르지 않아 소통이 안 되며 수의 속성인 변화, 유행이나 시대의 흐름에 따라가지 못해 정체되고 도태된다. 목이 죽으면 기력이 없으니 의기소침하고 우울증이며, 수가 잘못되었을 때 조울증이다.
- 목이 많을 때: 토가 뚫리고 구멍이 나며 토의 안정적인 것과 중화력이 없어지며 중심을 못 잡고 자립심이나 의지가 약하고 항상 불안하다. 항상 바쁘고 일을 하여도 좋은 소리를 듣지 못하며 귀가 얇아 바람 잘 날이 없다.

- 목이 없을 때: 금의 자제력과 분별심이 없어 제멋대로 행동한다.
- 목이 많을 때: 화가 오래가지 못하고 꺼지니 밝음이 없어지고 우울하고 지속하지 못하니 일을 진득하게 오래 하지 못한다. 수가 흐르다 없어지고 말라 버리며 수의 속성인 지혜, 생각, 비전 등이 없어진다. 금의 결단력, 냉정함 등이 없어 우유부단해진다.
- 목의 뿌리가 잘리거나 좋지 않을 때 상처를 잘 받는다.
- 명조에 없는 오행은 탈이 나지 않는다. 그러나 진술축미의 지장간을 충하거나 대운과 세운에서 왔을 때 해당하는 오행이 탈이 나게 된다.

② 火(丙, 丁) - 炎上

- 의미: 발산, 禮, 南, 上, 夏, 낮, 炎上, 朱雀, 緻(ㄴ, ㄷ, ㄹ, ㅌ), 솔직, 명랑, 밝음, 달변, 성장, 적색, 병정화, 사오화
- 속성: 온열, 솟구침, 향상, 변화, 분산, 확장, 폭발, 정열, 팽창, 활발, 화려함, 따뜻함
- 건강과 신체: 심장, 소장, 舌(혀, 미각), 苦(쓴맛), 肩(어깨), 背(등), 정신, 말, 혈압, 체온, 가슴, 순환계, 조혈계, 말더듬증
- 태양, 달, 등대, 등불, 촛불, 호롱불, 전기, 광선, 방사선, 적(자)외선, 전기전자, 컴퓨터, 화공, 화학, 유류, 항공, 자원, 보일러, 교육자, 외교관, 사회복지사, 의사, 법관, 변호사, 문학, 작사가, 작곡가
- 화가 태왕: 비밀 유지가 어렵고 사치, 실수, 성급하며 사람이 많이 따르고 탕화살이 작동하여 폭발하는 기질이 있다.
- 화가 태약: 예의가 없으며 어둡고 우울함, 답답함, 의지가 약하다.
- 화가 없을 때: 금이 강해져 냉혹, 자름, 분리, 살기 등이 강해지고 행동을 멋대로 한다. 겉만 단단해지고 속은 부실하여 알맹이가 없어 쭉정이만 남아 있는 것과 같다.
- 화가 없을 때: 화의 열정과 확산과 분출하는 특성이 오래가지 못하며 감정 기복이 심하고 빨리 싫증을 낸다.
- 화가 없을 때: 목이 강해져 목의 특성인 시작, 출발, 추진 등이 약하고 제대로 성장이 안 되고 잎과 가지가 무성하나 꽃과 열매가 없다.

- 화가 없을 때: 수는 제 역할을 하지 못하고 수의 지혜, 저장, 준비나 계획 등을 현실적으로 잘하지 못한다. 변화가 어렵고 적응력이 약하고 현실적이지 못하다.
- 화가 많을 때: 금의 속성인 정리, 분리, 결단, 카리스마, 지배력이 없고 결과를 거두지 못한다. 목이 타 버리며 매사 서두르고 전광석화처럼 일을 빨리 하려고 성급해진다. 꽃이 피기도 전에 열매를 따려고 하니 실속이 없다.
- 화가 많을 때: 수가 고갈이 되어 수의 차분함과 평정심과 응집력이 없어진다. 또한 산만하고 경솔하며 생각이 왔다 갔다 하며 무계획적이 된다.
- 화가 많을 때: 목이 빨리 타 버려 오히려 불이 빨리 꺼져 버리니 오래가지 못한다.

③ 土(戊, 己) - 稼穡

- 의미: 환경, 신의, 信, 중앙, 간절기, 濕, 稼穡, 句陳, 騰蛇, 宮(ㅇ, ㅎ), 구사, 사이, 믿음, 성실, 포용, 화합, 신용, 정직, 황색
- 속성: 안정, 비옥, 생장 능력, 연결, 중개, 중후, 무기토, 진술축미
- 건강과 신체: 비장, 위장, 입술, 脅(옆구리), 腹(배), 口(觸覺), 甘(단맛), 稼穡(가색), 勾陳, 등사, 복부, 허리, 명치, 배꼽, 비만, 입, 췌장, 당뇨, 소화기, 갑상선
- 산, 밭, 언덕, 제방, 논, 둑, 흙, 토건, 건축, 중개업, 토산품, 조각, 곡물, 농산물, 부동산, 유통업, 운동선수
- 토의 태왕: 과묵, 행동과 성장이 느림, 우울, 융통성 부족, 고독, 막힌다.
- 토의 태약: 믿음 부족, 불안정함, 성실하지 못함, 귀가 얇음, 토가 중심에서 균형을 이루면 오행인 木火金水를 적절히 분배하여 만물의 생성을 돕는다. 그러나 土不及이면 적응력이 없어 꾸준하고 듬직함이 부족하다.
- 토가 없을 때: 수가 제멋대로 흐르고 통제가 되지 않고 유랑하며 목적이 분명하지 않으며 잘 움직이고 변한다. 또한 이기적이며 남을 이용하기도 하며 실속 위주로 산다. 그러므로 토가 있어야 안정적이다.
- 토가 없을 때: 목이 뿌리를 못 내리며 시작은 잘하여 진취적이나 안절부절못하며 끝맺음이 약하고 안정을 못한다.

- 토가 없을 때: 화가 강하면 일은 벌이고 실속은 없고 생산성이 떨어지며 조절을 잘 못한다.
- 토가 없을 때: 자리가 불안하고 안정이 안 된다.
- 토가 많을 때: 수인 계획과 저장, 준비 등이 막히고 정체되며 융화를 하지 못하고 관계 소통이 되지 못하여 부드럽지가 않다.
- 토가 많을 때: 목의 특성인 의지력이 약해지며 시작은 잘하나 빨리 꺾이며 결실이 약하고 여러 사람 사이에서 관계성이 약하여 고독하다.
- 토가 많을 때: 화의 밝음이 없어지고 어두워지며, 변질, 굴절되어 열정 등이 빛이 안 나고 작심삼일 또는 유시무종이 된다.

④ 金(庚, 辛) - 從革

- 의미: 義, 의리, 西, 右, 秋, 저녁, 從革, 白虎, 商(ㅅ, ㅈ, ㅊ), 변혁, 순종, 살기, 변경, 개혁, 냉정, 투쟁심 강, 숙살, 정리, 지배력, 카리스마. 정리, 결과, 수확, 승부, 분별심, 백색, 庚辛金, 辛酉金
- 속성: 변혁, 냉혹, 분리, 자름, 결단력, 수렴, 결실, 냉기, 서리, 지배
- 건강과 신체: 폐, 코, 호흡기, 대장, 鼻(후각), 辛(매운맛), 臍(배꼽), 股(넓적다리), 맹장, 대사기관, 기관지, 뼈, 골격, 관절, 치아, 치질, 하체, 사타구니
- 금은, 금속, 주옥, 기계, 차량, 정비, 그릇, 고물, 철물, 병기, 칼, 정육업, 군인, 경찰, 철거업, 의사, 기관차, 철도사, 비행기, 조종사
- 금이 태왕: 살벌하고 냉정, 탐욕, 속단
- 금이 태약: 결단력 부족
- 금이 없을 때: 목이 멋대로 자라기만 하여 조절이 되지 않아 결과를 못 얻고 뻗어 나가기만 하여 마무리를 하지 못한다. 정리 정돈이 안 되며 인간관계에서 끊고 맺는 게 약하여 친구나 연인과 동료와 직장에서의 관계 정리가 안 된다.
- 금이 없을 때: 수의 계획, 지혜, 저장, 보관, 평정심과 분별심 또한 금생수의 지속성이 부족하며 고립되고 바닥이 보인다. 남들이 다 볼 수 있는 뻔한 계획을 세우기도 한다.

- 금이 없을 때: 토인 산소 공급이 안 되어 분리가 되지 않고 우유부단하다. 이것도 저것도 아니고 아무것이나 다 받아들여 포용력 넘치든가 이중인격성이나 청탁을 할 수 있어 관재구설이 있다.
- 금이 많을 때: 목의 싹을 자르고 잘 자라지 못하여 목의 특성인 시작을 잘 못하고 일관성이 없고 비관적이며 과거지향적이 된다. 또한 상처가 크고 계획했던 일이 오래가지 못하며 수가 문제가 된다.
- 금이 많을 때: 수가 탁해져 잔꾀나 잔머리를 많이 써 이중인격자가 되거나 잔머리로 인하여 본인이 당하게 된다. 수의 장점인 준비나 계획이 약해지고 일관성이 없다.
- 금이 많을 때: 토가 토생금으로 도기되어 쭉 빠진다. 토의 장점인 중용, 믿음, 성실, 안정과 중후함이 약하여 가볍게 보인다. 편중되어 중도를 잃어버려 공적이기보다 사적이며 한쪽으로 쏠리게 된다.

⑤ 水(壬, 癸) - 潤下

- 의미: 저장, 智, 北, 下, 冬, 밤, 潤下, 玄武, 羽(ㅁ, ㅂ, ㅍ), 인내, 지혜, 윤택, 준비, 계획, 보관, 수평, 저금, 저장, 흑색, 壬癸水, 亥子水
- 속성: 유연함, 응고, 자율, 인내, 휴식, 융통성, 포용력, 적응력, 차분함, 평정심, 응집력. 꾸준함, 지속성, 융합
- 건강과 신체: 신장, 방광, 耳(聽覺), 鹹(짠맛), 脛(정강이), 足(발), 부신, 호르몬, 자궁, 생식기, 비뇨기, 무릎에서 발가락
- 강, 수분, 호수, 수맥, 이슬, 눈, 비, 구름, 안개, 수산업, 양식, 식품 요식, 여관, 목욕탕, 해양, 선박, 조선, 수도
- 수가 태왕: 소심, 치밀, 냉정, 우울, 음흉
- 수가 태약: 어리석음, 융통성 부족
- 수가 없을 때: 화가 강해져 계획의 지속성을 유지하지 못하고 지나치게 급하게 서두르고 평정심이 없고 욱하며 균형을 잃어버리기도 한다.
- 수가 없을 때: 금의 단단함이 약해져 유연하고 날카롭지 못하여 생각이 굳어 있어

지혜가 약하며 관계에서 융화가 잘 안 된다.

- 수가 없을 때: 목이 자라지 못하고 수가 말라 버려 내실이 부족하고 잘 꺾이며 좌절을 경험하게 된다. 겉만 번지르르하여 시작은 잘하나 마무리가 안 되어 실속이 없다.
- 수가 없을 때: 수는 변화와 유행인데 흐르지 못하니 썩고 정체되어 시간이 정지된다. 또한 다른 사람은 발전하는데 혼자 도태되어 시대의 흐름에 뒤떨어진다.
- 수가 많을 때: 화가 꺼지고 화의 역할을 제대로 못 하고 폭발할 수 있다. 자살, 교통사고, 칼에 의한 사고를 당할 수 있다. 또한 생각이 많아 표현을 못 하고 겉으로 잘 드러내지 못하고 솔직하지 못하다. 화의 밝음이 없어져 활발하지 못하고 우울하며 변화를 잘 못하게 된다.
- 수가 많을 때: 금은 가라앉고 녹슬거나 침몰하며 비현실적이고 일관성이 없다. 또한 권모술수나 잔꾀에 능하여 안정이 안 된다.
- 수가 많을 때: 목은 썩고 부목과 부초가 되며 마음이 이럴까 저럴까 생각이 많아 안정이 안 된다. 다음을 계획하고 준비만 열심히 한다.

⑥ 요약

목이 없을 때 수생목이 되지 않아 수가 고립되며 수가 화를 극한다. 화가 없을 때 목생화가 되지 않아 목이 고립되며 목이 토를 극한다. 토가 없을 때 화생토가 되지 않아 화가 고립되며 화가 금을 극하나 화가 금을 생조하기도 한다. 금이 없을 때 토생금이 되지 않아 토가 고립되며 토극수를 한다. 수가 없을 때 금생수가 되지 않아 금이 고립되며 금이 목을 극한다.

목은 생명의 에너지이며 생장을 의미한다. 갑목은 곧은 나무, 을목은 굽은 나무이며 땅을 뚫고 나오는 기운이다. 화는 우주의 열이며 확산, 발산하는 기운이다. 토는 중매, 중화, 정지를 의미하며 나무가 계속 자라면 땅의 에너지가 부족하여 더 이상 자라지 못한다. 금은 위축, 숙살, 축소의 의미이며 경금은 원광석이며 辛金은 완숙된 기이며 완성된 금으로 땅에 떨어져 다시 씨앗이 된다. 수는 응고의 기이므로 응고되어 얼면 나무를 못 키우므로 화가 필요하다. 정화가 심장인데 충극을 당하여 꺼지면 냉정한 성격을 가진다. 사주에서 토는 믿음과 신뢰인데 흉신이면 신용이 없거나 잘 흔들려 중심을 잡지 못하거나 불안해한다.

2.

十天干과 十二地支

~~~~~~

십천간은 甲, 乙, 丙, 丁, 戊, 己, 庚, 辛, 壬, 癸의 10개로 구성된다. 십이지지는 子, 丑, 寅, 卯, 辰, 巳, 午, 未, 申, 酉, 戌, 亥의 12개로 구성된다.

간지는 천간과 지지를 의미하며 十天干은 10간, 十干이라고 하며, 十二地支는 十二支라고도 부르고 특징과 내용은 아래와 같다. 천간은 하늘로 양에 해당되며, 지지는 4계절의 순환으로 12개월로 음에 해당된다.

양의 천간은 甲丙戊庚壬이며, 음의 천간은 乙丁己辛癸이며, 첫 번째 천간은 양, 두 번째 천간은 음이며 양음이 차례대로 진행된다. 또한 천간은 木인 甲乙, 火인 丙丁, 土인 戊己, 金인 庚辛, 水인 壬癸로 나뉜다.

천간은 한 가지 순수한 기운만 있어 순수하고 청하며 맑고 하늘이라 하며 양이라 칭하고 생각을 의미한다.

지지는 지장간으로 인해 여러 오행이 섞이므로 탁하며 땅이라 하며 음이라 칭하며 현실을 의미한다.

지지는 천간의 뿌리가 되는 것이다. 천간은 생각이고 지지는 행동이다. 천간은 자기 자신이며 활동 무대이며 남들에게 드러나는 것이며 지지는 자신의 보이지 않는 생각과 의식과 가정을 의미한다.

천간이 움직이지 않으면 지지는 잘 움직이지 않는다. 합은 생산을 해야 하므로 길신이면 길하고 흉신이면 흉하다.

東漢시대의 許愼은 『說文解字』에서 十干과 十二支의 자의 등에 대하여 서술하였다. 허신의 설문해자는 후에 段玉裁 『說文解字注』, 桂馥 『說文解字義證』, 王筠 『說文解字句讀』, 朱駿聲 『說文通訓定聲』등으로 발전하였다.

(1) 十天干의 字意

① 甲木

- 상징: 첫째 천간, 양목, 頭(머리 두)를 의미하며 시작, 개척, 발전, 상승, 우두머리(首), 長, 우레, 청룡을 의미한다. 갑옷, 큰 나무, 기둥, 우두머리, 과수, 우레, 석탑, 동상, 껍질 갑, 동량목, 목재, 대림목, 대들보, 통나무, 전봇대, 가로수, 안테나, 석탑, 고층 건물, 땅속에서 뚫고 나오는 형상, 匣(상자 갑)과 같아 땅에 씨앗이 뿌리를 땅 밑에 내려 감춰두며 껍질을 뚫고 나오는 모습으로 초목의 최초의 생장을 의미한다.
- 건강과 신체: 담, 두(머리), 신경성 두통, 뇌출혈, 뇌경색, 혈압, 간, 상체
- 곡직, 청색
- 태어난 년도: 4
- 상징하는 수: 3
- 장점: 생장, 생동감, 시작, 확장, 개척, 우두머리, 통솔력, 지도자, 리더, 교육, 인자, 인정, 자비심, 대체로 장남, 장녀가 많으며 혹은 부모 봉양 잘함, 부지런, 자수성가, 상승, 솟구치는 성정, 적극적, 추진력, 곧고 강직, 성실, 배짱과 박력, 위로 뻗어 오르는 진취적인 기질, 이상이 높고 크다. 절대 꺾이거나 굽히지 않는다. 보스 기질이 있고 추진력, 리더십이 강하며 책임감이 있다. 적극적이고 솔선수범하며 앞장서는 것을 좋아한다.

- 단점: 인정에 약함, 급함, 융통성이 적고, 굽히지 않음, 바른말 잘해서 잘 다툰다. 또한 자존심과 고집 강함, 고독, 우둔, 가장이 많음, 겸손하지 않고 자포자기를 잘하며 간섭, 구속을 대단히 싫어한다.
- 갑목은 큰 대나 중심축이며, 언론, 교육, 학업이며, 을목이 있는 사람이 화가 있으면 수술하거나, 음식을 잘하거나 미식가이거나 손재주가 있다.
- 갑목이 인묘진 방국이거나 목의 계절에 태어나 화가 없을 경우 금이 오면 좌중지란이 되고 목이 다치면 좋지 않게 된다.
- 갑목은 독선적이며 고지식하고 곧으며 을목은 향기가 있어 구부러지기도 하여 사람들과 잘 어울린다.
- 갑목은 활동력과 생활력이 강하여 가장 노릇을 하며 가권을 쥐며 어깨가 무거워 고달프며 여자는 특히 더 그러하다. 갑목이 흉할 때 군중심리에 휩쓸리지 않도록 조심해야 한다.

년·수·격	년도: 4	숫자: 3	曲直
색·한난조습·오성	靑	燥, 寒	魂
상징	匣(상자 갑), 頭(머리 두), 첫째 천간, 양목, 최초의 생장, 갑옷, 소나무(큰 나무), 기둥, 청룡, 과수, 우레, 석탑, 동상, 껍질 갑, 동량목, 목재, 대림목, 대들보, 통나무, 전봇대, 가로수, 고층 건물, 땅속에서 뚫고 나오는 형상		
건강·신체	膽, 頭, 시각, 신경근육통, 두통, 모발, 간, 장, 정신질환, 상체		
장점	생장, 생동감, 시작, 확장, 개척, 우두머리, 통솔력, 지도자, 리더, 교육, 인자, 인정, 자비심, 대체로 장남, 장녀가 많으며 혹은 부모 봉양 잘함, 부지런, 자수성가, 상승, 솟구치는 성정, 적극적, 추진력, 곧고 강직, 성실, 배짱과 박력		
단점	인정에 약함, 급함, 융통성이 적고 굽히지 않음, 바른말 잘해서 다툼, 자존심과 고집 강함, 고독, 우둔, 가장이 많음, 겸손 부족, 군중심리에 잘 휩쓸림		

② 乙木

- 상징: 둘째 천간, 음목, 지엽, 바람, 구름, 도화, 새, 조종사, 비행기, 굽을 을, 뿌리, 채소, 생목, 습목, 묘목, 꽃, 화초, 잡초, 식물, 곡식, 잔디, 섬유, 털, 옷, 종이, 칡넝쿨, 공예, 이별(날아감), 소식(새), 습목, 생목, 유목, 잔디, 야구장, 축구장, 잔디밭, 골프장, 곡식, 화초, 유실수, 넝쿨식물이다. 기물은 섬유, 의류, 목가공제품, 수공예품, 종이, 옆으로 뻗어 감고 올라가는 생명력
- 건강과 신체: 간, 항, 담, 황달, 수족, 손가락, 신경, 신경통, 탈모 등
- 곡직, 청색
- 태어난 년도: 5
- 상징하는 수: 8
- 장점: 소식, 성장, 유순, 생명력, 어질고 인자함, 착함, 온순, 활달함, 인기, 예술적 감각, 미를 창조, 사교성, 여성적, 손재주, 외교, 적응력이 뛰어남, 잡초 기질, 재치, 고집과 자존심 강함
- 단점: 역마, 바람, 기댐, 예민, 이별, 고독, 사치와 변덕이 심함, 굽신거림, 말이 많음
- 사치나 디자인, 화장품, 설계, 문학가, 꽃가게, 미술, 옷, 비행기, 조종사, 미용, 예체능계, 감각적인 일, 화려한 직업, 선원, 바늘, 실, 붓, 수염, 화투, 그림, 카드, 오락, 가위, 집게, 서류, 타자, 속기, 문구류, 문서계약, 계약서, 수표, 증권, 야구장, 축구장, 잔디밭, 골프장, 약초, 한방, 국수, 생선, 섬유, 산소, 공기정화, 정수기, 청소, 휴지, 마스크
- 을목은 뿌리내린 초목이 뚫고 나와 싹터 지엽으로 갈라지며 뻗어 감고 올라가는 생명력을 상징한다. 옆으로 뻗고 의지하려는 속성이 있으며 곡직격이다.
- 하늘에서의 을목은 목기의 형이상학적인 기이며, 하늘은 구름(雲)과 바람(風)을 의미한다. 또한 사람의 눈으로 살아있는 생명체를 분간하기 힘들어도 바람이 일어나

항상 움직이므로 風雲을 의미한다.

- 을목은 양중의 양인 병화를 봐야 한다. 금은 음중의 양이니 을목은 경금도 좋아한다. 을목은 병화와 경금을 좋아한다. 을목은 음중의 음인 계수를 싫어하며 임수도 좋아하지 않는다.

- 큰 인물이 되려면 갑목이 좋으며 을목인 묘목의 卯辰은 바람과 구름에 비유하므로 바람 따라 사는 것에 비유한다. 묘목은 천파성을 가지고 있다.

년·수·격	년도: 5	숫자: 8	곡직
색·한난조습·오성	靑	濕, 暖	性
상징	둘째 천간, 음목, 지엽, 바람(風), 구름, 桃花, 새, 조종사, 비행기, 굽을 을, 뿌리, 채소, 생목, 습목, 꽃, 화초, 잡초, 식물, 곡식, 잔디, 섬유, 의류, 목가공, 수공예품, 종이, 머리털, 털, 옷, 종이, 칡넝쿨, 한방, 약초, 공예, 이별, 소식, 濕木, 生木, 유목, 잔디, 곡식 花草, 묘목, 유실수, 넝쿨식물		
건강·신체	肝, 項, 시각, 황달, 手足, 손가락, 神經, 신경통, 탈모		
장점	소식, 성장, 유순, 생명력, 어질고 인자함, 착함, 온순, 활달함, 인기, 예술적 감각, 미를 창조, 사교성, 손재주, 외교, 적응력이 뛰어남, 잡초 기질, 재치(甘草)를 상징, 고집과 자존심 강함		
단점	역마, 바람, 기댐, 예민, 이별, 고독, 사치와 변덕이 심함, 굽신거림, 말이 많음		

③ 丙火

- 상징: 셋째 천간, 양화, 陽中之陽, 强熱之火, 태양, 빛, 남녘, 불, 조명, 간판, 네온사인, 사진, 용광로, 열, 광선, 전기, 전선, 연료, 화약, 화공약품, 방사선, 폭발물, 안경, 병, 정신, 열화, 사화(이미 있는 커다란 불)

- 건강: 소장, 견, 미각
- 염상, 적색
- 태어난 년도: 6
- 상징하는 수: 7
- 장점: 발산, 예의, 쾌활, 정열적, 봉사, 광명, 영광, 적극적, 개방적, 정치, 평등, 공평, 예술, 빛남, 뒤끝 없음, 솔직함, 바름, 직언, 장남 장녀가 많음, 언변이 뛰어남
- 단점: 자존심 강함, 화려, 급함, 사치, 허언으로 실수, 허세, 오만, 구설수, 시기 질투의 대상이 됨, 실속이 적음, 상대방을 하시, 이상적이고 현실적인 것이 약함, 싫증을 잘 느낌
- 양 중의 양이므로 만물을 기르고 남에게 뒤지지 않으려 하고 거침없이 확산하고 매사에 공명정대하고 호탕하고 숨기지 못한다.
- 병화가 있는 명조는 충극이 되지 않고 길하면 인물이 좋은 자가 많다. 병화는 양이며 계수는 음이므로 음양의 짝이 丙癸이다. 병화는 확대하고 생명을 키우는 불이며 정화는 변혁하고 변경하고 뾰족하게 모양을 내는 불이다.
- 병화는 열화, 死火(이미 있는 커다란 불), 旺火, 强熱之火라고 부른다. 그러나 정화는 생화로서 연기를 내면서 타는 불이다.

년·수·격	년도: 6	숫자: 7	炎上
색·한난조습·오성	赤	暖, 燥	心
상징	셋째 천간, 양화, 태양, 빛, 남녘, 불, 조명, 간판, 네온사인, 사진, 용광로, 광선, 전기, 전선, 연료, 화약, 화공약품, 방사선, 폭발물, 안경, 병		
건강·신체	小腸, 肩, 혀		
장점	발산, 예의, 쾌활, 정열적, 봉사, 적극적, 개방적, 정치, 평등, 공평, 예술, 빛남, 뒤끝 없음, 솔직함, 바름, 직언, 장남 장녀가 많음, 언변이 뛰어남, 거침없이 확산, 공명정대, 호탕함		
단점	자존심 강함, 급함, 화려함, 허언으로 실수, 구설수, 시기 질투의 대상이 됨, 실속이 적음, 상대방을 하시, 이상적이고 현실적인 게 약함, 싫증을 잘 느낌		

④ 丁火

- 상징: 넷째 천간, 음화, 달, 별, 은하계, 화촉, 작은 빛과 열, 촛불, 화롯불, 고무래, 등대, 호롱불, 용광로, 난로, 약물, 장정, 전기전자, 전화, TV, 컴퓨터, 종교적 정신, 땅이나 생명의 기가 하늘 높이 치솟는 것
- 건강과 신체: 심장, 등, 가슴, 시력, 눈, 혀
- 염상, 적색
- 태어난 년도: 7
- 상징하는 수: 2
- 장점: 예의, 시력, 사색, 노력, 수사, 장인정신, 전자, 헌신적, 인정, 순종적, 예술, 진취적, 문명, 학자, 열정, 생명력과 정신력과 집념이 강함, 봉사정신, 부드러우면서도 강함
- 단점: 유약, 잔정이 많음, 차분, 희생, 변화 폭이 넓음, 급함, 폭발, 고독, 시간을 허비
- 정화는 겉은 양의 성질인 것 같고, 속은 음의 성질을 가지고 있어 약하게 보이나 타오르는 불인 活火이다.

년·수·격	년도: 7	숫자: 2	炎上
색·한난조습·오성	赤	暖, 燥	神
상징	넷째 천간, 음화, 달, 별, 은하계, 화촉, 작은 빛과 열, 촛불, 화롯불, 고무래, 등대, 호롱불, 용광로, 난로, 약물, 장정, 전기전자, 전화, TV, 컴퓨터, 종교적 정신, 땅의 생명의 기가 하늘 높이 치솟는 것		
건강·신체	背, 心臟, 가슴, 시력, 눈, 혀, 혈압		
장점	예의, 사색, 노력, 수사, 장인정신, 전자, 헌신적, 인정, 순종적, 예술, 진취적, 문명, 학자, 열정, 생명력과 정신력과 집념이 강함, 봉사정신, 부드러우면서도 강함		
단점	유약, 잔정이 많음, 차분, 희생, 변화 폭이 넓음, 급함, 폭발, 고독, 시간을 허비		

⑤ 戊土

천간 - 무토

戊 ──좋아하는 오행은?──▶ 木

戊
높은 산,언덕
성곽,제방 / 사막,돌산
외고집,고독 / 신의,강직함
교만,아집,독선 / 번창,이상,계획
우유부단,느림 / 적응력,원만함
이상과 현실의 괴리 / 중개역할,중용

- 상징: 다섯째 천간, 양토, 높은 산, 언덕, 넓은 평야와 벌판, 통일, 저장, 제방, 광장, 높은 고개, 종교, 사막, 돌산, 광산, 성곽, 축대, 신의, 번창
- 건강과 신체: 위장, 협(옆구리), 요(허리), 입, 피부병, 암
- 가색, 황색
- 태어난 년도: 8
- 상징하는 수: 5
- 장점: 중후, 심지가 깊음, 효성, 믿음직, 강직함, 적응력, 원만함, 보수적, 언행이 신중, 아량, 후덕, 개성과 주체의식이 강함, 중개 역할 잘함, 중화와 중용, 이상과 계획이 높음, 만물이 무성하게 자란다는 의미
- 단점: 외고집, 고독, 교만, 고지식, 아집, 독선, 융통성과 센스 부족, 우유부단, 느림, 실속이 적음, 이상과 현실과의 괴리, 세상과 인연이 약함
- 아름답고 무성하며 中, 丘, 高, 信, 土, 山을 의미하며 조토이다.
- 만물이 태어나고 자라는 곳이며 형이상학적으로 조절, 통일, 과도기, 무성함, 중화를 의미한다. 목화의 양과 금수인 음의 중간에 자리하며 만물이 성장하고 조화를 이루도록 하고 통일, 발전하도록 한다. 조절하고 억제하는 구심적 역할을 한다.

년·수·격	년도: 8	숫자: 5	稼穡
색·한난조습·오성	黃	燥, 暖	靈
상징	무성할 무(茂), 다섯째 천간, 양토, 높은 산, 언덕, 넓은 평야와 벌판, 통일, 저장, 제방, 광장, 높은 고개, 종교, 사막, 돌산, 광산, 성곽, 축대, 신의, 번창		
건강, 신체	胃腸, 脅, 腰, 口, 癌, 피부병, 암		
장점	중후, 심지가 깊음, 효성, 믿음직, 강직함, 적응력, 원만함, 보수적, 언행이 신중, 아량, 후덕, 개성과 주체의식이 강함, 중개 역할 잘함, 중화와 중용, 이상과 계획이 높음, 만물이 무성하게 자람		
단점	외고집, 고독, 교만, 고지식, 아집, 독선, 융통성과 센스 부족, 우유부단, 느림, 실속이 적음, 이상과 현실과의 괴리, 세상과 인연이 약함		

⑥ 己土

- 상징: 여섯째 천간, 음토, 논, 밭, 전답, 대지, 옥토, 화원, 정원, 몸, 화단, 도로, 모래밭, 잔디밭, 윤토, 평야, 습토, 기, 하늘의 구름, 옥토, 활토, 윤토, 사토 평야, 도로, 전원, 전답, 화원, 정원, 해수욕장, 잔디밭, 조절, 중개업, 부동산, 관광, 국제, 교제 등
- 건강: 비장, 위, 창자, 소화기, 복부
- 가색, 황색
- 태어난 년도: 9
- 상징하는 수: 10
- 장점: 신의, 화합, 성실함, 비밀, 온정, 종교, 규칙적(법), 자기화를 상징, 순박, 부드러움, 중용, 신중, 사교성, 중재, 결실, 회전이 빠름, 일어남, 모성, 만물이 성숙하다는 의미이다. 토는 만물과 생명을 탄생시킬 수 있는 자궁과 같다.
- 단점: 고집, 순진, 경솔, 속전 속패, 쓸모없는 땅, 투기, 예민
- 무토가 정자와 태아의 아버지와 같다면 기토는 정자를 받아들여 잉태하고 낳는 임

산부와 같다. 만물을 배양하고 잘 기르므로 인간이 활용하고 사는 땅이다. 적당한 습토로 생명이 잘 자라는 땅이다.

년·수·격	년도: 9	숫자: 10	稼穡
색·한난조습·오성	黃	濕, 寒	能
상징	일어날 기(起), 여섯째 천간, 음토, 논, 밭, 전답, 대지, 옥토, 화원, 정원, 몸, 화단, 도로, 모래밭, 잔디밭, 윤토, 평야, 습토, 氣, 만물의 자궁		
건강·신체	脾臟, 腹, 胃, 창자, 消化器		
장점	신의, 화합, 성실함, 비밀, 온정, 종교, 규칙적(법), 자기화를 상징, 순박, 부드러움, 중용, 신중, 사교성, 중재, 결실, 회전이 빠름, 일어남, 모성, 만물이 성숙, 만물과 생명을 탄생시킬 수 있는 자궁		
단점	고집, 순진, 경솔, 속전 속패, 쓸모없는 땅, 투기, 예민		

⑦ 庚金

- 상징: 일곱째 천간, 양금, 원석, 흰 구름, 은하수, 서리, 우박, 무기, 바위, 도끼, 강금, 무쇠, 철강, 기계, 제기, 총포, 자동차, 중장비, 농기구, 은행, 고철, 큰그릇, 고칠, 단단할, 숙살지기, 변혁, 별이름 경, 풋과일, 익지 않은 과일, '고칠 갱(更)'에서 생긴 글자이다.
- 건강: 대장, 폐, 기침, 천식, 기관지 배꼽(제), 뼈, 코, 골수, 척추
- 종혁, 백색
- 태어난 년도: 0
- 상징하는 수: 9
- 장점: 의리, 수축, 성숙, 하강, 창조, 개혁, 소속감, 결실과 수확, 위엄, 개혁, 응고, 견

고, 냉정, 강직, 자존심 강함, 추진력, 정의감, 명예, 권력, 지도력, 통솔력, 결단력, 단호함, 직선적, 도전정신, 순수, 고집, 자신감이 있다. 군인, 경찰, 법관, 의사, 스포츠인, 무관 등이다.

- 단점: 거침, 엄격, 투쟁심, 남을 무시, 냉철함, 냉정, 폭력, 깡패, 무력, 투쟁, 우둔

- 만물이 팽창과 수축하여 열매가 여물고 견고해지며 결실을 거두기 위해 완성을 촉진하기 위해 개혁하는 것이다. 또한 팽창과 성장을 억제하여 수렴하려 한다.

- 경금은 미완성의 금이므로 순수하고 단순하고 우둔하기도 하다.

- 계절은 가을, 방위는 서쪽, 五常은 義, 맛은 매운맛

년·수·격	년도: 0	숫자: 9	從革
색·한난조습·오성	白	濕, 暖	氣
상징	고칠 갱(更), 일곱째 천간, 양금, 원석, 흰구름, 은하수, 무기, 바위, 도끼, 강금, 무쇠, 철강, 기계, 제기, 총포, 자동차, 중장비, 농기구, 서리, 우박, 고철, 큰그릇, 고칠, 단단할, 肅殺之 氣, 변혁, 별이름 경, 풋과일, 익지 않은 과일, 열매		
건강·신체	大腸(대장), 臍(배꼽), 鼻(코), 骨髓(골수), 脊椎(척추)		
장점	義理, 창조, 개혁, 소속감, 결실과 수확, 위엄, 개혁, 웅고, 수축, 견고, 냉정, 강직, 자존심 강, 추진력, 정의감, 명예, 권력, 지도력, 통솔력, 결단력, 단호함, 직선적, 도전 정신, 자신 감, 군인, 경찰, 의사, 스포츠인, 무관 등, 만물은 팽창과 수축, 견고		
단점	거침, 엄격, 투쟁심, 남을 무시, 냉철함, 냉정, 깡패		

⑧ 辛金

- 상징: 여덟째 천간, 음금, 금, 은, 귀금속, 다이아몬드, 보석, 서리, 결정체, 장식품, 생금, 약금, 우회, 탁금, 둔금, 주옥, 반도체, 금속, 칼, 가위, 화폐, 완성품, 술잔, 미

국, 서방, 카메라, 전자제품, 인쇄기, TV, 의료기구, 유리그릇, 거울, 화장품, 된장, 고추장, 간장, 생강, 마늘, '새 신(新)'의 새롭게 이루었다는 것

- 건강: 폐, 고(넓적다리), 기관지
- 종혁, 백색
- 태어난 년도: 1
- 상징하는 수: 4
- 장점: 의리, 정직, 청백, 결백, 결실, 정확, 치밀, 단호함, 냉혹, 자존심과 책임감 강함, 완성, 성취력, 적극적, 명예, 세련, 섬세, 샤프, 빛남, 야무짐, 단단함, 스마트, 깔끔함, 성숙함, 결실을 맺은 후 새로운 탄생인 만물의 씨앗을 의미
- 단점: 날카로움, 까다로움, 냉철, 집착, 독함, 괴로움, 슬픔, 원한, 인간관계 약함, 화려, 사치
- 辛金은 열매가 익은 경금의 성숙함이 다시 씨앗이 되기 위해 새로운 탄생을 위해 잠복하는 것이다.
- 辛金은 甲, 丙, 壬 중 한 자라도 투간하고 살아 있고 뿌리가 있으면 의식주는 해결된다. 갑목은 재물이, 병화는 명예가, 임수는 활동력과 재능이 있다. 辛金이 최고 싫어하는 것은 정화이며, 계수는 비로 제대로 씻을 수 없어 싫어하며, 그다음 무기토가 토다금매하며, 그다음 경금은 흠을 내므로 싫어한다.
- 금은 펼치는 것이 아니라 열매를 수확하기 위한 것이며 재물이며 서방을 뜻하며 위축의 신으로 본다. 반대로 목은 정신세계이므로 동양으로 본다. 유금이나 사유축이 있거나 금이 많은 사람은 물질세계를 추구한다.

년·수·격	년도: 1	숫자: 4	從革
색·한난조습·오성	白	燥, 寒	백(魄)
상징	여덟째 천간, 음금, 금, 귀금속, 은, 다이아몬드, 보석, 서리, 결정체, 장식품, 생금, 약금, 우회, 탁금, 둔금, 주옥, 반도체, 금속, 칼, 완성품, 새롭게 이루었다는 것을 의미하며 '새 신(新)'에서 생긴 글자이다.		
건강·신체	肺(폐), 股(넓적다리), 氣管支(기관지)		
장점	의리, 정직, 청백, 결백, 결실, 정확, 치밀, 단호함, 냉혹, 자존심과 책임감 강함, 완성, 성취력, 적극적, 명예, 세련, 섬세, 샤프, 빛남, 야무짐, 단단함, 스마트, 깔끔함, 성숙함, 결실을 맺은 후 새로운 탄생의 만물의 씨앗을 의미		
단점	날카로움, 까다로움, 냉철, 집착, 독함, 괴로움, 슬픔, 원한, 인간관계 약, 화려, 사치		

⑨ 壬水

- 상징: 아홉째 천간, 양수, 큰 물, 많은 물, 눈, 비, 큰비, 먹구름, 댐, 강, 호수, 구름, 바다, 종자, 정자, 분자, 난자, 원자, 전자, 간사할, 클 임, 정액, 잉태, 생명, 생명을 잉태한다는 의미에서 '아이밸 임(姙)'에서 생긴 글자이다.
- 건강: 방광, 경(정강이)
- 윤하, 흑색
- 태어난 년도: 2
- 상징하는 수: 1
- 장점: 지혜, 총명, 융통성, 창의성, 선견지명, 임기응변에 능함, 넓은 도량, 분석, 만물박사, 개척자, 나아감, 사교적, 포용력, 인내력, 응집력, 다양한 재주
- 단점: 되돌아가기 힘듦, 음기 강함, 기회주의, 비밀, 차갑고 냉혹, 고독, 색정, 음흉, 음란, 어두운 직업, 불안정, 정이 많음, 자기 꾀에 스스로 넘어감, 권모술수, 경솔, 신용이 약
- 임수가 가장 좋아하는 오행은 경금, 병화, 무토이다. 임수가 가장 싫어하는 오행은 기토, 임수, 계수이다.
- 임수의 역할은 첫째, 농사를 지을 물을 저장한다. 둘째, 농사를 지을 수로다. 셋째, 조후로 사용한다. 물은 만물의 근원이며 시초이며 생명의 근원이다.
- 임수가 생명을 기르면 자비와 사랑이 있고 생명을 기르냐 안 기르냐에 따라 성격의 차이가 있다. 임수는 목인 식신을 키우면 자상하며 목을 키우지 못하면 이상한 성격이 되기도 한다.
- 임수는 생명체와 만물의 근원이 되며 기체, 액체, 고체가 있다. 열을 만나면 기체로, 냉해지면 액체로, 너무 한랭하면 고체로 변화한다.

년·수·격	년도: 2	숫자: 1	潤下
색·한난조습·오성	黑	寒, 濕	智
상징	아이밸 임(姙), 아홉째 천간, 양수, 큰 물, 눈, 비, 큰비, 먹구름, 댐, 강, 호수, 구름, 바다, 종자, 정자, 분자, 난자, 원자, 전자, 간사할, 클 임, 정액, 생명을 잉태, 생명체와 만물의 근원, 기체, 액체, 고체		
건강·신체	膀胱(방광), 脛(정강이)		
장점	지혜, 총명, 융통성, 창의성, 선견지명, 임기응변에 능함, 넓은 도량, 분석, 만물박사, 개척자, 나아감, 사교적, 포용력, 인내력, 응집력, 다양한 재주		
단점	되돌아가기 힘듦, 음기 강, 기회주의, 비밀, 차갑고 냉혹, 고독, 색정, 음흉, 음란, 어두운 직업, 불안정, 정이 많음, 자기 꾀에 스스로 넘어감, 권모술수, 경솔, 신용이 약		

⑩ 癸水

- 상징: 열째 천간, 음수, 약수, 비, 우로, 종자, 안개, 이슬, 습기, 활명수, 생수, 원천수, 윤하수, 샘물, 눈, 개울물, 만물의 시초나 시원, 헤아리고 분별한다는 뜻으로 '헤아릴 규(揆)'에서 생긴 글자, 음의 극

- 건강: 신장, 족

- 윤하, 흑색

- 태어난 년도: 3

- 상징하는 수: 6

- 장점: 양기, 지혜, 지모 뛰어남, 창의적, 아이디어, 준법정신, 임기응변, 적응력, 유동적, 분별심, 기획적, 종교, 깨끗, 정직, 맑음, 교육, 자상함, 남을 돕는 것 상징, 융통성 있는 주장 강함

- 단점: 주변에 신경 씀, 이기적, 음흉, 냉혹, 변덕, 지조가 약함, 변화에 민감, 이중인

격, 비밀, 처세술, 신의나 지혜가 없음

- 계수는 만물을 자양할 수 있는 근원, 물은 위에서 아래로 내려가나 열기에 의해 위로 올라가 수증기나 비가 되기도 한다.

년·수·격	년도: 3	숫자: 6	潤下
색·한난조습·오성	黑	寒, 濕	精
상징	헤아릴 규(揆), 열째 천간, 음수, 약수, 비, 우로, 종자, 생수, 원천수, 샘물, 눈, 개울물, 만물의 시초나 始原, 헤아리고 분별한다는 뜻, 음의 극		
건강·신체	腎臟(신장), 足(족)		
장점	지혜, 지모 뛰어남, 창의적, 준법정신, 임기응변, 유동적, 분별심, 기획적, 종교, 깨끗, 정직, 맑음, 교육, 자상함, 남을 돕는 것 상징, 융통성 있는 주장 강함		
단점	주변에 신경 씀, 이기적, 음흉, 냉혹, 변덕, 지조가 약함, 이중인격, 비밀, 신의나 지혜가 없음		

⑪ 干支의 特性 早見表

갑은 수를 좋아한다. 병은 목을 좋아한다. 경은 정을 좋아한다. 임은 금을 좋아한다. 을은 화를 좋아한다. 정은 금을 좋아한다. 신은 수를 좋아한다. 계는 목을 좋아한다. 수화가 서로 짝이며, 목금이 서로 짝이다. 수화는 금목을 다스리고 금목은 수화를 다스린다. 갑목과 병화의 지지는 寅辰巳午未戌을 기뻐하고 庚辛壬癸는 지지, 申酉戌亥子丑의 추운 글자는 싫어한다. 병화는 양 중의 양이라 남자에 비유하고 계수는 음 중의 음이라 여자에 비유한다. 계수와 병화는 서로 극받지 않고 잘 어울리면 길하며 극을 받으면 좋지 않다. 甲乙丙丁戊己庚辛壬癸 중에서 계수는 병화를 가장 사랑하고 병화는 계수가 빛을 가리므로 가장 싫어한다.

오행이 명조에 있을 때 다른 오행으로 인해 다칠 때는 질병이 발현한다. 명조에 나타나 있지 않은 오행의 질병은 나타나지 않는다. 단, 없는 오행이 행운에서 올 때에 그 오행의 질병이 나타나기도 한다. 질병을 요약하면 다음과 같다.

甲乙木: 눈, 간, 담, 목, 머리, 신경과, 내분비, 우울증
丙丁火: 혀, 혓바닥, 심장, 소장, 등, 어깨, 순환기 계통, 무기력증

戊己土: 입, 췌장, 위장, 비장, 복부, 옆구리, 소화기 계통, 마음

庚辛金: 코, 폐, 대장, 배꼽, 넓적다리, 기관지, 호흡기

壬癸水: 귀, 방광, 신장, 발, 정강이, 생식기, 비뇨기, 혈액

	甲	乙	丙	丁	戊	己	庚	辛	壬	癸
地支	寅卯		巳午		辰戌丑未		申酉		亥子	
五行	木		火		土		金		水	
方位	東		南		中央		西		北	
方向	左		上		中央		右		下	
季節	春		夏		간절기(四季)		秋		冬	
六氣	風		熱		濕		燥		寒	
時間	아침		낮		사이		저녁		밤	
五常	仁		禮		信		義		智	
五色	靑		赤		黃		白		黑	
五覺	眼(視覺)		舌(味覺)		口(觸覺)		鼻(嗅覺)		耳(聽覺)	
五味	酸(신맛)		苦(쓴맛)		甘(단맛)		辛(매운맛)		鹹(짠맛)	
五格	曲直		炎上		稼穡		從革		潤下	
神	靑龍		朱雀		句陳, 騰蛇		白虎		玄武	
五音	ㄱ, ㅋ 角		ㄴ, ㄷ, ㄹ, ㅌ 緻		ㅇ, ㅎ 宮		ㅅ, ㅈ, ㅊ 商		ㅁ, ㅂ, ㅍ 羽	
五性	유덕		솔직		구사		변혁		인내	
臟器	膽	肝	小腸	心臟	胃腸	脾臟	大腸	肺	膀胱	腎臟
身體	頭	項	肩	背	脅	腹	臍	股	脛	足
陰陽	陽	陰	陽	陰	陽	陰	陽	陰	陽	陰
生年	4	5	6	7	8	9	0	1	2	3
生, 成數	3	8	7	2	5	10	9	4	1	6
五星	魂	性	心	神	靈	能	氣	魄	智	精

(2) 二十四節氣와 十二地支의 字意

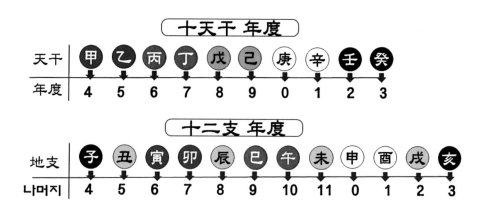

① 천간의 년도를 알아보는 방법

천간은 10개이며, 갑목은 4, 을목은 5, 병화는 6, 정화는 7, 무토는 8, 기토는 9, 경금은 0, 신금은 1, 임수는 2, 계수는 3년이다. 예를 들어 천간에 갑년에 태어나면 4년, 을목년은 5년…임년이면 2년, 계수년이면 3년이 되는 것이다. 만약 2023년이면 계수년이다.

② 지지의 년도를 간지년도와 서기년도로 찾아보는 방법

■ 첫 번째 방법(서기년도를 현재의 년도인 간지년도로 알아보는 방법)
- 지지는 해당년도를 60으로 나눈 나머지를 12로 다시 나눈 숫자를 보아야 한다.
  예 2023년이면 2023 ÷ 60 = 33과 나머지 43이다. 12년 주기이므로 43 나누기 12 하면 나머지가 7이 되므로 7의 지지는 묘가 된다. 그러므로 년도가 3이고 계년이고 계묘년이 된다.
  예 1979년이면 지지는 1979 ÷ 60 = 32와 나머지 59이다. 59 나누기 12 하면 48이며 나머지 11이 된다. 천간의 9는 기토가 된다. 11은 미토이므로 기미년이 된다.

■ 두 번째 방법(서기년도를 현재의 년도인 간지년도로 알아보는 방법)

- 지지년도를 12로 나누어 나머지를 적용한다.

[예] 1966이면 천간은 6이므로 병, 1966 ÷ 12 = 163이고 나머지가 10이 된다. 10은 오화이므로 병오년이 된다.

[예] 1981년이면 천간은 1이므로 辛, 1981 ÷ 12 = 165이고 나머지가 1이 된다. 1은 유금이므로 신유년이 된다.

■ 세 번째 방법(간지년도를 서기년도의 숫자로 알아보는 방법)

[예] 갑진년은 갑목의 천간이 4이며, 진년은 나머지가 8이다. 60으로 나눈 나머지가 8이 되는 것은 8에서 12를 60이 될 때까지 계속 더하면 8, 20, 32, 44, 56의 5가지로 이루어진다. 그중 끝자리가 천간의 4인 갑년이 되는 44년을 기준으로 하면, 44년에다 60을 더하면 끝자리가 44, 04, 64, 24, 84년이 갑년이 된다. 그러면 앞에 년도를 붙이면 1944, 2004, 1964, 1924, 2024, 1984, 2084년 등이다. 이 중 나머지가 8이 되는 년도는 1904년, 1964년, 2024년도가 갑진년이다.

[예] 기미년은 기토이니 천간이 9이다. 지지인 미는 나머지가 11이다. 나머지가 11이 되는 년도는 11에다 12를 더하면 11, 23, 35, 47, 59의 60이 되기 전 5가지가 나온다. 그중 끝자리가 9가 되는 천간년도인 59로부터 60을 더하면 59, 19, 79, 39, 99년이 기년이 된다. 앞에다 년도를 붙이면 1959, 2019, 1979, 1939, 1999, 2039년 등이 기년이다. 그중 기토의 9가 되는 것과 나머지가 11이 되는 것인 1979년, 2039년이 기미년이다.

[예] 경신년은 경금은 0이며, 신년도 나머지가 0이다. 12로 나눈 나머지가 0이 되는 것은 12, 24, 36, 48, 60년의 다섯 가지가 나온다. 경금의 0이 되는 년도는 1960년도가 되며, 60년씩 더하면 20, 80, 40, 00, 60년이 된다. 앞에 년도를 붙이면 1920년, 1940년, 1980년, 2000년, 2040년, 2060년 중 나머지가 0이 나오는 것은 1920년, 1980년, 2040년이 경신년이다.

(3) 십이지의 음양

천간은 순수한 기이지만 지지는 지장간에 두세 가지의 다른 기가 있어 순수하지 않고 주변에 의해 변화가 많아 추측하기가 힘들다. 지지는 천간의 뿌리가 되며 서로 간의 형충회합 등에 의해 그 결과가 다르게 나타난다.

십이지는 동지설인 동지인 子에서 1陽이 시생하고 夏至인 午에서 1陰이 시생하며 亥까지 순서대로 흘러간다. 하루 중 24시간은 2시간씩 나누어 하루의 자시에서 시작하여 자시로 흘러간다. 십이지지는 십이지 또는 12지지라고 한다.

① 십이지지의 체용에 의한 음양의 분류

십이지의 계절에 의한 음양

體	+	-	+	-	+	-	+	-	+	-	+	-
地支	子	丑	寅	卯	辰	巳	午	未	申	酉	戌	亥
用	-	-	+	-	+	+	-	-	+	-	+	+

지지의 체용의 음양은 子, 午의 體는 陽이나 用은 陰이고 巳, 亥의 體는 陰이나 用은 陽이다. 이처럼 십이지지의 순서대로 반복적으로 음양을 적용한 것이 체이다. 그러나 실제 사용하는 음양은 用의 오행의 음양으로 적용한다. 사물의 본체는 체이며 사물의 작용은 용이다. 지지의 오행의 用은 목은 양인 인목과 음인 묘목이 있다. 화는 양인 사화와 음인 오화가 있다. 토는 양인 진술과 음인 축미가 있다. 금은 양인 신금과 음인 유금이 있다. 수는 양인 해수와 음인 자수가 있다. 지지의 오행의 체는 子寅辰午申戌이 양, 丑卯巳未酉亥는 음인 것이다.

② 오행의 음양에 의한 분류

오행의 음양에 의한 분류

	木		火		金		水		土			
地支	寅	卯	巳	午	申	酉	亥	子	辰	戌	丑	未
陰陽	+	-	+	-	+	-	+	-	+	+	-	-

십이지지의 오행에 의한 분류는, 寅卯는 木의 지지가 되고, 巳午는 火의 지지, 申酉는 金의 지지, 亥子는 水의 지지, 辰戌丑未는 土의 지지이다. 이것은 체용 중 용의 음양에 해당한다.

③ 계절과 방위에 의한 분류

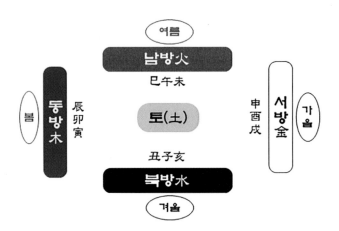

십이지지는 4계절로 나뉘어 순환하고 있다. 寅卯辰월은 東方이므로 목이고 봄 (1, 2, 3월)이며, 巳午未월은 南方이므로 화이고 여름(4, 5, 6월)이며, 申酉戌월은 西方 이므로 금이고 가을(7, 8, 9월)이며, 亥子丑월은 北方이므로 수이고 겨울(10, 11, 12월) 이다. 토는 중앙이므로 모든 계절에 포함된다.

3.

十二地支와 二十四節氣

십이지지는 12개월과 배합한 월건을 子月의 음력 11월부터 시작하여 丑月 12월, 寅卯辰月을 1, 2, 3월로, 巳午未月을 4, 5, 6월로 申酉戌月을 7, 8, 9월로 亥月은 10월로 배치하였다.

『七政算內篇』에 기록된 72節候는 다음과 같다. 1년은 365일이며 72候이다. 1候가 5일을, 5일마다 기온이 바뀌며 3候가 15일이며 1節氣이다. 또한 12節과 12氣를 합하여 24절기가 1년이며 72후인 것이다. 이것은 節이 양력으로 月初에 해당되며, 氣가 月中에 해당이 된다. 節入日은 매년 하루나 이틀 정도 빨라지거나 늦어지기도 한다. 1년의 24절기는 한 계절당 6개의 절기가 되어 4季節로 나뉜다. 이분이지는 春分과 秋分, 夏至와 冬至이며 4립은 立春, 立夏, 立秋, 立冬이며 8가지가 24절기를 주로 좌우하며 중요하다. 사주에서 가장 중요한 것은 어떤 절기 사이에 태어났느냐이다. 사주는 음력과 양력 상관없이 태어난 년월일시만 정확하다면 정확하게 적용할 수가 있다. 같은 월에 태어나더라도 節入時에 의해 십이지지의 월이 달라지는 것이다.

24절기는 黃道의 360°를 태양이 15°씩 24개의 위치로 1년 동안 계절에 의해 움직이는 것이다. 절기는 중국에서 시작되어 우리나라와 위도의 차이로 인해 피부로 느끼는 기온 차이는 있을 수 있다.

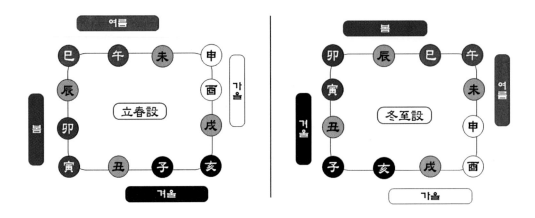

현대명리학에서 사용하는 좌측 표는 입춘설을 중심으로 한 12지지의 배치표이다. 여기서는 인묘진월을 봄, 사오미월을 여름, 신유술월을 가을, 해자축월을 겨울이라 한다. 우측 표는 동지설을 기준으로 한 12지지의 배치표이며, 고전명리학에서 주장한 자월부터 1양으로 실질적인 자축인월을 겨울, 묘진사월을 봄, 오미신월을 여름, 유술해월을 가을이라 칭한다. 이러한 부분은 인월은 아직 추위가 가시지 않았고, 사월은 봄의 기운이 남았고, 신월은 여름의 기운이 남았고, 해월은 가을의 기운이 남았다. 필자는 현대에서도 동지설을 적용하여야 한다고 주장해 본다. 이것은 사주명리학을 적용하고 해석할 때도 아주 중요한 포인트가 된다. 사생지인 인신사해는 왕지와 묘지에 따라 달라지므로 완전한 계절은 아닌 것이다. 사왕지와 사묘지의 8개만 자기 계절이다. 인신사해보다 왕지와 묘지의 월에는 묘진월은 봄, 오미월은 여름, 유술월은 가을, 자축월은 겨울로 완전한 계절로 간주한다.

지지는 '하늘의 기운을 실어준다'라는 天覆地載가 되며 천간의 뿌리가 된다. 지지는 천간의 기운을 보관하고 나타낸다. 천간은 단일한 오행의 기운과 음양의 움직임을 순수하게 나타낸다. 그러나 지지는 두세 가지의 오행이 합쳐 함께 존재하여 변화무쌍하므로 적절한 판단을 하기가 쉽지 않아 잘 살펴야 한다.

(1) 지지의 역할

지지 자체의 고유한 특성이 있으나 천간과 반목하기도 하고 대응하기도 한다. 또한 천간과의 밀접하고 중요한 관계를 형성하여 뿌리가 되거나 힘이 되어 주기도 하여 상호 작용에 의한 변화가 많다. 뿌리가 없는 천간이 합이 되면 작용력을 잃는다.

천간에는 십성(비겁, 식상, 관성, 재성, 인성)의 해석을 중점적으로 하고 지지는 자리의 해석을 중요시한다. 예를 들어 배우자 자리, 자식 자리, 부모 자리, 조상 자리를 보는데 이것을 '宮'이라고 한다.

형충회합에 의한 변화, 계절에 의한 변화, 운에 따른 변화로 성정이 바뀌게 된다. 예를 들어 천간의 병화는 양화로 단일한 화의 기운을 가지지만 지지의 사화는 지장간에 무토와 경금과 병화의 다른 기운이 서로 섞여 있어 수시로 변화하여 형충회합에 따라 다른 오행으로 바뀌기도 한다.

(2) 십이지와 이십사절기의 연관성

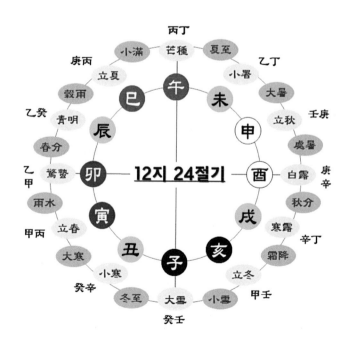

24절기는 24개로 이루어진다. 동지, 소한, 대한, 입춘, 우수, 경칩, 춘분, 청명, 곡우, 입하, 소만, 망종, 하지, 소서, 대서, 입추, 처서, 백로, 추분, 한로, 상강, 입동, 소설, 대설로 차례대로 순환한다.

① 子

子月은 대설에서 동지를 거쳐 소한까지의 기간이다.

子時는 23시 30분에서 그다음 날 1시 29분이다. 당일 밤 23시 30분에서 그다음 날 0시 30분까지 야자시, 그다음 날 아침 0시 30분부터 1시 29분까지를 조자시라 한다. 야자시는 당일로 하며 조자시는 그다음 날로 분류한다. 같은 자시에 태어나도 일주가 달라지는 것이다. 다른 학설로는 야자시부터 다음 날로 보아야 한다고 간주하기도 한다.

자는 지장간에 임수 10일, 계수 20일이 있으며, 5음 1양이다.

자는 계절로 겨울이며, 동물로는 쥐, 天貴星, 子貴星이라 하며, 정북, 12시 방향, 흑색, 한조이다. 음력 11월이며 밤을 의미한다.

건강 면에서는 신장, 방광, 귀, 자궁, 생식기, 허리, 갑상선, 호르몬, 비뇨기, 음부, 요도, 피, 고환, 정자, 월경, 난자, 머리, 아랫배, 복부, 신경통, 피부병, 성병, 심장병 등과 관련이 있다.

자는 '滋', 또는 '孶'라고도 칭한다. 滋(불을 자)는 자라고 불어난다는 의미이며 또는 孕(아이밸 잉)의 어원을 따 성기를 의미하기도 한다. 孶(부지런할, 불릴 자)는 상형자로 아이의 손발, 머리를 의미하여 잉태하여 키우고 생하고 양육하기 위한 시작 단계를 의미한다. 자수는 해수와 달리 생명이 있는 것은 아니므로 기르는 것은 아니다.

장점으로는 지혜, 영리, 융통성, 성실, 인내력 등이 있고 눈치가 빠르며 귀하고 사랑을 받으며 인기가 있다.

단점은 소극적, 비밀, 어둠, 슬픔, 우울, 침울, 의기소침, 외로움, 음흉, 의심 많음, 이성 관계 주의, 잔꾀 등이다.

자수는 물질의 근원, 원자, 종자, 분자, 우로수, 한랭지수, 작은 물, 천수, 샘물, 우물 물, 자양, 잉태, 번식, 자라남, 시초, 시작, 처음, 비밀, 씨앗, 어둠, 어린이를 의미한다.

자수는 1양이 동하므로 화가 있어야 자양하고 목의 근원을 자라게 한다. 만물의 뿌리가 땅속에서 자라고 자양되며 생장하고 번식하기 시작하여 싹이 트려고 하는 것이다. 어린이를 의미하기도 한다.

자수의 초년은 인기와 부모 덕이 있어 귀여움을 받는다. 중년은 자수성가하며 이성 관계를 주의해야 한다. 말년은 자라나므로 부귀하며 이성 관계로 인해 배우자와 약하기도 한다. 총체적으로 부귀와 명예가 있고 재물과 의식주가 풍부하다.

■ 大雪

대설은 양력으로 약 12월 7일경이다. 仲冬이라고 부르며 겨울의 중간이고, 큰 눈이 많이 내리며 초목과 동물들이 겨울잠을 잔다. 잠든 속에서 무엇인가를 시작하려고 꿈틀거리는 시기이다.

■ 冬至

동지는 양력으로 약 12월 22일경이다. 밤이 가장 길고 낮이 가장 짧으며 일조시간이 2분씩 늘어난다. 또한 음기가 성하고 1양의 양기가 살아나며 생명이 싹트기 시작하는 시기이다. 그러므로 동지부터 서서히 생명이 자라나기 시작한다. 직업은 생명을 자라나게 하는 것을 선택하는 게 낫다.

절기	大雪 ~ 冬至	冬至 ~ 小寒	
시기: 양력	약 12월 7일 ~ 12월 22일경	약 12월 22일 ~ 1월 5일경	
시간·지장간사령	子時 23시 30분 ~ 1시 29분	壬水, 癸水(10, 20일)	
음양·계절·동물	5陰 1陽	冬	쥐, 天貴星, 子貴星
방향·색·한난조습	北, 12시 방향	黑	寒燥

월·하루·건강	음력 11월	밤	腎, 膀, 耳, 비뇨기
상징	滋(자라날, 번식할, 불어날 자), 孶, 孕(아이밸 잉)의 어원으로 성기를 의미, 물질의 근원, 원자, 종자, 분자, 우로수, 寒冷之水, 작은 물, 川水, 샘물, 우물물, 자라고 불어나고 자양, 잉태, 번식, 자라남, 어린이, 시초, 시작, 처음, 비밀, 씨앗, 어둠		
장점	지혜, 영리, 눈치 빠름, 융통성, 성실, 인내력, 귀여움, 부귀, 명예		
단점	우울, 슬픔, 소심, 약음, 고독, 어둠, 소극적, 외로움, 음흉, 이성 관계 주의, 의심이 많고 표현력이 부족		

② 丑

丑月은 소한에서 대한을 거쳐 입춘까지의 기간이다.

丑時는 1시 30분에서 3시 29분 사이이다.

축은 지장간에 癸水 9일, 辛金 3일, 己土 18일이 있으며, 4음 2양이다.

축은 계절로 겨울이며, 동물은 소, 天厄星, 丑厄星이라 하며, 북동쪽, 1시 방향, 황색, 한습하다. 음력 12월이며 밤을 의미한다.

건강 면에서는 비장, 복부, 좌측 발, 흉(횡격막), 췌장, 맹장, 입, 양수, 근육을 의미한다.

축은 杻(얽매일 유)로 묶는다는 뜻을 의미하며, 紐(끈 뉴, 묶을 뉴)이기도 한다. 축월은 날씨가 추워 만물이 동하지 못하여 음의 기에 묶여 있고 도약하기 전의 움츠린 상태이다.

축은 종자, 생명, 소속, 철분, 보석, 막힘, 묶임, 얽매임, 한기, 때를 기다리고 준비하는 것이다. 또한 비린 음식을 좋아하며 습토, 동토, 음토, 아직 겨울이지만 봄의 시작을 알린다.

장점은 아끼고 절약, 꾸준히 학습, 인내력, 성실 등이다.

단점은 수전노, 굴복, 음흉, 중단, 묶임, 막힘, 재난, 질병, 사고, 고생, 속을 감춤, 얽매임 등이다.

축은 화와 금이 힘을 못 쓰며, 금의 기운을 가지고 봄을 열고 금을 키울 수는 없다. 축은 금의 고지이면서 금의 묘지이며 수의 고지이다.

축은 재난과 질병, 장애, 막힘, 인내, 고생, 사고, 절약, 중단의 부정적인 의미가 강하다. 소가 되새김질하고 열심히 밭을 갈듯이 근면성실하며, 반복적인 일도 잘한다.

축이 흉할 때 초년은 부모 덕이 약하여 어렵고 질병이 있다. 중년은 배우자 복이 약하다. 말년은 관재수나 변고 또는 질병 등을 주의해야 한다.

■ 小寒

소한은 양력으로 약 1월 5일경이다. 季冬이라 부르며 겨울의 끝이라 하며 작은 추위라고 부르기도 하나 가장 추운 시기이며 맹추위의 시작을 알린다. 이때에는 봄을 기다리며 곡식의 종자를 고르며 때를 준비하는 시기이다.

■ 大寒

대한은 양력으로 약 1월 20일경이다. 추위가 가장 왕성하며 봄으로 가기 위한 24절기의 마지막 절기이다.

절기	小寒 ~ 大寒	大寒 ~ 立春	
시기: 양력	약 1월 5일 ~ 1월 20일경	약 1월 20일 ~ 2월 4일경	
시간·지장간사령	丑時 1시 30분 ~ 3시 29분	癸水, 辛金, 己土(9, 3, 18일)	
음양·계절·동물	4陰 2陽	冬	소, 天厄星, 丑厄星
방향·색·한난조습	北東, 1시 방향	黃	寒濕
월·하루·건강	음력 12월	밤	脾, 腹, 胸, 좌측 발
상징	紐(얽매일 유), 紐(끈 뉴, 묶을 뉴), 묶여 있어 움츠린 상태, 濕土, 凍土, 陰土, 철분, 보석 종자, 생명, 축월은 날씨가 추위 만물이 동하지 못하여 음의 기에 묶여 있는 상태, 소속, 막힘, 묶임, 얽매임, 한기, 때를 기다림		
장점	절약, 꾸준한 학습, 인내력, 성실		
단점	수전노, 굴복, 음흉, 재난, 질병, 사고, 고생, 중단, 막힘		

③ 寅

寅月은 입춘을 거쳐 우수에서 경칩까지의 기간이다.

寅時는 3시 30분에서 5시 29분이다.

인은 지장간에 무토 7일, 병화 7일, 갑목 16일이며 3양 3음이다.

인은 계절로 봄이며, 동물은 호랑이, 天權星, 寅權星이라 하며 동북, 2시 방향이며, 청색, 한조이다. 음력 1월이며 새벽을 의미한다.

건강 면에서는 담, 풍, 髮(머리털), 동맥, 양손, 좌측 다리, 상체, 머리, 신경, 안, 근육, 무릎, 팔, 주먹 등과 관련이 있다.

인은 演(넓을 연), 髕(종지뼈, 배척 빈), 음기로부터 배척을 당하여 만물이 땅 위로 힘겹게 나오는 모습, 강직, 탄생, 생명, 희망, 상승, 인자, 급함, 종지뼈, 끌어당김, 물리침, 예의, 청룡, 출생, 死木, 强木, 燥木, 嫩木, 목화통명(화가 있을 때), 시간상 가장 춥다. 사기에는 만물인 생명들이 지렁이처럼 꿈틀거리며 태어나거나 생기려 하는 시기이다.

장점은 포부가 큼, 자신감, 진취적, 강직함, 완성, 솟구치는 힘, 양기, 대쪽, 권력, 목화통명, 총명, 지혜, 번영 등이다.

단점은 인정에 약함, 권위적, 바람 잘 날 없음, 고독, 예민, 경계, 쇠퇴 등이다.

인목과 묘목은 비슷하게 보이나 사주에 따라 병화가 있고 없고의 차이가 크다.

초년은 총명하고 지혜가 있어 학문적으로 발달, 중년은 관직에 오르고, 말년은 권력이나 명예를 얻는다. 총체적으로는 학문적으로 발달하고 명예가 있다.

인월에 태어난 사람은 상처가 많고, 사회생활을 하는 데 있어 인간관계 때문에 정신적으로 힘들어하는 경우가 많다.

■ 立春

　입춘은 양력으로 약 2월 4일경이며 한 해의 시작이고 봄의 시작이다. 중국 전한 시대에 동지를 연초로 하여 1년의 시작을 동지설로 십이지지를 배치하고 있다. 한 나라 때도 양의 기운이 시작하고 음의 기운이 가장 강한(一陽始生) 동지를 연초로 정하였다. 그러나 현대의 子平命理學은 설날이 음력인 1월 1일로 띠가 바뀌는 것으로 착각하는 경우가 많다. 그러나 실제로는 양력인 입춘일의 절입시를 기준으로 하여 띠가 바뀌는 것으로 적용한다. 또한 이때부터 만물이 생하며 봄이 시작된다. 이후 입춘이 춥지만 기온이 상승하는 시기이므로 연초로 보기 시작하였다.

　寅 中 餘氣인 병화는 씨앗이 아직 땅속에서 생기를 얻어 용솟음치며 나오려는 시기를 의미한다. 세시풍속에는 立春時로 '立春大吉', '春祝', '笑門萬福來' 등을 대문이나 벽에 붙여 한 해의 축원을 기원하였다. 또한 입춘일의 날씨나 일진을 통하여 한 해의 길흉을 점치기도 하였다.

■ 雨水

　우수는 입춘이 15일이 지난 뒤이며 양력으로 약 2월 19일경이다. 눈이나 얼음이 녹고 비가 내리는 시기로 명리학으로 寅月의 中氣이다. 우수 이전에는 춥지만 우수 이후에는 날씨가 좋아지며 천지가 비로 인해 초목이나 만물을 소생하고 키워주고 활발하게 생장하여 윤택하게 된다.

절기	立春 ~ 雨水	雨水 ~ 驚蟄	
시기: 양력	약 2월 4일 ~ 2월 19일경	약 2월 19일 ~ 3월 6일경	
시간·지장간사령	寅時 3시 30분 ~ 5시 29분	戊土, 丙火, 甲木(7, 7, 16일)	
음양·계절·동물	3陽 3陰	春	호랑이, 天權星, 寅權星
방향·색·한난조습	東北, 2시 방향	靑	寒燥
월·하루·건강	음력 1월	새벽	膽, 風, 髮, 양손, 좌측 다리, 동맥
상징	演(넓을 연), 髕(종지뼈, 배척 빈), 死木, 强木, 燥木, 嫩木, 木火通明(火가 있을 때), 물리침, 음기로부터 배척을 당하며, 만물이 땅 위로 힘겹게 나오는 모습, 탄생, 생명, 희망, 강직, 인자, 급함, 종지뼈, 끌어당김, 예의		
장점	포부가 큼, 자신감, 진취적, 강직함, 완성, 솟구치는 힘, 양기, 대쪽, 목화통명, 권력, 민첩, 독립심, 총명, 지혜, 번영과 쇠퇴		
단점	인정에 약함, 권위적, 바람 잘 날 없음, 고독, 예민, 경계		

④ 卯

卯月은 경칩에서 춘분을 거쳐 청명까지이다.

卯時는 5시 30분에서 7시 29분까지이다.

묘는 지장간에 갑목 10일, 을목 20일이며 4양 2음이다.

묘는 계절로 봄이며 동물은 토끼이며, 天破星, 卯破星이라 하며, 정동쪽, 3시 방향이며, 청색, 난습이다. 음력 2월이며 아침이다.

건강 면에서는 간, 황달, 목(項 항), 눈, 수족, 손가락, 발가락, 좌측 옆구리, 머리털, 이마, 근육, 모세혈관 근육, 말초신경, 정강이 등과 관련이 있다.

상징은 柳(버들 류), 冒(무릅쓸 모), 흙을 뚫고 강하고 힘있게 올라오는 것, 무성함, 양기가 왕성, 강인하고 질긴 생명력, 잡초, 화초, 생목, 활목, 습목 등이다.

장점은 양기가 강함, 모험심, 행동력, 생명력, 미, 속성, 온화, 친화력, 꼼꼼, 세심, 순수하고 선함, 근면성실, 부지런, 인정이 많음 등이다.

단점은 만남과 헤어짐, 도화, 이별, 분리, 변덕, 기복, 예민, 실속이 적음, 감정 폭발, 풍류, 바람, 즐김, 속패, 波殺, 자오묘유 중 최고 도화는 묘목이다.

묘는 반쪽으로 나뉘어진 고환을 연상하여 절단, 분리, 흩어짐을 의미한다. 흉하면 초년은 학업은 약하고 중년은 직업이나 일의 기복이 있고 인간관계가 원만하지 못하다. 말년은 지체되거나 난관에 부딪히며 질병이 있으나 부귀할 수 있다. 총체적으로 초중년은 약하나 말년은 부귀한다.

양기가 강하고 왕성하며 만물이 성장하는 시기이다. 생명력, 미, 속성, 온화, 활동적, 호기심과 환경 적응력은 뛰어나다. 묘목은 아침이며 초롱초롱한 눈빛과 같다.

묘월은 화가 있으면 자기 주장을 잘하지만, 반대로 화가 없으면 결단성이 부족할 수 있다.

■ 驚蟄

경칩은 양력으로 약 3월 6일경이며 啓蟄이라 부르기도 한다. '驚'은 열린다는 뜻으로 잠에서 깨어나 지하가 열리며, '蟄(움츠렸던 칩)'은 움츠리는 뜻이다. 경칩은 벌레나 개구리가 움츠려 있다가 지하세계의 문이 열리며 새싹도 땅 위로 나오기 시작하여 동식물을 보살펴야 하는 시기이다.

■ 春分

춘분은 양력으로 약 3월 21일경이며, 낮과 밤의 길이가 같고 봄의 한가운데이며 분기점이다. 또한 밤의 길이가 약해지고 낮의 길이가 길어지기 시작한다. 입춘부터 춘분까지를 봄이 시작되는 태양상의 봄의 시기라면, 춘분부터는 실질적인 기온상의 봄이다. 춘분은 양기가 강해지며 우레, 번개가 치고 만물이 생동하며 실제로 체감할 수 있는 봄이다.

경칩에서 춘분을 거쳐 청명까지인 묘월은 생동하고 움직이고 실제로 싹이 나며 아직 추위가 완전히 가시지는 않은 상태로 양기가 강하다.

절기	驚蟄 ~ 春分	春分 ~ 淸明	
시기: 양력	약 3월 6일 ~ 3월 21일경	약 3월 21일 ~ 4월 5일경	
시간·지장간사령	卯時 5시 30분 ~ 7시 29분	甲木, 乙木(10, 20일)	
음양·계절·동물	4陽 2陰	春	토끼, 天破星, 卯破星
방향·색·한난조습	東, 3시 방향	青	暖濕
월·하루·건강	음력 2월	아침	肝, 眼, 神, 좌측 옆구리
상징	柳(버들 류), 冃(무릅쓸 모), 만물이 뚫고 강하고 힘있게 올라오는 것, 생명력, 生木, 活木, 잡초, 화초, 濕木, 새싹이 나는 때, 생장, 근면성실, 무성함, 흙을 뚫고 나옴, 강인하고 질긴 생명력, 반쪽 나뉜 고환, 분리, 절단, 흩어짐		
장점	모험심, 행동력, 생명력, 미, 속성, 온화, 친화력, 꼼꼼, 세심, 만물이 성장 잘함, 순수하고 선함, 자상함, 인정이 많음, 양기가 강함, 자상함, 손재주 뛰어남, 부지런		
단점	만남과 헤어짐, 도화, 이별, 분리, 변덕, 예민, 실속이 적음, 감정 폭발, 풍류, 바람, 즐김, 기복, 속패, 波殺, 자오묘유 중 최고 도화, 배우자운 약함		

⑤ 辰

辰月은 청명에서 곡우를 거쳐 입하까지의 기간이다.

辰時는 7시 30분에서 9시 29분이다.

진의 지장간은 을목 9일, 계수 3일, 무토 18일이며 5양 1음이다.

진은 계절로 봄에서 여름으로 가는 간절기이며, 동물로는 용, 天奸星, 辰奸星, 동남쪽, 4시 방향, 황색, 난습하다. 음력 3월이며 아침을 의미한다.

건강 면에서는 비장, 위장, 가슴, 피부, 견, 뇌, 비, 배, 좌측 상반신, 흉, 복, 맹장, 겨드랑이, 생식기, 자궁, 당뇨, 피부병, 혈압, 혈액순환 등과 관련이 있다.

상징은 震(진동할 진), 습토, 우레, 생동, 생기, 생장, 활기, 펼쳐서 일어남, 가색지토(稼穡之土) 등이다.

장점은 진동, 발전, 변화, 활기, 의욕, 꿈이 원대, 창의력, 발명, 잘 챙김 등이다.

단점은 과욕, 투쟁, 욕심, 탐심, 허풍 등이다.

용인 진은 상상의 동물이며 목화를 통관시키는 토, 꽃밭, 물통, 그릇, 濕土이다.

진은 양기가 강하여 누를 수 없으며 마음이 항상 떠 있어 안정이 잘 안 된다. 진은 금이 못 자라고 수가 약하고 여름의 화를 조절하므로 진월은 화를 봐야 한다. 진은 수를 가두어 놓는 토이지만 금생수가 되지 못하니 수가 커지는 것은 아니다. 그러므로 자수는 진월에는 약해진다. 진월은 진유합을 하여 금이 실질적으로 되지 않는다. 辰土는 水의 墓, 木의 庫이다.

용은 꿈과 포부가 커 이상이 높아 성취욕이 강하며 목적을 위해 참고 견디며 인내하며 대범하며 넓은 아량이 있다. 또한 농사를 지을 때이며 만물이 움직이고 자랄 준비가 되어 있어 아름답게 펼치는 시기이다. 모방도 잘하며 고급스러운 것을 좋아하며 통이 크며 잘 챙긴다.

진은 바쁜 시간대이며 바쁘게 살고 변덕이 있을 수 있으며 화가 없거나 약하면 지저분하다. 진토는 모든 것이 완전히 변화하기 시작하며 변화하기 위해 요동을 치며 일관성이 약하기도 한다. 권태기가 빠르며 애정이 빨리 식는다. 자아도취에 빠지며 조그마한 충격에도 낙심하며, 육체노동을 싫어하고 남에게 굽히는 것을 싫어한다.

초년은 지혜가 뛰어나 총명하며, 중년은 부부관계가 약하며, 말년은 임기응변이 뛰어나 권력을 가지며, 총체적으로 부부관계가 약하나 영화가 있다.

■ 淸明

청명은 양력으로 약 4월 5일경이며 季春이라고도 하며 밝고 하늘과 땅이 일치하며 맑아진다. 하늘의 뜻을 땅이 실행하여 만물이 왕성한 생기로 솟구치며 변화가 시작된다. 또한 초목이 싹을 틔우고 동물이나 벌레들이 땅 위로 나오며 무지개가 나타나며 봄의 밭갈이를 하고 흙을 고르는 시기이다.

■ 穀雨

곡우는 양력으로 약 4월 20일경이며 곡식을 키우는 봄비가 자주 내리고 이슬이 맺히기도 하며 햇볕이 따뜻해져 곡식이 잘 자라고 초목이 반기며 상쾌한 계절이다. 춘분에서 청명을 거쳐 곡우까지인 진월은 양기가 충천하여 생기가 있고 생장하여 뻗어서 왕성하게 활동하기 시작하는 시기이다.

절기	淸明 ~ 穀雨	穀雨 ~ 立夏	
시기: 양력	약 4월 5일 ~ 4월 20일경	약 4월 20일 ~ 5월 5일경	
시간·지장간사령	辰時 7시 30분 ~ 9시 29분	乙木, 癸水, 戊土(9, 3, 18일)	
음양·계절·동물	5陽 1陰	春	용, 天奸星, 辰奸星
방향·색·한난조습	東南, 4시 방향	黃	暖濕
월·하루·건강	음력 3월	아침	胃, 皮, 膚, 肩, 좌측 상반신
상징	震(진동할 진), 4仲, 辰星, 濕土, 목화를 통관시키고 농사짓는 토, 꽃밭, 물통, 생식기, 자궁, 그릇, 우레, 생동, 생장, 생기, 만물이 진동하여 움직임, 잎과 가지가 뻗어 잘 자람, 펼쳐서 일어남, 水의 庫, 가색지토(稼穡之土), 가상의 동물		
장점	진동, 발전, 변화, 활기, 의욕, 꿈이 원대		
단점	과욕, 투쟁, 慾心, 탐심, 허풍		

⑥ 巳

巳月은 입하에서 소만을 거쳐 망종까지의 기간이다.

巳時는 9시 30분에서 11시 29분이다.

사는 지장간에 무토 7일, 병화 7일, 경금 16일이며 6양 0음이다.

사는 계절로 여름이며, 동물은 뱀, 天文星, 巳文星이라 하며, 남동쪽, 5시 방향, 적색, 난조이다. 음력 4월이며 오전이며 낮을 의미한다.

건강 면에서는 소장, 면, 후, 심포, 얼굴, 치아, 혀, 인후, 어깨, 항문, 이빨, 편도선, 삼초 등과 관련이 있다.

巳는 起(일어날 기), 무성해지고 퍼짐, 충효, 음기가 전혀 없고 양기가 모두 나옴, 양화, 큰불, 분기점, 교차점, 변화, 極陽이다.

장점은 양기가 충만, 일어나는 기운이 강함, 후덕, 만남, 사교성, 비범한 재주, 학구적, 부귀겸전, 지능, 직감, 교육, 권력, 명성, 우두머리 등이다.

단점은 색욕 강함, 변덕, 인간관계 좋지 못함, 치밀, 이별, 기복, 고통, 화재, 민감, 차가움 등이다.

사화는 다 같이 잘살자는 개념도 있으며 태양상은 여름이나 실제 기온은 봄과 같아 최적의 온도와 기후를 가진 계절이다. 소만이 지나야 극양에 해당하여 병화 사령으로 양기가 가득 찬다.

사화는 음양의 교차점이며 변화의 분기점이라서 변화와 기복이 많이 따른다. 네거리, 시장, 이별, 변화, 혁신, 고통, 화려함, 새것, 만남 등의 의미이다. 사화 속에 경금이 암장되어 금용신인 자는 길하며 목이 없다.

사화는 성격이 민감하고 치밀하고 차가운 인상을 주기도 하나 양화이므로 인정을 베풀기는 한다. 그러나 이득에 민감하고 사교성이 뛰어나며 절대 포기하지 않고 유종의 미를 거두는 기질이 있다.

천문성인 지능이 뛰어나며 글과 학문의 비범한 재주로 학구적인 면과 호기심이 많아 길하면 부귀겸전한다. 또한 직감과 영감에 뛰어나 교육이나 활인업 등에 어울린다.

초년은 학구파이며 고생하여도 말년에 길하고 자수성가를 해야 하며 깔끔한 성격을 가진다. 중년은 권력, 우두머리 등이다. 말년은 명성, 후학 양성, 총체적으로는 권력과 명성을 가지나 화재를 조심해야 한다.

사화는 나무를 키우는 것이며, 오화는 나무를 키우는 것이 아니라 금이 있거나 왔을 경우 나무를 보호하고 보살피게 된다.

사화의 화기가 강왕하면 辰土나 申金으로 조절하면 길하다. 酉丑申金 운이 오거나 있을 경우 사화 속의 병화가 변하여 오히려 나무를 자라지 못하게 하고 금으로 되어 나무가 크게 피해를 보게 된다.

■ 立夏

입하는 양력으로 약 5월 6일이며, 태양의 위치상으로 여름이나 체감적으로는 봄에 머물러 있다. 가장 쾌적하여 덥지도 춥지도 않아 잎이 돋아나고 땅에는 풀이 살아 돋아나 동식물(만물)이 자연적으로 무성하게 잘 자라는 때이다.

■ 小滿

소만은 양력으로 약 5월 21일이며, 왕성한 양기로 활동이 활발해지며 농사를 시작하며 보리 이삭을 패기 시작하는 때이며 초목이 잘 자라는 때이다.

절기	立夏 ~ 小滿	小滿 ~ 芒種	
시기: 양력	약 5월 6일 ~ 5월 21일경	약 5월 21일 ~ 6월 6일경	
시간·지장간사령	巳時 9시 30분 ~ 11시 29분	戊土, 丙火, 庚金(7, 7, 16일)	
음양·계절·동물	6陽 0陰	夏	뱀, 天文星, 巳文星
방향·색·한난조습	南東, 5시 방향	赤	暖燥
월·하루·건강	음력 4월	오전	小, 腸, 面, 喉, 좌측 어깨, 치아
상징	起(일어날 기), 己(이미, 그칠 이), 아름다운 무늬와 모양, 큰불, 용광로, 炎上, 만물이 드러나 이미 아름다움을 나타내고 이루고 퍼짐, 펼침, 변화, 혁신, 사거리, 交叉點, 分岐點		

장점	양기가 충만, 極陽, 일어나는 기운이 강함, 화려, 후덕, 만남, 새것, 사교성, 비범한 재주, 학구적, 부귀겸전, 지능, 직감, 교육, 권력, 명성, 우두머리
단점	색욕 강함, 변덕, 인간관계 좋지 못함, 치밀, 이별, 기복, 고통, 화재, 민감, 차가움

⑦ 午

午月은 망종에서 하지를 거쳐 소서까지의 기간이다.

午時는 11시 30분에서 13시 29분이다.

오는 지장간에 병화 10일, 기토 10일, 정화 10일이며 5양 1음이다.

오는 계절로 여름이며 동물은 말, 天福星, 午福星, 남쪽, 6시 방향, 적색, 난습이다. 음력 5월이며 낮이며 정오라고 한다.

건강 면에서는 심장, 신, 기, 설, 눈, 시력, 머리, 목, 심포, 신경, 열 등과 관련이 있다.

상징은 矢(화살 시), 牾(만날, 거스를 오), 음화, 정오, 작은 불, 달, 별, 촛불, 밝음, 음양의 교체 시기, 정신적, 문화적인 일, 음기가 뚫고 나와 양기를 만남, 거슬러 올라옴, 물건을 기르게 함, 계속함, 인도함 등이다.

장점은 번창, 장대함, 출발, 자신감, 화려, 정직, 편안함, 재복, 여유로움, 밝음 등이다.

단점은 실속이 약함, 도화, 허풍, 말이 많음, 찌름, 의심, 다혈질 등이다.

오월에는 午에서 다시 1음이 생겨나며 양기가 극성하나 음양이 교체하는 시기이므로 양의 기운이 퍼지는 것을 방지한다. 양기가 맹렬하므로 음기가 시작되어도 음의 기운을 실감하지 못한다. 하지를 기점으로 극양의 기운을 거두어들이며 음기가 시작된다. 여름이나 지하수와 샘물이 오히려 서늘하고 차가운 것이다. 반대로 자월에는 자에서 다시 1양이 시생하여 겨울에 땅을 파면 따뜻한 물이 된다.

오는 음화이며 밝고 정신적, 문화적인 일, 부귀, 복록, 음덕, 재복이 있다. 학업은 무난하며 상속이나 후원을 받는다. 초년은 귀인의 도움, 중년은 재록과 의식주가 풍족하며, 말년은 여유롭게 편안하다. 총체적으로는 사업, 상업적 기질과 재물복이 있다.

오월에 태어나면 병화와 기토는 물이 많은 것은 아니며 오월 정화사령부터 미월까지 덥다. 병화와 기토사령은 더워도 소통이 되고 정화사령은 정화가 열이니 목이 타 버리고 물도 말라 버린다.

오화는 야생과 같아 달리고 싶어 하며 채찍질하면 더 나가고 발전하려 하며 부지런하게 살아야 한다. 구속이나 간섭당하는 걸 싫어하며 묶으면 예민해진다.

오화가 많으면 말더듬이가 되기도 하며 다리가 늘씬하고 맵시가 나 미인이 많다. 또한 찌르는 것이나 찍어서 맞추는 것을 잘한다. 현침살은 午火, 申金, 卯木, 未土를 의미하며 바른말을 잘한다. 사주 구성이 약하면 오화는 다혈질이 되기도 한다.

오화는 고개를 잘 숙이지 못하니 이익이 있을 때도 고개 숙이지 않아 손해를 보기도 한다. 화가 많은 정신세계가 많다.

■ 芒種

망종은 양력으로 약 6월 6일경이며, 보리가 다 익고 난 후 모를 심고 씨를 뿌리는 시기이며 芒(까끄라기 망) 種(곡식의 씨앗) 이후 일주일이 지나면 장마철로 곰팡이가 생기며 습하기 시작한다.

■ 夏至

하지는 양력으로 약 6월 21일경이며, 낮이 가장 길고 기온상으로 여름이며 매미가 울기 시작한다. 망종 5일 이후부터 장마가 시작하여 하지 때 장마가 끝나가기는 하지만 진짜 장마인 것이다. 하지는 양기가 강하여지며 몸이 건조해지지 않도록 안정을 시켜야 하는 시기이다.

절기	芒種 ~ 夏至	夏至 ~ 小暑	
시기: 양력	약 6월 6일 ~ 6월 21일경	약 6월 21일 ~ 7월 7일경	
시간·지장간사령	午時 11시 30분 ~ 13시 29분	丙火, 己土, 丁火(10, 10, 10일)	
음양·계절·동물	5陽 1陰	夏	말, 天福星, 午福星
방향·색·한난조습	南, 6시 방향	赤	暖濕
월·하루·건강	음력 5월	낮	心 神 氣 舌
상징	矢(화살 시), 悟(만날, 거스를 오), 음화, 정오, 작은 불, 달, 별, 촛불, 밝음, 음양의 교체 시기, 정신적, 문화적인 일, 음기가 뚫고 나와 양기를 만남, 거슬러 올라옴, 물건을 기르게 함. 계속함, 인도함		
장점	번창, 장대함, 출발, 자신감, 화려, 정직, 밝음, 부귀, 재복, 여유로움, 편안함		
단점	실속이 약함, 도화, 허풍, 말이 많음, 찌름, 의심, 다혈질		

⑧ 未

未月은 소서에서 대서를 거쳐 입추까지의 기간이다.

未時는 13시 30분부터 15시 29분이다.

미는 지장간에 정화 9일, 을목 3일, 기토 18일이며 4양 2음이다.

미는 계절로 여름이며, 동물은 양, 天驛星, 未驛星이라 하며, 남서쪽, 7시 방향, 황색, 난조이다. 음력 6월이며 낮을 의미한다.

건강 면에서는 鼻(코), 腕(팔), 齒(이), 위장, 척추, 횡격막, 입, 잇몸, 우측 어깨, 복, 복막, 뇌, 수족 등과 관련이 있다.

상징은 味(맛 미), 木庫, 火庫, 미결, 건토, 旺土, 操土, 열매, 결실, 맛이 드는 계절, 건축자재, 섬유, 화와 금을 통관하는 토, 木은 未에서 늙고 장사지낸다.

장점은 화합, 즐김, 여유, 양순, 음식, 맛난 것 즐김, 전문가, 순진함 등이다.

단점은 느긋, 답답함, 속임을 잘 당함, 귀가 얇음, 어두움, 성장이 멈춤 등이다.

미의 천역성은, 초년은 활발하며, 중년은 재물의 손실과 방랑하며, 말년은 타향에 살아야 유리하다. 총체적으로 사업에 유리하며 친인척과 가족 덕이 약하다. 또한 역의 역마가 있어 이동, 움직임, 활동의 변화 변동이 많이 일어난다.

미는 수목이 약하고 목의 기운을 가지고 가을을 열지만 목을 키울 수는 없다. 갑목의 묘지이며 수가 힘을 못 쓰니 수를 살릴 금이 있어 금생수와 수생목을 하여야 한다. 미월은 만물의 꽃이 피고 성숙하기 때문에 수기가 있다면 미토도 진토와 같이 비유한다.

미는 총명하나 재물을 추구하므로 학문으로 나아가는 것은 어려우며 가정적이지는 못하고 분주하다.

미는 미완성이므로 아직은 아니라는 뜻이며 희생을 하고 속을 드러내지 않아 속내를 알 수가 없다.

■ 小暑

소서는 양력으로 약 7월 7일경이며, 季夏라고 부르며 무더운 여름의 시작이고 작은 더위라고도 부른다. 또한 여름의 끝달을 의미하며 또한 가을이 시작되는 시기이다. 하지는 습기가 약해지며 소서는 습기가 없어지기 시작한다. 냉기가 땅속에서 올라오나 열기가 강하여 한랭이 섞이는 시기이다.

■ 大暑

대서는 양력으로 약 7월 23일경이며, 아주 무덥고 대단한 무더위이며 양의 기운은 약해지고 음의 기운이 자라며 큰비가 가끔 내리는 시기이다. 건강 면에서 신장을 보호하기 위해 단 음식, 짠 음식이나 기름진 것보다 담백한 음식을 먹어야 한다.

절기	小暑 ~ 大暑	大暑 ~ 立秋	
시기: 양력	약 7월 7일 ~ 7월 23일경	약 7월 23일 ~ 8월 7일경	
시간·지장간사령	未時 13시 30분 ~ 15시 29분	丁火, 乙木, 己土(9, 3, 18일)	
음양·계절·동물	4陽 2陰	夏	양, 天驛星, 未驛星

방향·색·한난조습	南西, 7시 방향	黃	暖燥
월·하루·건강	음력 6월	낮	鼻 腕 齒, 척추, 횡격막, 우측 어깨
상징	味(맛 미), 木庫, 건토, 旺土, 操土, 열매, 結實, 만물이 왕성하여 성숙하고 맛이 드는 계절, 건축자재, 섬유, 음식, 화와 금을 통관하는 토, 미결, 만물이 무성하여 완성되고 열매를 맺음. 木은 未에서 늙고 葬(장사지낼 장)한다.		
장점	화합, 즐김, 여유, 양순, 맛난 것 즐김, 전문가, 순진함, 양순, 맛난 것, 총명, 학문보다 재물을 더 추구, 움직임, 활동		
단점	느긋, 답답함, 속임을 잘 당함, 귀가 얇음, 어두움, 성장이 멈춤, 분주, 변화 변동		

⑨ 申

申月은 입추에서 처서를 지나 백로까지의 기간이다.

申時는 15시 30분에서 17시 29분이다.

申은 지장간에 무토 7일, 임수 7일, 경금 16일이며 3양 3음이다.

신은 계절로 가을이며, 동물은 원숭이, 天孤星, 申孤星이라 하며, 서남쪽, 8시 방향, 백색, 난습하다. 음력 7월이며 오후 중 낮을 의미한다.

건강 면에서는 대장, 근골, 폐, 우측 상반신, 음성, 치질, 경락, 맹장, 백혈병, 골수, 피부병, 주근깨, 여드름 등과 관련이 있다.

상징은 伸(펼 신, 다스릴 신), 구(日), 펼치고 퍼지게 함, 축소, 내실, 숙살, 단단함, 응축, 양금, 기, 무쇠, 도로, 칼, 무쇠, 의사, 영양, 결실, 군사, 총, 수류탄, 종교인, 경찰, 중심가 등이다.

장점은 자존심 강함, 우직, 중심이 있음, 재주, 결단력 등이다.

단점은 억제, 수축, 응고, 고독, 외로움, 느긋, 답답함, 어둠, 슬픔, 말이 많음, 포악, 독선, 불화, 인내력 약함 등이다.

신은 천고성이 있어 초년은 타향살이 고독, 중년은 부부 갈등, 가족과의 불화,

말년은 방황하며 고독하고 총체적으로는 형제간이나 가족 간에 갈등이 있어 고독하고 외롭다. 독선적이나 순수하며 가족인 배우자나 자식 덕이 약하다. 겨울을 준비하는 시기이며 활발한 활동을 펼치기도 한다.

申은 양기를 약하게 하여 음기가 성하여 만물을 지배하기 시작하며 만물의 형체가 완성되었음을 뜻하며 곡식이 익는다. 申은 성장이 정지되며 내실을 다지고 단단하며 만물을 수렴하여 응축한다. 미토에 의해 화의 양기가 수렴된 후 申金에서 응축되어 단단해진다. 申金이 酉金이 오면 금이 더 단단해진다. 申金은 펼친다는 의미도 있으며 양의 기운이 굴하고 음의 기운이 펼쳐진다는 뜻이다. 신금은 완숙한 열매 또는 쇠를 의미한다.

금은 종혁이라 하여 변화하는 성질을 가지고 있어 변화하는 동물이나 매미와 같은 곤충 등이 있다. 변화하는 과정과 운행하는 과정은 자체가 살아 있음을 뜻한다. 봄의 금은 살아나려고 발버둥치는 금이므로 死金은 아니다. 여름 金은 生金으로 살아 있다. 가을 申酉의 금은 본 계절이니 진정한 금이다. 겨울의 冬金은 死金이라 하여 얼어 있어 죽은 금이나, 사주에 마른 土가 있으면 얼어 죽는 것은 면하며 마른 토나 화가 없다면 죽은 것과 같다.

亥月의 申金은 冬金이나 해수 속의 갑목이 살아 있어 생명을 기르는 수로 동빙한설은 아니므로 완전 언 금은 아니다. 해월은 소양지기이며 살아 있고 자수는 냉수로는 생명이 없다. 신금 속의 임수가 있어 물이 마르지 않으므로 신장은 물이므로 신장이 괜찮다.

■ 立秋

입추는 양력으로 약 8월 7일경이며, 孟秋라고도 하며 태양상의 가을이지만 체감상으로는 아주 무더운 여름이다. 입추 이후 아침저녁으로 더위가 서서히 물러나며 약해진다. 또한 곡식이 숙성되어 수확하며 금이 강해지는 시기이다.

■ 處暑

처서는 양력으로 약 8월 23일경이며, 더위는 점점 약해지고 추위와 더위가 교체되는 시기이며 더위는 아직 머물러 있다. 또한 가을이 시작되며 바람이 불어 선선해지기 시작한다. 이때 곡식이 익기 시작하며 숙살인 금이 강해진다.

절기	立秋 ~ 處暑		處暑 ~ 白露	
시기: 양력	약 8월 7일 ~ 8월 23일경		약 8월 23일 ~ 9월 7일경	
시간·지장간사령	申時 15시 30분 ~ 17시 29분		戊土, 壬水, 庚金(7, 7, 16일)	
음양·계절·동물	3陽 3陰	秋	원숭이, 天孤星, 申孤星	
방향·색·한난조습	西南, 8시 방향	白	暖濕	
월·하루·건강	음력 7월	오후	大腸, 骨, 筋, 우측 상반신	
상징	伸(펼 신, 다스릴 신), 구(臼, 절구 구, 잡고 있는), 神(알지 못함, 자연적으로 발생), 剛金, 큰 쇠, 무쇠, 도로, 칼, 의사, 영양, 결실, 완숙한 열매, 조화롭고 만물의 성장이 정지, 물체를 펼치고 펴지게 하고 묶음, 축소, 내실, 肅殺, 단단함, 만물을 수렴하고 응축, 고독			
장점	자존심 강함, 우직, 중심이 있음, 재주, 결단력, 내실			
단점	억제, 수축, 응고, 고독, 느긋, 답답함, 속임을 잘 당함, 귀가 얇음, 어두움, 성장이 멈춤, 슬픔, 말이 많음, 독선, 불화, 인내력 약함			

⑩ 酉

酉月은 백로에서 추분을 거쳐 한로까지의 기간이다.

酉時는 17시 30분에서 19시 29분이다.

유는 지장간에 庚金 10일, 辛金 20일이며 2양 4음이다.

유는 계절로 가을이며 동물은 닭이며, 天刃星, 酉刃星이라 하며, 정서쪽, 9시 방향, 백색, 한조이다. 음력 8월이며 저녁을 의미한다.

건강 면에서는 폐, 소장, 입, 음성, 우측옆구리, 기관지, 천식, 피, 혈관, 정혈, 피모, 월경 등과 관련이 있다.

상징은 酒(술항아리 주), 綏(잡아맬 수), 就(이룰 취), 불만, 만물이 늙어 가고 단풍이 들고 머무르는 것, 진주, 보석, 결실, 금속, 무기, 칼날, 장신구, 거울, 익은 과일, 가공품, 금의 왕지, 숙살지기, 陰事, 해산, 완성, 수축 등이다.

장점은 예리, 냉철, 실리주의, 분명, 청결, 깔끔, 정의로움, 호불호가 분명함, 재물복, 자존심 강함 등이다.

단점은 까다로움, 고집, 까칠, 자만심, 거만, 냉정, 구설, 외로움, 근검절약하며 재물복은 있으나 인간관계가 약함, 사고 수술수, 손재 등이다.

유금은 초년과 중년은 흉터, 사고, 수술, 질병, 말년은 질병, 손재, 타향, 총체적으로 재물복과 언변이 뛰어나고, 조상과 인연이 있다.

유금인 닭은 자존심이 세고 남의 말을 듣지는 않고 자기가 최고이다. 맞는 말을 잘하지만 되풀이해서 말을 하기도 하여 상대방은 힘들 수 있다.

유금은 수가 없을 경우 건조하니 건성 피부이다. 가을은 단단하고 완성된 곡식이나 가장 예쁘고 아름답게 다듬은 보석에 비유한다. 유금이 자수를 보면 귀문관살 파살이 된다. 너무 깨끗하려는 결벽증의 성격이 많다.

申金은 양이니 크고, 酉金은 음이니 작은 금이라 생각하면 안 된다. 가을이 깊어갈수록 과일이 익고 자라나니 8월의 유금은 申月보다 더 크고 숙살의 기가 더 강하다고 할 수 있다. 庚金이나 지지 申金은 형질이 거칠고 본심이 냉하므로 열을 좋아하고 냉하지 않아야 천격을 면할 수 있다. 유금은 냉하지 않다.

■ 白露

백로는 양력으로 약 9월 7일경이며, 중간 가을 중추라 하여 이슬이 하얗게 생겨 서리가 내리는 시기이다. 바람이 드세지고 새들이 먹이를 저장하는 시기이다.

■ 秋分

추분은 양력으로 약 9월 23일경이며, 밤낮의 길이가 같으며 춘분 때와 같다. 이때부터 일조시간이 줄고 밤이 길어지기 시작한다. 음기가 강해져 쌀쌀해지며 양기가 약해 물이 마르기 시작한다. 벌레들은 땅속에서 冬眠을 준비한다.

절기	白露 ~ 秋分	秋分 ~ 寒露
시기: 양력	약 9월 7일 ~ 9월 23일경	약 9월 23일 ~ 10월 8일경
시간·지장간사령	酉時 17시 30분 ~ 19시 29분	庚金, 辛金(10, 20일)

음양·계절·동물	2陽 4陰	秋	닭, 天刃星, 酉刃星
방향·색·한난조습	西, 9시 방향	白	寒燥
월·하루·건강	음력 8월	저녁	肺, 口, 聲, 帶, 소장, 우측 옆구리
상징	綏(잡아맬 수), 酒(술항아리 주), 就(이룰 취), 금, 은, 진주, 보석, 가공품, 결실, 금속, 무기, 장신구, 거울, 익은 과일, 금의 왕지, 술을 담고 만물의 성숙과 수확과 저장, 단풍, 늙어 감, 완성, 수축, 단풍이 들고 머무르는 것, 숙살지기, 陰事, 해산		
장점	예리, 냉철, 實利主義, 분명, 청결, 깔끔, 정의로움, 호불호 분명함, 근검절약, 재물복, 자존심 강함		
단점	까다로움, 고집, 까칠, 자만, 거만, 냉정, 구설, 외로움, 인간관계가 약함, 수술, 사고, 손재, 타향		

⑪ 戌

戌月은 한로에서 상강을 거쳐 입동까지의 기간이다.

戌時는 19시 30분에서 21시 29분까지이다.

술은 지장간에 辛金 9일, 丁火 3일, 戊土 18일이며, 1양 5음이다.

술은 계절로 가을이며, 동물은 개, 天藝星, 戌藝星이라 하며, 서북쪽, 10시 방향, 황색, 한조이다. 음력 9월이며 하루를 마무리하는 편안한 저녁이며 밤을 의미한다.

건강 면에서는 胃(위), 腰(허리), 脅(옆구리), 배, 갈비, 척추, 명문, 가슴, 어깨, 넓적다리, 발, 복숭아뼈, 대변, 항문 등과 관련이 있다.

상징은 絨(베 융), 茂(우거질 무), 滅(멸망할 멸), 보온병, 문화, 도서관, 학교, 발전소, 변전소, 전자제품, 건토, 종핵을 보존, 화의 고, 화로 속의 불씨, 금과 수를 통관하는 토, 수확을 끝낸 후 만물이 멸하고 사라지거나 땅속으로 들어감 등이다.

장점은 차분, 정직, 의리, 다재다능, 대기만성 등이다.

단점은 인복 약함, 쇠멸, 소극적, 감춤, 근심 등이다.

술은 火의 庫와 墓, 金의 庫이며, 목화를 약하게 하니 목을 살릴 수가 필요하다. 오술합은 화를 간직하고 꺼지지 않게끔 조용히 가두어 두거나 저장하여 봄에 다시 사용하려고 한다. 정신과 사물을 보관하며 새롭게 창조하기 위한 창고이며, 토는 금을 묻기도 하지만 금을 빛나게도 한다.

술은 초년에 재주가 많고 다재다능하며, 중년은 재능, 예술적인 재능, 말년은 육친 근심이 있다. 총체적으로 대기만성, 기술, 재능과 예술적인 기질이 있다.

戌은 목이 못 자라고 화의 불씨를 갖고 겨울을 연다. 화를 조절하지만 화를 키우는 토는 아니다. 화의 墓이며 화가 꺼지지 않지만 창고는 아니다. 화운이 오더라도 목이 없다면 화의 묘지가 되며 병화대운이라도 묘지가 되기도 한다. 또한 금의 고이며 창고이지만 수가 없으면 금의 묘지가 된다. 오술합일 경우 수가 없을 때 화가 많아지면 금의 묘지가 되어 금은 빛이 나지 않으며 술토 속의 辛金은 없어진다. 수가 있을 경우 금의 묘지가 되지 않는다.

술은 만물의 생장이 끝나고 쇠멸하는 시기이며 사람의 은퇴 시기와 같다.

술은 천문이 있어 학구적, 재주, 기술, 예술적인 기질이 있고 생각이나 사려가 깊어 머리는 뛰어나 문학 등에 소질이 있다. 또한 헌신하고 봉사정신과 종교정신이 강하며 독특한 정신세계를 추구한다.

■ 寒露

한로는 양력으로 약 10월 8일경이며, 季秋라고 부르며 가을의 끝이라는 의미이며 찬 이슬이 내리는 시기이다. 또한 곡식을 거두어들여 수확하며 국화가 피는 시기이다.

■ 霜降

상강은 양력으로 약 10월 23일경이며, 가을이 마무리되며 서리가 내려 바람이 차가워져 초목이 변하여 누레지고 벌레들도 입구를 막고 땅속으로 들어가는 시기이다.

절기	寒露 ~ 霜降	霜降 ~ 立冬
시기: 양력	약 10월 8일 ~ 10월 23일경	약 10월 23일 ~ 11월 8일경

시간·지장간사령	戌時 19시 30분 ~ 21시 29분		辛金, 丁火, 戊土(9, 3, 18일)	
음양·계절·동물	1陽 5陰	秋	개, 天藝星, 戊藝星	
방향·색·한난조습	西北, 10시 방향	黃	寒燥	
월·하루·건강	음력 9월	저녁	胃, 脅, 腰, 발, 복사뼈, 다리	
상징	絨(베 융), 茂(우거질 무), 滅(멸망할 멸), 燥土, 旺土, 陽氣(火)의 종핵을 보존, 곡식 수장, 화의 庫, 화롯불씨, 변전소, 전자제품, 제방, 보온병, 화로, 문화, 도서관, 학교, 금과 수를 통관하는 토, 수확 후 만물을 숙살하고 멸하여 생기를 잃어버리며 없어짐. 땅 속으로 들어감			
장점	다재다능, 예술, 대기만성, 차분, 정직, 의리			
단점	인복 약함, 쇠멸, 소극적, 有餘自若, 감춤, 근심			

⑫ 亥

亥月은 입동에서 소설을 거쳐 대설까지의 기간이다.

亥時는 21시 30분에서 23시 29분이다.

해는 지장간에 무토 7일, 갑목 7일, 임수 16일이며, 6음 0양이다.

해는 계절로 겨울이며, 동물은 돼지, 天壽星, 亥壽星이라 하며, 북서쪽, 11시 방향, 흑색, 한습이다. 음력 10월이며 밤을 의미한다.

건강과 신체 면에서는 腎臟, 생식기, 고혈압, 대뇌, 당뇨, 머리, 중풍, 우측 발, 오래된 질병, 고질병, 고환, 자궁, 대소변의 생식기질환, 혈액, 혈압, 당뇨, 월경, 장딴지, 흑점 등과 관련이 있다.

상징은 核(씨핵 핵), 荄(풀뿌리 해), 씨앗, 호수, 바닷물, 강물, 풀뿌리, 양기를 갖추고 생명을 간직, 고르기, 장수, 공부, 海水, 湖水, 먼지, 오물, 고물(헌것), 고서, 씨앗을 짜는 기름, 석유, 휘발유, 곡물 기름, 남녀가 성행위 시 누워 있는 형상, 깨끗한 물에 비유하며 얼지 않는 물 등이다.

장점은 식복, 의협심, 융통성, 의지 강함, 낙천적 사고 등이다.

단점은 욕심이 많음, 고난, 고집, 고독, 끈기 부족 등이다.

해는 천수성이 있어 장수, 건강, 의식주의 풍족, 초년에는 고집과 의지가 강하고, 중년은 부모 덕이 약하고 고난이 있으며, 말년은 장수, 고독하다. 총체적으로 장수하며 고집이 있으며 고독하다.

해수는 어두움이며 밤의 직업이나 가을과 겨울에 태어난 사람은 음이니 안에서 일하는 직업이다. 해수는 천문성이므로 철학, 명상, 기도, 종교의 정신적인 것을 추구한다.

땅속에서 겨울 3개월 동안 갈무리를 하여야 뿌리가 완성되어 봄에 싹이 튼다. 해수는 인목을 싫어하여 파산이나 좌천하게 되어 흉하며 인목은 해수를 좋아하며 갑목의 장생지가 되어 길하다.

■ 立冬

입동은 양력으로 약 11월 8일경이며, 孟冬이라 부르며 겨울이 시작되나 기온은 아직 가을이며 태양상의 겨울을 뜻한다. 이때 물과 땅이 얼기 시작하여 고드름이 생기며 겨울을 대비해야 하는 시기이다.

■ 小雪

소설은 양력으로 약 11월 22일경이며, 음의 기운이 강하며 양의 기운은 사라지기 시작한다. 또한 작은 눈이나 첫눈이 내리며 땅이 얼어 가는 시기이다. 천지가 막히는 시기이므로 신장과 방광을 잘 다스려야 한다.

절기	立冬 ~ 小雪	小雪 ~ 大雪	
시기: 양력	약 11월 8일 ~ 11월 22일경	약 11월 22일 ~ 12월 7일경	
시간·지장간사령	亥時 21시 30분 ~ 23시 29분	戊土, 甲木 壬水(7, 7, 16일)	
음양·계절·동물	0陽 6陰	冬	돼지, 天壽星, 亥壽星
방향·색·한난조습	北西, 11시 방향	黑	寒濕
월·하루·건강	음력 10월	밤	腎, 生殖機, 우측 발, 머리

상징	核(씨핵 핵), 荄(풀뿌리 해), 海水, 湖水, 먼지, 汚物, 호수, 바닷물, 강물, 기름, 휘발유, 석유, 곡물 기름, 대뇌, 고물(헌것), 古書, 씨앗, 풀뿌리, 양기를 갖추고 생명을 간직, 장수, 건강, 생명을 잉태하는 시기와 모습, 고르기, 공부, 참과 거짓을 살펴 물건을 취함, 땅속에서 갈무리, 男女가 성행위 시 누워 있는 형상
장점	식복, 의협심, 융통성, 의지 강함, 낙천적 사고, 의식주 풍족
단점	욕심이 많음, 끈기 부족, 고독, 고집

⑬ 地支의 特性 早見表

「월령」에서는 자·축·인·묘 등 십이지지를 편입시키지는 않았다. 그러나 『회남자』의 「시칙훈(時則訓)」에서는 '하나라의 책력(대략 오늘날의 농력과 비슷하다)'의 11월을 자월에 배정하였고, 12월을 축월, 정월을 인월, 2월을 묘월, 3월을 진월, 4월을 사월, 5월을 오월, 6월을 미월, 7월을 신월, 8월을 유월, 9월을 술월, 10월을 해월에 각각 배정하였다. 이러한 배합은 원래 술수에 포함되어 있던 것이다. 인용한 묵적의 고사에 나오는 '점치는 사람'들이 이러한 배합을 사용하곤 했다.[1]

이상에서 볼 때 십이지의 자는 자생하려고 한다면, 축은 묶어둔 기운을 풀고 땅을 뚫고 나오려고 준비하며, 인월은 생기가 돌고 꿈틀거리고, 묘월은 땅을 뚫고 나와 싹을 틔우고, 진월은 뻗어나가 자라고, 사월은 만물이 기량을 맘껏 뽐내며, 오월은 무성하게 자라고, 미월은 열매가 익고 만물이 풍성해져 맛이 들고, 신월은 수렴하려 해치고, 유월은 만물이 익어 추수하며, 술월은 사용하지 않고 멸하며, 해월은 땅속에 양기를 다시 간직하고 수장하며 다시 생을 기다리게 된다. 그러므로 십이지는 계속 순환하고 반복되는 것이 자연과 같다.

---

1)   양계초, 풍우란 저, 김홍경 편역(1993), 『음양오행설의 연구』, 서울: 신지서원, p. 293.

	子	丑	寅	卯	辰	巳	午	未	申	酉	戌	亥
오행	수	토	목	목	토	화	화	토	금	금	토	수
생왕묘	왕	묘	생	왕	묘	생	왕	묘	생	왕	묘	생
체	양	음	양	음	양	음	양	음	양	음	양	음
용	음	음	양	음	양	양	음	음	양	음	양	양
星	천귀성	천액성	천권성	천파성	천간성	천문성	천복성	천역성	천고성	천인성	천예성	천수성
臟器	방광	비장	담	간	비장	소장	심장	위장	대장	소장, 폐	위장	자궁
身體	비뇨기, 음부	복부, 좌발	동맥, 모발, 양손, 좌다리	손가락, 좌옆구리	가슴, 피부, 좌상반신	얼굴, 치아, 항문, 인후, 좌어깨	눈, 머리	척추, 횡격막, 우어깨	우상반신	정혈, 우옆구리	복사뼈, 발, 우다리	머리, 신장, 우발
生地數	4	5	6	7	8	9	10	11	0	1	2	3

地藏干

십이지지는 십천간의 기운을 담고 있으며 이것을 지장간이라고 한다. 지장간은 10천간의 기운이 1개월의 30일로 나누어 담겨 있으며, 지장간의 사령기간은 대략 한 달 30일로 가정하여 배정한다. 월지의 지장간의 기간은 절입일로부터 시작하여 여기·중기·정기 순서대로 계산한다.

천간은 하늘의 기운이 드러나고 밝으며 생각을 나타내며, 눈으로 확인하고 볼 수 있다. 지지인 땅은 땅속에 감춰진 것을 잘 드러내지 않으며 천간의 여러 가지 기운을 땅에 간직하고 있다. 이것을 地藏干 또는 地支藏干이라고 하며 지지의 땅속에 감추어져 있는 인간의 복잡한 마음이며 드러나지 않는 것이다. 지장간은 하늘에서 부여한 것을 4계절과 12개월의 월령과 음양오행의 자연 법칙과 함께 인간이 살아가는 현실적인 것을 나타낸다.

천지인 중 인간은 중간에 해당하며, 땅속에 있는 여러 개의 천간인 하늘의 기운을 품은 것이 지장간이다. 천간의 기운은 순수하며 양은 빠르게 나타난다. 지지의 기운인 음은 고요하며 화복이 늦게 나타나고, 지지의 오행이 하늘과 땅의 기가 모여 생성된다. 지장간에 천간의 기를 지지에 내포하고, 암장되어 안에 숨긴다.

지장간은 月律分野(月令用事)와 人員用事의 두 가지로 분류하여 사용한다. 인원용사는 월지와 상관없이 지지의 순수한 기운의 천간을 의미한다. 월령이란 월(月)의 우두머리(令)를 뜻하며 사주의 가장 중요한 부분이다. 월률분야는 월령을 기준으로 월지의 사령기간을 의미한다. 당령은 월지의 사령 또는 월령과 같은 의미이다. 1년과 각 계절에 따른 오행과 매월의 천간의 배치를 기후 변화에 따라 적용하는 것이다. 지장간은 월지에 따라 일정한 흐름을 가지고 적용한다. 지장간의 월률

분야에서 다른 경우가 많은 것은 전해질 때 와전되거나 적용법이 달랐기 때문일
수 있다. 가장 보편적인 것은 다음의 지장간 월률분야 조견표이다.

월률분야는 月令 또는 月支司令이라고도 한다. 月令이란 '月'의 태어난 달을 月
支라 하며, '令'은 그곳의 우두머리 또는 핵심부의 명령하는 곳이다. 月令은 그 사
람의 마음과 환경을 지배하며 當令이라고도 하고 사주팔자에서 기의 핵심이다.
또한 월지는 지장간이 사령하는 기간을 의미하여 중요하다. 월률분야는 각 월마
다 월지에서 사령하는 것에 의해 司令기간이 다르다. 또한 지장간의 숫자는 그 달
의 절입일부터 적용받아 배치한 것이다.

　[예] 寅月은 立春日 절입시부터 약 7일간은 戊土가, 8일째부터 다시 7일간은 丙火가, 그
　　다음 16일 동안 甲木의 기운이 卯月이 되기 전까지 작용한다. 월률분야는 인월의
　　戊丙甲인 지장간의 기운이 천간에 어떻게 작용하는가를 나타낸 것이다.

	四生支(四孟支)				四旺支(四頂支)				四墓支(四庫支)			
地支	寅	申	巳	亥	子	午	卯	酉	辰	戌	丑	未
餘氣	戊 7	戊 7	戊 7	戊 7	壬 10	丙 10	甲 10	庚 10	乙 9	辛 9	癸 9	丁 9
中氣	丙 7	壬 7	庚 7	甲 7		己 10			癸 3	丁 3	辛 3	乙 3
正氣	甲 16	庚 16	丙 16	壬 16	癸 20	丁 10	乙 20	辛 20	戊 18	戊 18	己 18	己 18

지장간의 월률분야란 기후 변화로 인한 1개월의 천간의 배치를 나타낸 것으로
써, 절입일로부터 餘氣·中氣·正氣로 차례대로 나누어지거나 여기와 정기의 두 가
지로 나누어지기도 한다.

첫째, 餘氣이며 또는 初氣라고도 하며 지난달의 기운이 이월되어 남아 있어 이
전 절기의 기운의 영향을 받는 것이다. 노년기나 실세의 권력에서 물러난 후 영향
력을 행사하는 것과 같아 월권행위로 비유한다.

　[예] 寅月의 여기는 지난달의 축월의 正氣인 기토가 무토인 陽土로 바뀐 것이다.

둘째, 中氣이며 본달의 여기와 정기의 중간 기운으로서 삼합하고 화하여 다른
오행으로 변화하는 의미를 가진다. 중기는 월률분야에서 가장 세력이 약하여 변

화를 추구하며 청소년이 생기 있는 것과 같다. 예를 들어 寅木의 丙火는 寅午戌 火, 卯月의 乙木의 亥卯未는 木, 辰土는 申子辰 水, 巳火는 巳酉丑 金이며 중기는 삼합하는 글자가 된다. 단, 午火의 丙己丁 중기는 그렇지 않다. 그래서 甲木의 氣 는 寅月의 甲사령부터 시작된다. 寅의 甲사령은 아직 세상에 나오는 시기가 아니 라서 세상에 나오면 마음이 많이 다친다.

셋째, 正氣이며 本氣라고도 하며 그달의 본래의 기운이며 지지의 동일한 오행의 천간을 가지며, 여기 중기 중 정기가 지도자나 사령관 또는 우두머리와 같은 역할 을 하며 가장 강력하고 활발한 기운을 가져 중추적인 역할을 한다.

例 寅木은 화로 가려고 태어난 사람이므로 중기를 위주로 사는 사람이다. 만약 辰土면 申보다 子를 중요하게 사용한다. 子午卯酉 대운은 건강을 보고, 寅申巳亥 대운은 사건 사고나 변동수를 보고, 辰戌丑未 대운은 이럴까 저럴까 고민하는 것을 주로 보 되 사주 구성을 잘 살펴야 한다. 寅申巳亥는 행동파이니 시작이나 행동을 잘하고, 辰戌丑未는 마무리를 확실하게 잘한다.

지장간은 4생지, 4왕지, 4묘지의 세 가지로 나뉘며 이것을 생왕묘라고 한다.

生旺墓

	四生支	四旺支	四墓支
地支	寅 巳 申 亥	子 午 卯 酉	辰 戌 丑 未

(1) 四生支(四孟支) - 寅申巳亥

사생지는 사맹지라고도 하며 인신사해로 구성된다. 인신사해는 계절이 발생하 고 시작되므로 生地이며 四生, 四孟, 驛馬라고 하며 모두 3개의 陽干을 가지고 있 다. 여기는 지난달 기의 무토이며, 중기는 祿地이며, 정기는 本氣로서 生地이다. 생지의 의미는 두 가지로 구분하며 생지는 십이운성의 생지의 의미는 아니다. 첫 째 생지의 기의 흐름은 삼합하여 화한 기운에 관한 것이다. 둘째 여름의 사오미는 사화에서 여름이 시작되므로 계절의 시작인 것이다. 생지인 인신사해월은 중기를 중요하게 사용하며 무토가 여기를 7일간 공통으로 사령하고, 중기는 三合하여 化

氣하는 7일간 양간의 오행이 사령하며, 정기는 매월 해당하는 오행의 기운이 16일을 관장한다.

① 사생지의 여기·중기·정기

- 여기: 무토이며 틀을 만드는 역할만 할 뿐 기운의 힘을 논하지 않으며, 전월의 庫地의 기운이 들어온 것이다.
- 중기: 다음 계절의 다가오는 기운을 준비하며 생지의 기운과 성향으로 이루어진다.
- 정기: 해당하는 월의 강한 오행의 기운으로 다음 계절의 여기의 목적을 달성하기 위하여 활동적이며 행동력과 추진력이 있다.

四生支(四孟支)

	春	夏	秋	冬
生支	寅	巳	申	亥
餘氣	戊	戊	戊	戊
中氣	丙	庚	壬	甲
正氣	甲	丙	庚	壬

② 사생지의 특성 - 준비, 시작, 개척, 역마

1	사생지는 양간만 가지고 있다.
2	사생지의 초기는 무토만 가지고 있다.
3	사생지는 중기가 목적이며 과정은 정기인 본기이다. 예를 들어 인목은 목으로 태어났지만 병화의 목적을 이루려고 태어나 갑목으로 열심히 하는 것이다.

인신사해는 중기 기운의 생지가 되며, 중기는 다음 계절의 정기의 기운이 시작된다. 예를 들어 여름인 사화의 중기는 경금이니 다음 계절의 시작인 申金의 정기

가 되는 경금의 기운이 시작된다. 이것은 사화의 성향을 나타내며, 사화는 경금이라는 미래를 위해 행동하고 준비하는 것이다. 그러므로 사화를 경금의 생지라 하는 것이다. 사화의 목적은 경금에 도달하는 것이다. 현실인 사화에 안주하지 않고 미래의 금을 위해 열심히 분주하게 움직이는 것이다.

丙火의 장생지는 寅木이며, 壬水의 장생지는 申金, 庚金의 장생지는 巳火, 甲木의 장생지는 亥水이다.

사생지는 양간만 있어 시작과 준비를 잘하고 활동적이고 진취적이며, 창의력이 좋아 발명과 개발과 설계 등을 잘하고 매사 의욕이 강하다. 움직이는 기운이 강하며, 별칭으로 '시작, 준비, 창조, 개척, 발명, 개발, 장군, 역마'라고 불린다.

사생지인 장군은 빠르고 급하며 크게 일어나 항상 바쁘며 돈을 왕창 벌기도 하나 크게 망하기도 한다. 인신사해 운이 왔을 때 잘 다루어야 하며 왕을 무력으로 쫓아내기라도 하면 망할 수 있다.

건강을 볼 때, 寅月과 申月 초기이냐 중기이냐 본기이냐의 갈림길을 잘 봐야 한다.

인신사해월에서는 지장간의 생지를 잘 사용할 수 있느냐 없느냐를 살펴야 한다. 자오묘유 왕지를 만나면 사용하지 못한다. 사생지인 인목은 묘목을, 申金은 유금을, 사화는 오화를, 해수는 자수를 만나면 좋지 않다. 반대로 4왕지는 4생지를 반긴다.

(2) 四旺支(四頂支) - 子午卯酉

사왕지의 자오묘유는 4계절인 춘하추동 중 각 계절의 가운데 월이며, 그 계절의 강인한 의지와 정신력과 순수한 기운을 지닌다. 사왕지는 사정지라고도 하며 가장 순순한 기를 가지고 있으며 挑花나 將星을 의미한다. 사왕지는 旺地나 敗地, 四專 또는 四正이라고도 한다. 과거나 미래에 대한 개념이 부족하며 추진력이나 행동력은 부족하나 주관과 개성이 뚜렷하여 변화가 오더라도 다른 기운의 오행으로 절대 변화하지 않는다. 왕지인 子卯酉월은 여기 10일과 정기 20일로 구성되며, 午月은 여기 10일, 중기 10일, 정기 10일을 각각 사령한다. 오월은 여기 여기 10일, 중기 9일, 정기 11일로 적용하기도 한다.

① 사왕지의 여기·중기·정기

- 여기: 지난 월의 기운인 甲丙庚壬의 생지의 기운이 강하며, 전월의 正氣의 기운이 들어온 것이다.
- 중기: 사왕지는 중기라는 것이 대체로 존재하지 않으며 오화의 중기에 해당하는 기토는 토의 작용보다 정화를 위한 보조적인 역할을 하는 것이며 묘, 유, 자는 중기가 없다.
- 정기: 해당하는 월의 순수한 자신의 오행의 강한 기운만을 가지며, 다음 계절의 여기이다.

四旺支(四頂支)

	春	夏	秋	冬
旺支	卯	午	酉	子
餘氣	甲	丙	庚	壬
中氣		己		
正氣	乙	丁	辛	癸

② 4왕지의 특성 - 황제, 순수, 고정, 정통

1	4왕지는 다른 오행으로 절대 변하지 않는다.
2	4왕지는 다른 지지의 오행을 잘 끌어당긴다.
3	4왕지는 다른 오행을 생해주지 않고 극을 잘한다.
4	4왕지는 잘 움직이지 않으며 이랬다저랬다 하지 않는다.

형체인 몸이나 모양의 변화로 표현하며, 임무, 업무, 직책의 변화나 일이 바뀌는 것이지 다른 것으로 변화하는 것은 아니다. 다른 오행의 기운으로 변화하지 않으며 순종, 정통, 도화, 왕자, 황제, 양인이라고도 부른다.

사왕지는 현재에 안주하려 하며 자신을 중심으로 주변의 강한 기운을 끌어들이며 고정적이며 변화를 주지 않으려는 것이다. 다른 오행을 생하지 않고 극을 잘한다. 예를 들어 묘목과 오화가 생하는 줄 서로 착각하고 있다가 묘오파가 되므로 파가 되지 않으려면 화가 필요하다.

임수의 왕지는 자수이며, 병화의 왕지는 오화이며, 갑목의 왕지는 묘목, 경금의 왕지는 유금이다. 십이운성으로, 갑목은 자수, 병화는 묘목, 경금은 오화에, 임수는 유금에 욕지 또는 도화라 하며, 낭비, 망신, 바람, 가정적으로 좋지 않으며 월의 욕지가 가장 강하며 그다음 일의 욕지가 강하다. 자오묘유 중 묘목은 양기 덩어리이므로 도화가 가장 강하며 오화도 도화가 강하다.

자수는 진토에 입묘되며 자진수국으로 삼합이 되나, 해수는 진토에 입묘하며 토극수하게 된다. 오화는 술토에 입묘되며 오술화국으로 삼합이 되나 사화는 술토에 입묘되며 화가 약하게 된다. 묘목은 미토에 목국으로 삼합이 되나 인목은 미토에 입묘가 되며 목이 고목이 되어 약하게 된다. 유금은 축토에 합하여 금국으로 삼합이 되나 지지 申金은 축토에 합이 되지 않고 토생금만 된다. 생지와 왕지는 상당한 차이점이 있어 합이 되느냐 묘지가 되느냐를 알 수 있다.

(3) 四墓支(四庫支) - 辰戌丑未

사묘지의 진술축미는 한 계절의 마무리를 하고 다음 계절을 준비하는 것이다. 토는 四庫地 또는 四墓地 또는 四藏地라 하며, 거두어 저장하는 창고와 묘지로 분류한다. 저장과 보관 또는 포용, 조화, 흡수를 의미하며 묘지이면 죽게 된다는 뜻이다. 십이운성으로 華蓋로 정신적인 것을 추구하며 또한 잡기의 지지이므로 여러 가지가 섞여 감추어져 있으므로 잘 파악해야 한다.

고지란 일의 마무리와 결과가 있고 안정된 기운과 보관하고 저장하는 것을 의미하며 새로운 결과나 작품을 만들어내는 것과 같다. 만약 寅午가 화를 위해 준비하고 일을 하는 상태였다면 술이 와서 일을 마무리하여 결실이 있는 것이다.

묘지란 중단, 정지, 끝, 결말, 작용력 상실, 기운이 정지, 실패하는 것, 죽어 버리는 것이어서 사용하지 못하는 것을 의미한다. 묘지인 진술축미월은 여기를 중요하게 사용한다.

여기는 지난 월의 기운인 자오묘유가 9일간 사령하고, 중기는 삼합하여 변하는 음간인 자오묘유가 3일간 사령하며, 정기는 辰戌月은 戊土, 丑未月은 己土가 18일을 하여 戊己土가 사령한다. 辰戌丑未運이 올때는 묘지인지 고지인지 판단을 잘 하여야 한다.

① 사묘지의 여기·중기·정기

- 여기: 기운의 힘을 아주 중요시 여기며, 전월의 정기이며 왕지의 강한 기운이 들어온 것이며 방위를 결정하기도 한다.
- 중기: 전전 계절의 왕지의 기운이므로 약하여 알갱이만 남아 있다. 삼합하여 화한 오행이 되며 다음 계절에 필요한 기운이다. 뿌리의 근원이나 과거에 대한 회상으로 인한 성향으로 華盖라 한다.
- 정기: 토인 戊己로 이루어지며 틀을 만드는 역할만 할 뿐 기운의 힘을 크게 논하지 않으며, 전월의 중기와 다음 월의 여기의 기운이다.

四墓支(四庫支)

	春	夏	秋	冬
墓支	辰	未	戌	丑
餘氣	乙	丁	辛	癸
中氣	癸	乙	丁	辛
正氣	戊	己	戊	己

② 4고지 4묘지의 특성 - 창고, 눈치, 무덤, 상황, 고독

1	세 가지 오행을 가진다.
2	초기를 중요하게 적용한다.
3	중기는 저장, 보관용이며 운이 왔을 때 사용하니 많은 게 아니다.

③ 진술축미의 창고와 묘지

토는 첫째 무덤이며, 둘째 새 생명을 탄생하며, 셋째 창고로 쓰이기도 한다. 그러므로 토는 창고이며 묘지이며 탄생을 의미한다.

辰	水의 창고이며 木의 세력을 도와준다. 申子辰 水의 창고, 壬丁의 묘지
戌	火의 창고이며 金의 세력을 도와준다. 寅午戌 火의 창고, 丙癸의 묘지
丑	金의 창고이며 水의 세력을 도와준다. 巳酉丑 金의 창고, 庚乙의 묘지
未	木의 창고이며 火의 세력을 도와준다. 亥卯未 木의 창고, 甲辛의 묘지

진술은 세력, 환경, 나이, 계절, 온도의 변화이며 무토가 있으니 환경의 변화 등이다. 축미는 내가 변화하는 큰 변화이며 극과 극이니 변화가 더 크다. 토는 입묘가 되는 묘지이기도 하며 만물의 어머니와 같아 다음 생명을 탄생시키려는 것이다.

진술축미는 사주에 있을 때 세력의 역할뿐 아니라 창고의 역할도 하므로 창고인지 세력인지 그 차이를 봐야 한다. 만물의 저장과 보관을 주로 하며, 종합이나 포용 등의 뜻을 내포하고 있다. 또한 모든 것을 감추고 있다는 뜻도 있어 사주 내에서 진술축미를 판단하는 것이 쉽지 않으며 대운의 시기에서도 가장 중요하다고 본다.

辰戌은 음간 2개와 양간 1개가 되며, 시간적인 작용으로 목과 화에 이르는 것으로 오행의 변화가 있다. 丑未는 음간 3개로만 이루어지며 공간적인 작용으로 수에서 목으로 화에서 금으로 변화하려 하므로 음양의 변화가 일어난다.

진토는 금이 못 자라고 수의 기운을 가지고 여름을 연다. 수가 죽고 화를 탄생시키는 토이다. 진월부터 기운이 따뜻해지며 봄에는 추운 계절이 약해진다. 진은 봄이어서 금수가 힘을 못 쓰므로 금수를 조절하고 술토는 가을이어서 목화가 힘을 못 쓰므로 목화를 조절한다. 임수의 묘지인 진토이니, 다시 화가 태어나니 꽃을 키우고 피게 한다. 진토는 여름에 타버리지 않고 견디게 하는 토이다.

술토는 목이 못 자라고 화의 기운을 가지고 겨울을 연다. 화를 말살하고 수를 출생시키는 토이다. 병화의 묘지는 술토이니 다시 수가 태어나며 해수를 창고에 저장해 두어야 한다. 겨울은 술토가 얼지 않고 최고로 길하다.

축토는 화를 죽이고 금의 기운을 가지고 금을 말살하고 목을 출생시켜 봄을 여는 토이다. 경금의 묘지는 축토이니 다시 목이 태어난다.

미토는 수를 죽이고 목의 기운을 가지고 가을을 연다. 목을 말살하고 金을 출생시키는 토다. 갑목의 묘지는 미토이니 다시 금이 태어난다.

축토는 인목을 겨울에서 봄을, 미토는 申金을 여름에서 가을을, 진토는 사화를 봄에서 여름을, 戌土는 해수를 가을에서 겨울을 위한 것이다. 토는 다음 계절을 열기 위해 각 계절의 이음새 역할을 하는 존재이다.

진토는 여름에 목을 지키는 화신이고, 미토는 가을에 화를 지키고 금을 보호한다. 술토는 겨울에 금을 지키는 화신이며, 축토는 봄에 수를 보호하기 위해서 있고 토는 다음 계절을 조화시켜 준다.

토는 행운에서 오는 오행이나 원국의 옆에 있는 오행에 따라 다른 오행의 기운으로 변화를 잘한다. 그러므로 잡기에 능하고 저장을 잘하고 상황 파악을 잘한다고 하여 별칭으로 상황, 잡기, 눈치, 고독, 조화, 흡수, 보관, 창고, 무덤, 망신, 화개, 백호라고 한다.

토는 생명을 키우기 위해 중화와 중개를 하여 생산하며, 어머니에 비유할 수 있다.

(4) 종합

인신사해는 중기를 중요하게 사용하고, 진술축미는 여기를 중요하게 사용한다. 진술축미는 책사이며 자오묘유인 왕을 잘 보필하는 것과 같아 머리가 좋다. 인신사해인 생지는 장군을 보필하지 않으나 왕을 직접적으로 약하게 하지 않는다.

天干의 氣가 地支와 地藏干에 뿌리(根)가 어떻게 분포되어 있는지를 알아야 길흉화복을 파악하기 쉽다. 지장간은 사주의 대운과 세운을 파악하는 데 아주 중요하다.

生剋制化

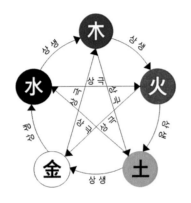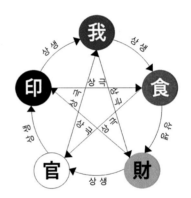

육친의 生剋制化는 相生相剋이라고도 하며 십신의 배합과 더불어 길흉화복을 판단할 수 있다. 생극제화는 상생과 상극, 제압, 합화가 있다. 상생의 생이란 낳고 서로를 살리며, 상은 서로 돕고 이해하고 보호한다는 의미를 가진다. 목이 화를 생하며 목생화라고 하며, 화가 수를 생하며 화생토라고 하며, 토가 금을 생하며 토생금이라 하며, 금이 수를 생하며 금생수라 하며, 수가 목을 생하며 목생화라고 한다. 상생은 목생화와 화생목을 생으로 보며, 화생토와 토생화를 생으로 보며, 토생금과 금생토를 생으로 보며, 금생수와 수생금을 생으로 보며, 수생목과 목생수를 생으로 본다. 이것은 오행의 역으로 생을 하는 것이라고도 본다.

상극의 경우 목이 토를 극하며 목극토라고 하며, 화가 금을 극하며 화극금이라고 하며, 토가 수를 극하며 토극수라 하며, 금이 목을 극하며 금극목이라 하며, 수가 화를 극하며 수극화라고 한다. 상극은 목극토와 토극목을 극으로 보며, 화극금과 금극화를 극으로 보며, 토극수와 수극토를 극으로 보며, 금극목과 목극금을 극으로 보며, 수극화와 화극수를 극으로 본다. 이것은 오행의 역으로 극을 한다고 본다.

그러므로 상생은 순행과 역행으로 생하고 상극은 순행과 역행으로 극을 하는 것이다. 상생상극은 역생과 역극으로도 적용해서 보아야 한다.

오행의 상생이 무조건 좋은 것이 아니고, 오행의 상극이 무조건 나쁜 것도 아니다. 약한 오행은 생을 받아야 하고, 강한 오행은 극을 받거나 또는 다음 오행을 생해 주어 설기하여야 좋다. 생과 극은 서로 적당하게 중화를 이루어야 순환이 잘되는 것이다.

상극은 극을 당하는 오행이 강하면 극을 하기가 어렵고 오히려 극하는 오행이 다치게 된다. 반대로 약한 오행은 강한 오행이 나타나면 다치게 되거나 증발해 버리게 된다.

오행은 많거나 적어도 병이 되지만 오행의 개수로 보는 것이 아니라 월지를 중심으로 오행이 강하냐 약하냐를 판단해야 한다.

(1) 五行의 相生

생이란 서로 도우면서 평화적으로 주고받고 하는 것이다. 生만 받고 洩하지 못하면 病들고, 생을 받지도 못하고 설한다면 쇠약하여 결국 死하게 된다. 적당하게 생하는 오행은 중화가 잘된다. 또한 적당하게 극하는 오행도 중화가 잘되게 한다.

오행의 상생 원리는 '洩氣'와 '盜氣'의 두 가지가 있다.

설기란 자신의 기운을 빼내는 것이며 자기 스스로 양을 적절하게 배분한다. 도기는 상대로 인해 기운이 빼앗기는 것, 즉 약한 기운을 여럿이 합하여 빼앗아 가는 것이다.

오행의 변화는 상생과 함께 상극도 공존하고 있다.

상생은 적당한 생은 좋으나 지나친 생은 오히려 병이 되며, 보살피지 않은 것보다 더 못한 결과를 가져오게 되는 것이다.

상생의 나쁜 예는 水多木浮, 木多火熄, 火多土調, 土多金埋, 金多水濁가 있다.

- 목생화: 나무는 불을 탈 수 있게 하므로 불은 나무가 아니면 꺼지게 된다.

- 화생토: 불은 흙에게 생명력과 단단함을 갖게 한다. 凍土에는 나무나 작물을 키울 수 없듯이 화기가 있는 토가 생기를 얻어 나무나 작물을 키울 수 있다.
- 토생금: 금은 흙이 굳어 단단해지므로 쇠가 되고, 흙이 금을 생성한다. 토는 四季 중 앞 계절과 뒤 계절을 연결한다.
- 금생수: 물은 암반에서 솟아나고 또한 쇳물은 금을 녹인 것과 같다.
- 수생목: 목은 물을 먹어야 살며 식물은 물이 없으면 못 자란다.
- 목생수: 수는 금수가 많을 때 목이 수를 보호해 주고 넘치지 않게 한다.
- 수생금: 금은 화가 많을 때 수가 보호해 주고 금을 빛나게 한다.
- 금생토: 토는 목이 많을 때 금이 있으면 보호를 받으니 금생토가 되는 것이다.
- 토생화: 토는 화를 보호하고 수가 올 때나 수가 강할 때 특히 보호를 한다.
- 화생목: 나무는 태양이 있어야 자라서 열매를 맺는다. 금이 왔을 때 화가 목을 보호 한다. 나무가 얼어 있을 때 화가 있으면 따뜻하게 살려 준다.

(2) 五行의 相剋

상극이란 상대를 눌러 이기며 서로 대립되어 한 쪽의 오행이 다치거나 오히려 극하면서 발전할 수도 있다. 상생이란 생하여 발육을 하게 하는 것이다. 극은 자 신을 깎는 고통이 있으나 나무의 땔감으로 불을 지피거나 동량재목이 되는 용도로 사용되어 가치가 있다. 또한 상생만 있고 전혀 상극이 없다면 물만 주게 되어 나무 가 썩거나, 가지치기를 하지 않아 무한정 자라게 되어 제대로 된 발육을 못하는 것 과 같다.

상극의 나쁜 예는 火多水渴, 金多火熄, 木多金缺, 土多木折, 水多土崩이 있다.
- 목극토: 나무가 많거나 뿌리가 강하면 적당하게 흙의 수분을 흡수하고 부수거나 쟁 기로 흙을 갈아엎어 나무와 목의 생기가 돌게 한다.
- 토극수: 흙을 이용해 흐르는 물을 제방으로 막으면 호수가 된다.
- 수극화: 물은 불을 끄니 불을 약하게 한다.
- 화극금: 불은 단단한 금속도 녹게 한다.
- 금극목: 쇠(도끼와 칼)는 나무를 베어 물질의 용도로 활용하게 한다.

(3) 相生相剋의 太過不及

- 母慈滅子: 生(母)하는 오행이 많고 生(子)받는 오행이 적어 해가 되는 것이다. 부모가 자녀를 위하여 너무 지극하면 오히려 자식을 망치게 되는 것이다. 木多火熄, 火多土焦, 土多金埋, 金多水濁, 水多木浮가 있다.
- 母衰子旺: 生(母)하는 오행은 적고 생(子)받는 五行이 많아 생하는 오행이 해를 입게 된다. 자식이 많으면 나눠 가져야 하고 바람 잘 날 없는 것과 같다. 木多水縮, 火多木焚, 土多火晦, 金多土弱, 水多金沈의 5가지가 있다.
- 相侮: 극하는 오행이 극을 당하는 오행보다 약하여 오히려 힘들어지고 당하는 것이다. 木多金缺, 火多水熱散, 土多木折, 金多火熄, 水多土流의 5가지가 있다.

(4) 通貫

통관은 서로 막혀 있는 것을 통하게 해 준다는 원리이다.

예를 들어, 목극토를 하고 있으면 화가 있어 목생화와 화생토를 하여 통하게 하는 원리이다.

- 목의 통관: 목은 수화가 상극할 때 통관해 준다.
- 토의 통관: 토는 화금이 상극할 때 통관해 준다.
- 수의 통관: 수는 금목이 상극할 때 통관해 준다.
- 화의 통관: 화는 목토가 상극할 때 통관해 준다.
- 금의 통관: 금은 토수가 상극할 때 통관해 준다.

(5) 天干의 相生

일간은 생할 때나 생을 받을 때 일간 주변에 생하거나 생을 받는 것이 있어야 힘이 강하다. 일간이 작용하는 힘은 떨어져 있을 때 반감된다. 월지의 오행이 왕할 때 생하는 힘이 크고 그다음 일지의 힘이 크다. 일간이 약하고 관살이 강할 때는 극을 받아 일간이 약하게 된다. 官印相生은 일간이 약하고 관살이 강하고 인성이 왕할 경우 관살의 기운을 설기하여 일간을 생하게 되는 것이다. 식상이 강하고 일간이 약하면 일간이 설기되며, 이럴 경우 강한 인성은 식상을 극하므로 일간을 생하게 된다.

천간의 상생상극은 오행에서 뿌리의 유무를 판단한다. 또한 일지가 왕쇠의 경중을 살피며 천간 오행과의 원근을 살피고 판단한다. 용신이 힘이 있고 오행을 골고루 갖추면 부귀가 있다. 용신이 힘이 없고 오행이 충극을 당하여 힘이 없으면 가난하거나 병약하게 된다.

요약해 볼 때, 생이란 받는 것이므로 착하며 칭찬해 주며 사랑받고 주는 것이며 자비와 사랑을 베푸는 것이다. 단, 인성이 있어야 된다. 극이란 구박하고 못살게 굴며 빼앗고 미워하고 시기하는 것과 같다. 서로 싸우고 괴롭히고 시비 거는 것과 같다. 합은 중화하고 합하여 다른 오행으로 변하므로 생산하며 유정하고 화합하는 것이다. 충은 상처나 수술과 고통을 의미한다. 상생상극은 오히려 반대로 적용하는 경우도 많다. 왜냐하면 충극을 하여 길한 경우도 있어 사주원국의 구성을 잘 살펴봐야 한다.

(6) 旺相休囚死

	春	夏	長夏	秋	冬
木	旺	休	囚	死	相
火	相	旺	休	囚	死
土	死	相	旺	休	囚
金	囚	死	相	旺	休
水	休	囚	死	相	旺

오행으로 旺, 相, 休, 囚, 死에 의한 盛衰를 알 수 있다. 또 일간의 강약과 함께 용신, 희신, 기신과 더불어 대운과 세운의 길흉화복을 판단하는 데 중요하다. 위의 왕상휴수사는 월지를 중심으로 오행을 대비하여 구분지은 것이다.

왕(旺)	가장 왕한 기운이 최대한 발휘하는 시기
상(相)	상호협조로 도움을 받아 상통하는 시기
휴(休)	도움을 주므로 자신의 기운이 빠져 쇠락해지는 시기
수(囚)	극을 하므로 명예와 권력이 몰락해 감옥에 갇힌 상태의 시기
사(死)	극을 당하여 사멸하는 시기

왕상휴수사 기운의 흐름은 우주 천문현상의 변화와 순환 원리를 인간의 생로병사인 삶에 적용한 것이다.

달이 차면 이지러지고, 약하면 강해지고, 강하면 약해지고, 운이 성하면 쇠하기도 한다. 힘들지만 전화위복으로 화가 복이 되기도 한다. 아무리 높은 권력을 지녀도 10년 이상 흐르면 다시 화가 닥치기도 하는 것이다.

왕상휴수사는 생왕묘가 있어 왕할 때가 있고 휴식기를 지닐 때가 있다. 또한 세월은 변하며 변화하여 길흉화복이 무수히 교차하는 것이다.

예 봄의 갑을목과 인묘목은 목이 가장 활발한 시기이므로 旺이라 한다. 여름에는 목이 화를 생하고 화에게 물려주어 휴식의 시기이므로 休라고 한다. 가을에는 금이 왕하여 목이 시들고 떨어지며 죽어 가는 시기이므로 死라고 한다. 겨울은 목이 다시 살아 올라오려고 하므로 相이라 한다. 四季인 진술축미월은 토사령이어서 목이 갇혀 있어 기운을 빼앗기므로 囚라고 한다.

(7) 生長化收藏

생장화수장은 동양에서 순환론의 사고를 가지고 표현한 것이다. 또한 하루의 낮과 밤, 춘하추동의 4계절이 결부되어 1년 주기의 자연을 표현한 것이다. 자연에 비유하자면, 씨앗은 봄에 땅에서 싹트고 태어나고 자라므로 '生'이라 한다. 여름에 만물이 자라고 변화하여 무성해지는 것을 '長'이라 하며 '化'가 화합하여 이룬다. 가을에 결실을 거두고 수렴하므로 '收'라고 한다. 다시 땅으로 떨어져 창고에 두는 씨앗과 같은 것을 겨울에 저장하므로 '藏'이라 한다. 이후 또 다시 봄·여름·가을·겨울 싹이 트고 자라고 거두고 수장을 반복하며 생장화수장의 오행이 끊임없이 돌고 돈다.

이것은 1년이라는 시간 속에서 무한 반복이 된다. 이 네 가지는 우주와 자연에 비유한 무에서 동식물의 모든 존재에 비유한다. 우주의 원리는 구름이 나타나는 것을 '生'이라 하여 낳고 발생하며 시작을 의미하고, 구름이 하늘을 덮는 것을 '長'이라 하여 성장을 의미하며, 비가 되는 것을 '收'라고 하여 이루어 거두는 것을 의미하고, 비가 땅 속에 저장되는 '藏'라고 하여 저장을 의미한다.

생장수장은 수장이 되어야 다시 생장이 되니 순환적으로 반복되는 과정이며 삶의 생로병사를 나타내는 것과 같다. 또한 생장수장을 生長斂藏이라고도 하며 하루에 비유하자면 아침과 점심과 저녁과 밤의 순환관계를 의미하기도 한다. 또한 4계절 중 봄·여름은 낳고 자라는 생장을, 가을·겨울은 결실을 거두어 저장하는 수장을 의미한다.

생장화수장은 시간의 흐름이며, 목화토금수 오행은 공간의 다섯 가지 흐름이다. 토는 오행인 木·火·金·水를 중재하며, 오행의 계절의 변화에 존재하며 순조롭게 순환하도록 도와준다.

오행의 첫째인 木은 生으로, 목은 끊임없이 하늘로 자라므로 자라나는 생의 뜻을 가장 많이 가지고 있다. 둘째인 火는 長으로, 불은 힘이 다할 때까지 자신을 끊임없이 발산한다. 셋째인 金은 收로, 쇠는 불의 열기를 모아 솥으로 밥을 짓는 것과 같고 구리, 철 등을 모으는 것과 같다. 넷째인 水는 藏으로, 수는 물기로 모든 것을 저장하고 감출 수가 있다.

진흙이나 시멘트도 물기가 있어야 단단해지며 또한 땅속에 씨앗을 저장하여야 봄에 싹을 틔울 수가 있는 것이다. 물은 단단해지려는 특성과 감추는 특성이 있어 속내를 알기 어렵다. 토는 목화금수의 각 계절의 끝자락을 의미하며 토양을 이룬다. 또한 흙은 목인 나무와, 화인 불과, 금인 쇠와, 수인 물을 저장한다. 또한 다음 계절의 변화를 일으키며 창고가 되기도 하고 묘지가 되기도 하는 것이 특징이다.

봄 태생은 과정을 중요시 여기고, 가을 태생은 결과를 중요시한다. 연구하는 학자가 봄에 태어나면 새싹이나 기초적인 것부터 한다. 여름은 꽃이 피는 것이니 알리고 전파, 확장시키는 것이다. 여름에 태어난 사람은 기초적인 것 혹은 기본 이론에서 약하나 활용하는 능력은 뛰어나다. 가을은 거둘 수이므로 내적인 것과 건강을 챙기며 생명인 만물을 갈무리하며 외부 변화에 충실하게 적응하며 겨울을 대비하는 것이다. 그러므로 이론을 알리는 것 혹은 과정은 약하나, 결실이나 결과가 되는 알맹이만 쏙쏙 잘하게 된다. 겨울은 수장하니 저장하는 것을 잘하여 발산을 잘하지 않는다.

요약하면, 生이 낳고, 長이 성장하고, 化가 이루고, 收는 거두어서, 臟은 저장한다는 인간의 일생을 비유한 것이다. 이것은 인간의 삶의 生老病死와 같으며 십이운성과 연관이 아주 깊다는 것을 알 수 있다.

6.

四柱八字의 構成과
六十甲子

(1) 四柱八字의 構成

사주팔자는 엄마의 배 속에서 출생하는 순간을 年, 月, 日, 時로 나타낸 것이며 음양오행과 60갑자의 구성으로 이루어져 있다. 그리고 이는 인간이 살아가고 나아가야 하는 방향의 설계서이며 안내서이다.

사주팔자를 통해 인생의 크기, 사용할 수 있는 재료와 용도 및 구조와 길흉화복을 판가름할 수 있다.

사주팔자는 사람이 엄마 배 속에서 영양을 공급받고 이 세상에 태어나고 탯줄을 자르고 숨을 쉬는 순간이다. 또한 우주의 기운을 타고 태어나 음양오행과 계절로 이루어져 있다.

자신의 전생으로 인해 현생에서 살아야 할 인생의 설계도이며 일기예보와 같은 미래 예측도이다.

사주팔자는 육십갑자의 간지로 일간을 중심으로 오행의 생극제화, 길흉화복, 생로병사, 사주원국의 선천적인 것과 행운(行運, 대운과 세운)의 후천적인 것을 대입하여 논하는 것이다.

명리학은 立春節을 기준으로 기후의 변화를 봄, 여름, 가을, 겨울인 사계절과 12개월로 적용하고, 또한 하루에서 해 뜨고 지는 시간을 동일하게 적용한다. 그러므로 명리학에서 운명을 판단하는 것은 태양력에 의한 절기를 기준으로 한다. 사주팔자는 음력이나 양력 1월 1일로 바뀌는 것이 아니라 입춘일의 절기와 절입시를 기준으로 구성된다. 그것은 입춘이 해가 뜨고 지는 시간이 동일하기 때문에 입춘일을 기준으로 하는 것이다.

① 根苗花實과 四柱

사주는 年柱, 月柱, 日柱, 時柱의 네 기둥으로 이루어져 있다. 팔자는 천간의 년간, 월간, 일간, 시간과 더불어 지지의 년지, 월지, 일지, 시주로 8개이다. 사주의 4가지 기둥과 천간과 지지가 8가지로 이루어져 사주팔자로 칭한다.

사주팔자의 연월일시를 근묘화실이라 하며, 년은 조상이며 나의 뿌리이고 근원이며, 월은 사회적인 지위 활동과 인간관계이다. 또한 일은 나와 배우자와의 관계 등을 나타내며, 시는 자녀와 자손들의 결실을 의미한다. 이것은 元亨利貞과 유사하며, 근묘화실에 적용하면 根은 元에 苗는 亨에 花는 利에 實은 貞에 비유한다. 원형이정은 사물의 네 가지 乾의 근본 원리라고 周易에 다음과 같이 서술하고 있다. "원(元)은 만물의 시(始)로 춘(春)에 속하고 인(仁)이며, 형(亨)은 만물의 장(長)으로 하(夏)에 속하고 예(禮)이며, 이(利)는 만물의 수(遂)로 추(秋)에 속하고 의(義)이며, 정(貞)은 만물의 성(成)으로 동(冬)에 속하고 지(智)가 된다."2) 이것은 사계절과 인간의 생로병사와 음양오행이 녹아 있는 것을 알 수 있다. 또한 춘하추동과 인예의지를 알 수 있다.

實(실)	花(화)	苗(묘)	根(근)
시주	일주	월주	년주
시간	일간	월간	년간
시지	일지	월지	년지
자식, 개인궁	나, 배우자 부부궁	부모, 형제 직업궁	조상, 부모궁
~ 60세	~ 45세	~ 30세	~ 15세 ➡ 이전
~ 80세	~ 60세	~ 40세	~ 20세 ➡ 근대
~ 100세	~ 75세	~ 50세	~ 25세 ➡ 현대

---

2) 원형이정(元亨利貞), 네이버 지식백과, 한국고전용어사전, 2001. 3. 30., 세종대왕기념사업회

② 年柱, 月柱, 日柱, 時柱

■ 年柱

'太歲' 또는 '根'이라 칭하며, 입춘 기준으로 태어난 해이며 입춘 절입시각을 기준으로 년도가 바뀐다. 년주는 청소년기까지의 초년의 길흉과 윗대, 조상, 혈통, 가문, 과거 등을 의미하며 현대는 부모궁을 의미하기도 한다. 1~15세의 시기이며 현대는 20세, 25세까지로 적용하기도 한다. 이것은 수명이 길어지고 있으므로 현대에 맞게 적용해야 하는 것이다.

출생년이 절입월일 경우 절입월, 절입일, 절입시간에 의해 결정된다. 년의 절입시간 전에 출생월은 전년의 간지를 적용하며, 년의 절입시간 후에 출생하면 금년의 간지를 적용한다.

■ 月柱

月建이라고도 하며 년주에 의해 적용한다. 태어난 월의 절기 기준으로 절입시각으로부터 월이 적용된다. 월주는 '笛'라 칭하며, 청년기부터 장년기, 부모, 형제, 직업, 직장, 동료, 환경 등을 의미한다. 월주는 15~30세의 시기이며, 현대는 40세, 50세까지로도 적용한다.

월지는 사주의 사령부, 심장, 활동하는 무대라 일컬으며 시간과 공간이 포함되며 '月令'이라 칭한다. 사주팔자 중 본인에게 가장 중요하며 영향을 많이 미치는 곳이다.

출생월이 절입일에 태어난 경우 절입시간에 의해 전월과 금월 간지로 결정된다. 절입시간 전에 출생하면 전월 간지를 적용하며, 절입시간 후에 출생하면 금월 간지를 적용한다. 년주에 의해 결정되는 월주는 두 가지 방법이 있다.

- 천간은 생년의 천간을 간합한 오행을 생하는 오행이 월간의 천간오행이 되는 월지가 寅月이 되며 육십갑자의 순서대로 배치된다.
- 생년의 천간을 합화한 오행이 천간오행이 되는 월지는 辰月이 되며 육십갑자의 순서대로 배치된다. 아래의 월령 조견표를 참조하기 바란다.

甲己年은 토이므로 토를 생하는 것은 화이므로 병화가 인월이 된다. 丙寅頭이므로 1월은 병인월로 시작하며, 2월은 丁卯, 3월은 戊辰, 4월은 己巳…11월은 丙子, 12월은 丁丑으로 月이 정해진다. 또한 갑기합은 토이므로 戊辰月로 시작되며 己

巳, 庚午…丁丑, 丙寅, 丁卯月로 정해지면 결국은 같다.

乙庚年은 금이므로 토가 생하므로 무토가 인월이 된다. 戊寅頭이므로 1월이 무인월로 시작하여 12월 기축월로 정해진다. 또한 을경합은 금이므로 금의 양간이 진월로 되어 경진월로 시작하는 것과 같다. 丙辛年은 수이므로 금이 생하므로 경금이 인월이 된다. 庚寅頭이므로 1월을 경인월로 시작하며 12월을 신축월로 정해진다. 또한 병신합은 수이므로 임진월로 시작하는 것과 같다.

丁壬年은 목이므로 수가 생하므로 임수가 인월이 된다. 壬寅頭이므로 1월을 임인월로 시작하며 12월은 계축월로 정해진다. 또한 정임합은 목이므로 갑진월로 시작하는 것과 같다. 戊癸年은 화이므로 화는 목이 생하므로 갑목의 인월이 된다. 甲寅頭이므로 1월을 갑인월로 시작하며 12월을 을축년으로 정해진다. 또한 戊癸합은 화이므로 천간 병화와 진월이 합쳐져 병진월로 시작하는 것과 같다.

月令 早見表											
月	寅	卯	辰	巳	午	未	申	酉	戌	亥	子	丑
甲己年	丙寅	丁卯	戊辰	己巳	庚午	辛未	壬申	癸酉	甲戌	乙亥	丙子	丁丑
乙庚年	戊寅	己卯	庚辰	辛巳	壬午	癸未	甲申	乙酉	丙戌	丁亥	戊子	己丑
丙辛年	庚寅	辛卯	壬辰	癸巳	甲午	乙未	丙申	丁酉	戊戌	己亥	庚子	辛丑
丁壬年	壬寅	癸卯	甲辰	乙巳	丙午	丁未	戊申	己酉	庚戌	辛亥	壬子	癸丑
戊癸年	甲寅	乙卯	丙辰	丁巳	戊午	己未	庚申	辛酉	壬戌	癸亥	甲子	乙丑

■ 日柱

60갑자 중 출생일의 간지를 적용하며 사주의 핵심이고 주체이다. 일주는 자정을 기준으로 하며 '花'라 칭하며, 자신과 배우자 宮을 의미한다. 일주는 30~45세의 시기이며 현대에는 60세, 75세까지로도 적용한다. 일주는 청장년 기간이라 왕성하게 활동하는 기간으로 보며 또한 본인, 가정, 배우자, 이성, 동반자 등의 관계를 알 수 있다. 또한 일주는 자신의 속마음과 배우자를 알 수 있다.

■ 時柱

태어난 시간이며 日柱에 의해 時의 천간이 정해진다. 子時를 기준으로 보며 인간이 세상에 태어난 시각이다. 시주는 '實'이라 칭하며, 자녀궁, 종업원, 아랫사람,

조카, 부하, 개인적으로 하고 싶은 것 또는 노년의 길흉과 건강을 알 수 있다. 시주의 천간은 일간의 천간합화한 오행을 尅하는 오행으로 자시이며 축시, 인시…술시, 해시, 자시로 진행된다. 예전에는 45~60세의 시기였다가 현대에는 60세에서 죽음에 이르기까지로, 또는 75세 이후부터 죽음에 이르기까지로 본다.

하루 중 자시와 술시의 천간은 같게 된다. 甲己日은 甲己合土이므로 토를 극하는 양간의 목이 극하므로 甲子時…甲戌時로, 乙庚日은 乙庚合金하여 화극금으로 인하여 양간의 화인 丙子時…丙戌時로, 丙辛日은 丙辛合水하여 토극수이므로 양간의 토인 戊子時…戊戌時로, 丁壬日은 丁壬合木하여 금극목이므로 양간의 금인 庚子時…庚戌時로, 戊癸日은 戊癸合火하여 수극화이므로 양간의 수인 壬子時…壬戌時의 천간이 같다.

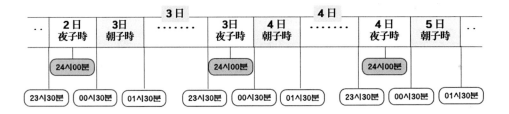

자시는 다음과 같이 여러 가지로 해석하게 된다.

첫째, 자시는 야자시와 조자시의 둘로 나눈다. 朝子時는 0:30~1:30이며 당일의 日柱와 時柱를 적용한다. 夜子時는 23:30~0:30이며 당일의 일주와 다음날의 시주를 적용한다.

둘째, 자시는 당일 23시 30분이 넘는 시간은 그다음 날 일주와 시주로 적용한다. 당일 23:30부터 그다음 날 1:30까지 모두를 다음 날 일주와 시주로 적용하는 것이다.

셋째, 眞時說이란 태어난 지역이 천문학상의 위치에 의해 시간을 적용하는 것이다. 이것은 현재에 적용하고 있는 표준시간을 적용하지 않는 것이다. 우리나라의 현재 표준시간은 일본의 천문대 시간인 동경 135도 11분을 적용하여 사용한다. 그런데 서울은 일본과 경도가 8도 11분 59초 차이가 나는, 동경 126도 59분이다. 이에 해당하는 시간이 32분 47초 차이가 나서 시간을 늦추어야 한다는 이론이다. 현대점성학에서 시분을 정확하게 적용하는 것과 같다. 그러나 아직 명리학계에서는 2시간 간격으로 명조를 나뉘므로 시분까지 정확하게 적용하는 프로그램 등이 없어 불가능하므로 제대로 해석하는 이가 아직 드물다.

명리학의 시간을 요약해 볼 때, 천문학적으로 정확하게 세 번째를 적용하여야 하나 아직 적용되지 못하고 있다. 그러므로 현대명리학에서 첫째의 자시를 둘로 나누어 적용하고 있다. 이것은 동경 135도와 동경 127도 30분에 의해 7도 30분의 차이에 4분을 곱하면 30분의 오차가 생기기 때문이다.

時柱 早見表												
12時間	子	丑	寅	卯	辰	巳	午	未	申	酉	戌	亥
甲己日	甲子	乙丑	丙寅	丁卯	戊辰	己巳	庚午	辛未	壬申	癸酉	甲戌	乙亥
乙庚日	丙子	丁丑	戊寅	己卯	庚辰	辛巳	壬午	癸未	甲申	乙酉	丙戌	丁亥
丙辛日	戊子	己丑	庚寅	辛卯	壬辰	癸巳	甲午	乙未	丙申	丁酉	戊戌	己亥
丁壬日	庚子	辛丑	壬寅	癸卯	甲辰	乙巳	丙午	丁未	戊申	己酉	庚戌	辛亥
戊癸日	壬子	癸丑	甲寅	乙卯	丙辰	丁巳	戊午	己未	庚申	辛酉	壬戌	癸亥

月은 寅月에서 시작하고 丑月에서 마치며, 時는 子時에서 시작하여 자시에서 마친다. 시간은 현대명리학에서 명리학자들 간의 아래와 같은 異見이 있어 논쟁이 되고 있다.

한국의 표준시는 대한제국, 일제강점기, 이승만, 박정희 정부 시대를 거쳐 오면서 4회 정도 변경이 되었다. 또한 서머타임이 있었던 년도에 태어난 사람의 생년월일시는 표준시와 서머타임 적용의 계산을 하여 사주팔자를 뽑아야 오류가 없다. 사주팔자는 음력으로 계산하는 것 같으나 실질적인 적용은 오히려 양력의 24절기로 이루어진다. 음력 1월 1일이 되어도 입춘(약 2월 4일)이 되지 않으면 그 전년도 띠가 되며 음력 12월 31일이라도 입춘일 시각 이후 태어나면 그다음 해 띠가 되는 것이다. 그것은 입춘일 태어난 예시자료를 통하여 설명하도록 하겠다.

김상연의 한국의 지방별 표준시의 조견표와 서머타임 적용기간[3]을 볼 때, 지방별로 시차가 있어 명조나 차트를 뽑을 때 시간이 각 지역별로 달라질 수 있는 것이다. 또한 시계나 인터넷이 발달된 시기가 아닌 1990년대 이전에 태어난 한국 사람들의 명조나 차트를 뽑을 때 시간의 오류가 있을 수밖에 없다.

---

3) 김상연(2015), 『컴퓨터 萬歲曆』, 대구: 甲乙堂, pp. 14~16.

대한민국 표준시의 변경기간은 다음과 같다.[4]

1	1908년 4월 29일 18시 30분을 18시로 ~ 1912년 1월 1일 11시 30분까지의 표준시: 동경 127도 30분, GMT+08:30(대한제국)
2	1912년 1월 1일 11시 30분을 12시로 ~ 1954년 3월 21일 00시 30분까지의 표준시: 동경 135도 00분, GMT+09:00(일제강점기)
3	1954년 3월 21일부터 00시 30분을 00시로 ~ 1961년 8월 9일 24시까지의 표준시: 동경 127도 30분, GMT+08:30(이승만 대통령 시대)
4	1961년 8월 10일 00시를 00시 30분으로 ~ 현재까지의 표준시: 동경 135도 00분, GMT+09:00(박정희 대통령 시대~현재)

서머타임 적용기간		
년도	시작 / 종료	표준시 기준
1948	5월 31일 23시 → 24시로 ~ 9월 12일 24시 → 23시로 조정	동경 135도 00분
1949	4월 2일 23시 → 24시로 ~ 9월 10일 24시 → 23시로 조정	동경 135도 00분
1950	3월 31일 23시 → 24시로 ~ 9월 9일 24시 → 23시로 조정	동경 135도 00분
1951	5월 6일 23시 → 24시로 ~ 9월 8일 24시 → 23시로 조정	동경 135도 00분
1955	5월 5일 00시 → 01시로 ~ 9월 9일 01시 → 00시로 조정	동경 127도 30분
1956	5월 20일 00시 → 01시로 ~ 9월 30일 01시 → 00시로 조정	동경 127도 30분
1957	5월 5일 00시 → 01시로 ~ 9월 22일 01시 → 00시로 조정	동경 127도 30분
1958	5월 4일 00시 → 01시로 ~ 9월 21일 01시 → 00시로 조정	동경 127도 30분
1959	5월 3일 00시 → 01시로 ~ 9월 20일 01시 → 00시로 조정	동경 127도 30분
1960	5월 1일 00시 → 01시로 ~ 9월 18일 01시 → 00시로 조정	동경 127도 30분
1987	5월 10일 02시 → 03시로 ~ 10월 11일 03시 → 02시로 조정	동경 135도 00분
1988	5월 8일 02시 → 03시로 ~ 10월 9일 03시 → 02시로 조정	동경 135도 00분

사주 명조를 볼 때 서머타임 적용 기간과 태어난 년도에 따라 동경 127도 30분과 동경 135도 00분으로 수시로 바뀌어 적용하였다. 그러므로 서머타임과 표준시를 정확하게 적용하여 시간을 계산해야 오류가 없다.

4) 서순향(2018), 「命理學과 Vedic占星學의 比較를 통한 相談 活用方案에 관한 硏究 ─五行과 五行星의 陰陽을 中心으로─」, 공주대학교 대학원 동양학과 박사학위논문, pp. 162~164.

입춘일의 같은 날 태어난 네 명의 여자 명조이다.

- 0546은 축월 경자일주가 무인시이며 1대운이며 대운이 순행한다. 20대 중반 임용 합격한 교사이며 2016년 병신년에 결혼한 부부교사이고 2022년 초 자녀를 두었다.
- 0547은 축월 경자일주가 경진시이며 1대운이며 대운이 순행한다. 아버지 사업을 돕고 있으며 2021년까지 미혼이다.
- 0647과 0648 인월에 경자일주가 같은 신시에 태어났으나 태어난 시각이 약 20여 분 차이가 난다. 0647은 20대 중반 고시에 합격하였으며 같은 고시에 합격한 남편을 2016년 만나 2018년 결혼하였고 2018년에 자녀를 두고 승승장구하고 있다.
- 0648은 20대 중반에 유치원 임용에 합격하여 2018년 가을에 공기업 다니는 남편과 결혼하여 기해년 겨울과 임인년 봄에 자녀를 두었다. 이후 남편은 공기업을 관두고 현재 시부모님과 같이 사업을 하고 있다.

같은 날 입춘일에 태어난 4명의 명조가 절입시에 따라 년월이 바뀌는 것을 볼 수 있다. 또한 2명은 경오년 말띠이면서 사주가 같고 나머지 2명은 기사년 뱀띠이면서 축월이며 시만 다르다. 이러한 것을 볼 때, 사주팔자는 태어난 지역과 시간과 분초를 보지 않으므로 앞으로 더 연구해야 할 부분이다.

(2) 六十甲子

육십갑자는 약 60년에 해당하는 행성의 주기이며, 십천간과 십이지지를 배합한 것이다. 上元 甲子와 中元 甲子와 下元 甲子가 각 60년이며, 합이 180년이다.

육십갑자는 역학에서 가장 중요한 역할을 한다. 육십갑자의 기원이 정확하지는 않지만 전해 내려오는 것에 의하면, 大堯씨가 나라를 다스릴 때 재난이나 길한 운을 볼 때 적용하려 음양오행의 이치와 십간과 십이지를 서로 짝을 이루도록 배정한 것이 육십갑자라고 한다. 육십갑자와 납음오행은 서로 연관이 있으며, 음(音)의 오행으로 수(數)의 이치와 상(象)을 연관하여 만물의 변화와 성정을 나타낸 氣이다.

이허중의 오성학에서는 납음의 化氣五行으로 년주를 중심으로 운명을 적용하였다. 납음오행은 花甲子라고도 하며, 현대명리학에서 중요하게 적용하지 않는다. 이후 서자평은 오행의 생극제화와 십신인 육신과 격국으로 길흉화복을 적용하였으며 현대까지 전해 내려온다.

60갑자의 기둥(柱)은, 양간에는 체용 중 體의 음양의 陽支를, 음간에는 體의 陰支를 배합하여 서로가 짝으로 이루어진다. 1양이 冬至인 子月에서 시생하여 사화까지 양의 기운이 상승하며, 1음이 夏至인 午月에서 시생하여 해수까지 음의 기운이 상승한다. 천간은 甲에서 시작하여 지지는 시작을 子에서 배열한다. 처음 짝인 甲子로 이어 乙丑, 丙寅, 丁卯, 戊辰…辛酉, 壬戌, 癸亥이다. 육십갑자의 마지막은 천간 癸水와 지지 亥水가 배합하여 癸亥가 되며 총 60개로 간지의 순서대로 짝을 이루니 이것을 '六十甲子'라고 하며 갑목이 6개이므로 '六甲'이라고도 한다.

60甲子는 甲에서 癸까지 10개의 천간을 회전하니 10일이 되고 이것을 1旬이라 하며 이것을 한 주기로 한다. 甲子에서 癸亥로 끝이 되고, 다시 반복적으로 순환하고 있으므로 끝도 시작도 없다.

六十甲子는 六甲이라고도 칭하며 그것은 갑이 6번 회전하기 때문이다. 6번의 60甲子를 회전하면 음력의 360일수가 된다. 또한 360일에 360승을 하면 129,600年으로 이것을 一元이라 한다.

6순(60갑자)은 五子(甲子, 丙子, 戊子, 庚子, 壬子)로 5개의 자수로 이루어진다. 12지지의 다른 지지도 각 5개이다. 그러므로 일반인들이 알고 있는 띠는 각 띠마다 청, 적, 백, 흑, 황의 5가지로 이루어지는 것이다.

60甲子를 대입하여 출생한 年月日時를 바로 四柱八字라고 한다. 60갑자로 사주

팔자에서 대운과 세운의 흐름과 태어난 년도와 띠를 알 수 있게 된다.

납음오행은 花甲子라고 하며, 音의 오행에다 數로 음을 붙여 象을 취하였다. 납음오행은 오행과 물질의 성정과 변화를 위주로 한 기의 오행이다. 이것은 당나라 때의 李虛中이 三命法의 학설을 이용하여 祿이 년간을, 命이 년지를, 身이 간지를 합한 納音五行을 五星學이라 하여 년간 위주인 化氣五行으로 운명을 추론하였다. 이후 徐子平이 일간 위주인 十神(六神)과 오행의 生剋制化, 格局, 用神을 살펴 길흉을 정하며 명리학을 체계화시키고 완성을 시켰다. 이것이 현대명리학까지 전해 내려왔으며, 지금도 적용하고 있다. 이후 명리학에서 납음오행은 적용하지 않았고, 중요하게 여기지 않았다.

고대의 세 가지 역법에는 歲星紀年法과 太歲紀年法과 干支紀年法이 있다. 세성기년법은 12년의 주기를 가진 목성의 운행에 근거하였다. 그 이후 태세기년법은 전국시대에 세성기년법의 혼돈으로 인해 목성의 운행은 그대로 적용하되 반대 방향인 180°에서 목성의 운행을 가상의 천체로 적용한 것이다. 이것은 태세(太歲)라 하며 歲陰, 太陰으로 일컬으며 태세로 상정하여 적용한 것이다. 이것은 별자리를 앙관 시점(천문방위도)의 땅에서 올려다보는 것과 하늘에서 내려다보는 부찰시점(지상방위도)과 위치가 180° 반대 방향이기 때문이다. 또한 하늘에서 세성의 순행 방향으로 십이차가 서 → 동(右轉)으로 이동하는 것을 지상에서 동 → 서(右行)로 가상의 천체를 적용한 것이다.

干支紀年法은 별자리의 시간 개념을 편리하게 사용하기 위한 역법이다. 간지기년법의 역법체계는 戰國時代 말기와 漢代 초기로 확인된다. 연월일시의 간지는 입춘일을 중심으로 歲次(年), 月建(月), 日辰(日), 時辰(時)이라 칭하며 간지기년법이라 하며 현대명리학에 적용하여 현재까지 이어지고 있다.

陳遵嬀는 "전한말 劉歆에 의해 세성의 실제 공전주기가 11.86년으로 밝혀지면서 세성이 매년 황도를 1차씩 운행하여 12년에 하늘을 한 바퀴 돈다는 태세기년과 세차기년은 수정이 불가피하게 되었다. 이에 유흠은 超辰法(약 86년마다 1차의 오차가 생기므로 이를 수정해야 한다)을 주장했으며, 후한 초 54년에 비로소 이러한 오차를 수정했다. 이로 인해 그동안 햇수를 표기했던 태세기년은 세성의 실제 운행과 결별했으며, 이때부터 세성의 운행과는 상관없이 60갑자의 순서대로 햇수를 표기하기

시작했다. 이것이 바로 간지기년이다."5)라고 하였다. 60갑자와 공망을 표기한 표
는 다음과 같다.

六十甲子, 空亡										
天干	甲	乙	丙	丁	戊	己	庚	辛	壬	癸	空亡
甲子	甲子	乙丑	丙寅	丁卯	戊辰	己巳	庚午	辛未	壬申	癸酉	戌, 亥
甲戌	甲戌	乙亥	丙子	丁丑	戊寅	己卯	庚辰	辛巳	壬午	癸未	申, 酉
甲申	甲申	乙酉	丙戌	丁亥	戊子	己丑	庚寅	辛卯	壬辰	癸巳	午, 未
甲午	甲午	乙未	丙申	丁酉	戊戌	己亥	庚子	辛丑	壬寅	癸卯	辰, 巳
甲辰	甲辰	乙巳	丙午	丁未	戊申	己酉	庚戌	辛亥	壬子	癸丑	寅, 卯
甲寅	甲寅	乙卯	丙辰	丁巳	戊午	己未	庚申	辛酉	壬戌	癸亥	子, 丑

(3) 空亡

공망이란 어떠한 일의 발생이 배제되고 헛수고가 되는 것과 같다. 공망은 공치
고, 허망한 것과 정지되는 시간으로 吉神이 공망이면 吉이 허사가 되고, 凶神이 공
망되면 凶이 없어진다. 육십갑자는 십천간과 십이지지를 짝으로 이루어지며 짝을
못 이루고 남는 2개의 지지를 '空亡'이라고 한다.

① 공망의 의의

공망은 년, 월, 일, 시의 간지를 기준하여 대입한다. 년은 부모, 조상의 공망으로,

---

5) 陳遵嬀(1998), 『中國天文學史』, 5(臺北: 明文書局), pp. 29~31[김만태(2011), 『한국 사주명리 연구』, 서울:
    민속원. pp. 267~268, 재인용].

월은 집안, 사회, 직장의 공망으로, 일은 본인 자신, 배우자, 애인 등의 공망으로, 시는 자녀, 개인적인 일의 공망으로 허사가 되는 것이다.

현대명리학에서는 대체로 년을 기준으로 공망을 정한다. 그러나 일지 공망이나 년과 일을 중점으로 공망을 보아야 할 것이다. 공망은 대운에서는 보지 않고 세운에서는 보기도 한다. 사회성으로 볼 때는 뿌리는 년지와 월지를 위주로 공망을 본다. 개인적인 것은 일지와 시주를 위주로 공망을 본다.

공망은 합충으로 해소되며 합이 더 작용력이 크다. 단 합하여 희신으로 되어야 성과를 이룬다. 형충파가 공망이면 형충파의 흉은 사라지고 길로 변한다.

대운은 공망을 논하지 않으며 한 해 운과 일진을 논할 때는 공망을 적용할 때도 있다. 명조에 공망이 있고 행운에서 다시 공망이 오면 공망을 약하게 본다.

궁합을 볼 때 공망이 같으면 기질이 비슷하여 관계를 오래 유지하며 괜찮게 본다. 그러나 공망의 궁합보다 명조 전체를 다 보고 적용해야 한다.

지지의 오행이 공망이면 천간의 오행도 공망으로 적용한다.

흉신과 기신의 공망은 흉을 해소하여 길하나 탈공 시 흉이 되며, 용희신이나 길신이 공망되면 복이 약해지나 탈공 시 길한 일이 생긴다.

방위를 볼 때 공망은 이사, 취직, 진학, 거래, 계약 등을 할 때 적용한다.

공망은 공망에 해당하는 오행이 비어 있고 인연이 없고 열매가 없어 대가가 약하다. 또한 공허, 무력, 부실, 이별, 보류라는 의미를 가진다.

공망은 해당하는 육신의 공망이 비어 있으니 갖고자 하는 본성이 있다.

② 연월일시(宮)의 공망

- 年柱 空亡: 부모, 조상, 윗사람의 덕이 약하고 무정하며 국가의 혜택이 없다.
- 月柱 空亡: 형제나 동료와 사회성이 약하여 직장생활이 힘들거나 덕이 없다.
- 日柱 空亡: 본인과 배우자와의 덕이 약하여 만혼을 하거나 배우자와 무정하고 고독하거나 질병이 있게 된다.
- 時柱 空亡: 자녀가 기대치에 못 미치거나 자녀의 덕이 약하여 근심이 있거나 자녀를 두지 못하거나 자녀와의 관계가 무정하다. 또한 시는 말년으로 보니 유시무종으로 결과가 약하여 말년에 고독하여 의지할 데가 없을 수 있다.

- 그 외에 태월공망, 절로공망, 호환공망 등이 있으나 다 적용하지 않는다. 공망 중 천을귀인, 문창, 양인, 역마, 화개, 겁살, 도화, 망신, 건록, 삼기 등이 있으면 적용하지 않는다. 三奇는 乙丙丁(天), 甲戊庚(地), 辛壬癸(人)가 있으면 삼기라고 칭하여 지혜가 있어 영리하여 무언가를 이루는 사람이다. 명조에 없어도 대운에서 삼기가 되면 목적하는 것을 이룰 수 있다.

③ 六神의 空亡

- 比劫 空亡: 형제, 자매, 동료나 주변에 귀하거나 부한 사람이 없어 덕이 약하거나 우애가 약하여 고독하다. 또한 인정받지 못하고 추진력이 약해 주변으로부터 자주 흔들리며 인복이 약하다.
- 食傷 空亡: 질병이 있거나 자녀와도 인연이 약하거나 자녀가 멀리 있어 자주 볼 수 없게 되어 무정하다. 또한 식신생재가 되지 않으니 재물도 약하며 발전하기가 힘들다.
- 財星 空亡: 재물의 손재가 일어나기도 하며 아버지의 복덕이 약하며, 남자는 처덕이나 처와의 인연이 약하며 무정하다.
- 官星 空亡: 주거나 직업이동이 잦아 안정이 되지 않고 책임감이 약하며, 남자는 자녀와 떨어져 살거나 자녀 복이 약하며, 여자는 남편의 복덕이 약하고 무정하다.
- 印星 空亡: 인복이 약하며 어머니와 인연이 약하거나 부모와 일찍 헤어지기도 한다. 문서, 계약이 성사가 잘 되지 않거나 자격이나 실력 학위를 따기가 힘들거나 어렵게 가진다.

계해년으로 공망을 살펴보면, 자축이 공망이니 인성과 축토 속의 관이 공망이다. 여자가 관이 공망이면 남편이나 직장에 대해 만족을 하지 못한다.

④ 공망을 일간으로 보는 법

- 60갑자의 갑자 순으로 진행하고 나머지 2개의 지지의 천간인 갑을이 오면 공망이
  된다. 癸未일주이면 그다음 천간은 갑을로 甲申과 乙酉이므로 공망은 申酉이다.
- 戊己土의 일간은 지지와 충되는 지지가 오면 공망이 된다. 戊子, 己丑일주이면 충
  은 午未가 되니 오미가 공망이 된다. 戊戌, 己亥일주의 충은 辰巳이므로 진사가 공
  망이 된다.
- 甲乙木의 일간은 갑을의 앞에 壬癸의 지지가 공망이 된다. 甲辰일간이라면 갑진의
  앞에는 임인, 계묘가 되므로 寅卯가 공망이 된다. 乙亥일간이라면 갑을의 앞에 임
  계는 임신, 계유가 되므로 申酉가 공망이 된다.

⑤ 오행의 다섯가지 공망

- 木空이면 목을 절(折)이라 하여 강직함과 솟구치는 기질의 목이 꺾이거나 부러지고
  썩게 된다.
- 火空이면 화를 소(燒)라고 하여 빛이 나고 밝아지는 것과 태우는 화가 빛이 약하고
  어두워지고 화의 역할이 약하게 된다.
- 土空이면 토를 붕(崩)이라 하여 토사와 축대로 제방이 되는 흙이 붕괴되고 씽크홀처
  럼 구멍이 나기도 한다.
- 金空이면 금을 성(聲)이라 하여 악기나 금의 단단함이 약해지고 오히려 굉음이 나고
  금이 물러진다.
- 水空이면 수를 유(流)라고 하여 맑고 유연함과 지혜로움의 물이 지혜로움과 흐름이
  약해져 막히게 된다.

7.

四柱八字의 大運과 歲運

사주팔자는 선천적인 주어진 환경과 행운이란 후천적인 시간으로 운에 의해 좌우하는 인생의 길이라 할 수 있다. 행운에 의해 길흉화복을 예견할 수 있고 사주의 처해 있는 환경을 알 수 있다. 선천적인 것은 명이라 하며, 후천적인 것은 운이라 칭한다. 선천적인 명이 좋아야 하지만 선천적인 명보다 행운에서 오는 후천적 운이 더 좋으면 대발복을 하게 된다. 사주원국이 잘 짜여져 있고 길운을 타고 났더라도 행운에서 길신을 극하거나 합을 하여 약해지면 오히려 대흉하게 되는 것이다.

운명 또는 명운이라 하며 대운은 도로이고 길이며 명은 쓰임새나 특성과 용량을 알 수 있다. 그러므로 대운이 좋아야 결실이 있다. 運은 양이고 대운이며 命은 사주이고 陰이다. 길한 운에는 좋은 운명을 만나고 흉한 운에는 잘못된 운명이거나 사기꾼을 만나는 것이다.

사주의 대운은 사주팔자의 주인공이 임무를 수행할 수 있는 기회가 오느냐를 살펴볼 수 있다. 예를 들어 사주가 연기자라면 대운은 무대라서 대운인 무대가 주어지지 않으면 연기를 할 수가 없다. 대운은 나한테 주어진 환경이며 세운은 시간의 약속이므로 세운에서 크게 잘되거나 망가지거나 하므로 시간을 세운으로 보는 것이다.

대운은 사주 원국에 지대한 영향을 미치며 정확히 통변하기 위해서는 사주원국을 정확히 파악한 후 행운의 흐름과 조화 또는 강약과 희기신을 잘 살펴야 한다. 또한 행운은 사주원국의 장소와 환경의 길흉을 파악하는 기준이 된다. 같은 일에 태어난 남녀라도 대운은 정반대로 흘러간다. 이는 사주원국이 같더라도 남녀에 따라 길흉이 다르므로 사주원국보다 행운이 길흉을 판단하는 데 아주 중요하다는 것을 알 수 있다.

(1) 대운산출법

	陽干					陰干				
年	甲	丙	戊	庚	壬	乙	丁	己	辛	癸
男	陽男(順行)					陰男(逆行)				
女	陽女(逆行)					陰女(順行)				

① 출생월의 월주 기준

대운을 산출하는 법은 출생월의 월주를 기준으로 정하며 출생 후 사망할 때까지 10년 단위로 변하며 작용한다. 대운은 양남음녀와 음남양녀가 있다. 남자로 태어나느냐 여자로 태어나느냐에 따라 대운의 흐름의 차이가 반대가 된다.
- 陽男陰女는 년간의 오행이 남자는 년간이 양, 여자는 년간이 음이다. 그러므로 대운은 월건을 기준으로 하여 순행운으로 적용하며, 대운수와 사령은 지장간의 정기부터 계산하여 중기, 여기로 차례대로 적용한다.
- 陰男陽女는 년간의 오행이 남자는 년간이 음, 여자는 년간이 양이다. 그러므로 대운은 월건을 기준하여 역행운으로 적용하며, 대운수와 사령은 지장간의 여기부터 계산하여 중기, 정기로 차례대로 적용한다.

② 기존의 대운

현대명리학에서 모든 역학자들은 대운을 양남음녀, 음남양녀 둘 다 천간 5년, 지지 5년으로 10년을 작용하는 것으로 본다.

③ 새로운 대운

- 양남음녀는 천간부터 5년, 지지 5년으로 적용하는 것은 기존과 같다.
- 음남양녀는 지지 5년부터 적용하고 천간 5년을 그다음으로 적용하여야 한다고 제시해 본다.
- 이것은 음남양녀만 기존 대운과 다르게 적용하여야 적중률이 더 정확하다. 현대명리학에서는 기존 대운으로 적용한다. 그러나 새로운 대운으로 적용하여야 한다. 그리고 운은 60갑자를 적용한 십년대운과 더불어 일년운과 한달운과 하루운 등으로 나누어 볼 수 있다.

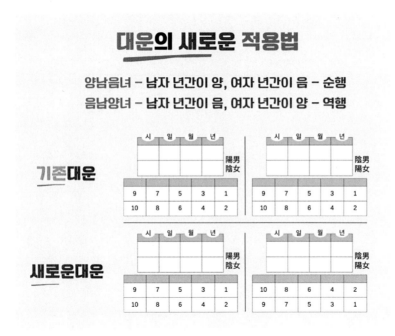

④ 다섯 번째 천간과 여섯 번째 지지의 대운

다섯 번째 대운의 천간은 대체로 월간과 합이 되고 여섯 번째 대운의 지지는 월지와 충이 된다. 이때 월주가 흉일 때 합충은 좋은 것이고 월주가 길일 때 합충은 좋지 않게 된다. 대체로 이 시기에 직업적 혹은 가정적으로 변화가 크게 일어나는 경우가 많다. 그래서 초년운과 말년운이 정반대로 가는 것이다.

(2) 대운이 바뀌는 시기

대운이 바뀌는 시기의 생일 전후 6개월이 환절기이며 과도기이고 인터체인지하는 시기이니 신중하게 보내야 한다.
- 매사가 얽히고 꼬여 계획한 것보다 늦어지고 미루어진다.
- 절대로 서두르지 말고 새롭게 계획하는 일에는 비밀을 유지하여야 한다.
- 기존 것을 잘 정리하고 다음 계획을 준비하는 시기이다.
- 다가오는 대운이 좋은 사람은 무조건 계획대로 진행해 나가야 한다.
- 다가오는 대운이 약하면 방해자나 라이벌이 생길 수 있어 조심해야 한다.

인간은 행운에 의해 인연으로 만나고 헤어지며 도움을 주고받는다. 행운이 다하고 다음 행운으로 가면 새로운 인연과 시작이 된다. 길흉화복은 지나간 대운에서 인연이 끝난 것이며 다가오는 대운은 인연이 새로 시작되는 것이다.

운세를 통변할 때는 나이와 직업에 따라 유불리의 해석을 달리해야 한다. 대운은 10년 동안 사주가 처한 환경, 관리자나 위탁 관리하는 책임자와 같다. 예를 들어 어릴 때 재운이 오면 공부를 덜 하게 되고, 성인일 때 재운이 오면 열심히 일하게 되고, 노인일 때 재운이 오면 건강이 약해지는 것으로 해석을 달리해야 하는 것이다.

(3) 대운 세수 산출법

양남음녀는 생일 다음 날부터 다음 절입일까지 일수 ÷ 3 = 대운수(행운 세수)가 되며 순행으로 계산한다. 음남양녀는 생일 전날부터 이전 절입일까지 일수 ÷ 3 = 대운수(행운 세수)가 되며 역행으로 계산한다. 나눈 후의 나머지 대운수인 2는 반올림하며, 2미만이면 버린다. 그러므로 음남양녀와 양남음녀의 순역에 의해 계산법이 달라진다. 예전에는 1은 버리고 2는 반올림했지만 근래에는 소수점을 사용하는 경우가 있어 정확하게 하려면 소수점까지도 사용해야 할 것이다.

대운수의 사령을 계산하는 법은 다음과 같다. 1대운이면 1 × 3 = 3이며, 양남음녀는 지장간의 밑에서부터 계산한다. 음남양녀는 지장간의 위에서부터 계산한다.

대운 세수와 순역행을 표시하면 다음과 같다.

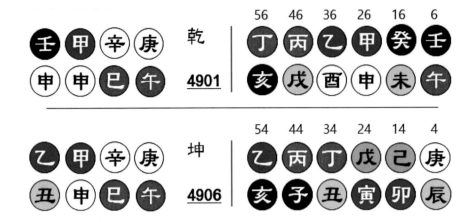

예 4901의 남자 명조는 경오년 신사월에 갑신일을 찾아보면 5월 19일이다. 경오년인 경금의 년간이 양간의 남자이므로 양남음녀에 해당한다. 태어난 일에서 순행으로 20일부터 다음 절일일인 망종까지 계산하면 18일이 된다. 18 ÷ 3은 6대운이며 그러므로 6대운이 된다. 대운의 적용은 임오, 계미 등으로 임수 1번, 오화 2번, 계수 3번, 미토 4번으로 차례대로 대운을 적용한다. 다섯 번째 대운인 병화와 월간 辛金과 합을 하고, 월지의 巳月과 6번째 지지대운인 亥水와 충을 한다. 4906 여자 명조는 경오년 신사월 갑신일을 찾아보면 같은 5월 19일이다. 경오년인 경금의 년간이 양간의 여자이므로 음남양녀에 해당한다. 태어난 일에서 역행으로 20일부터 이전 절입일인 입하까지 계산하면 13이 된다. 13 ÷ 3 = 4.33이므로 반올림이 되지 않으므로 4대운이라 한다. 대운의 적용은 신사월의 역행으로 경진, 기묘 등으로 진토 1번, 경금 2번, 묘목 3번, 기토 4번으로 지지부터 천간의 차례대로 적용한다. 辛월간과 다섯 번째 천간대운의 병화와 합을 하고, 巳월지와 6번째 지지 대운의 해수와 충을 한다.

남녀의 대운이 다르므로 다섯 번째 천간의 합대운과 여섯 번째 지지의 충대운도 엄연히 다른 삶을 산다. 그러나 이 대운에서의 길흉화복은 거의 비슷한 경험을 하게 되나 세운에 있어 적용력이 대운의 숫자에 의해 달라지므로 완전히 같지는 않다.

(4) 절입일의 대운 세수 산출법

절입일의 대운수를 볼 때, 절입일에 태어나면 절입시간 전후에 따라 월주가 바뀌고 대운이 바뀌게 된다. 그러므로 절입시간을 정확하게 파악하여야 대운의 오류가 크게 일어나지 않는다. 절입일의 대운수는 1과 10이나 10과 1이 되며, 절입시간 전에 태어나면 전날 대운수를 적용하며 절입시간 후에 태어나면 다음날 대운수를 적용한다. 절입일은 소수점까지 적용해야 하는 경우도 있다.

(5) 幼年의 小運法

유년 시기의 소운은 첫 대운이 시작하기 이전, 초년의 어린 유년운을 감정하는 것을 의미한다. 운로는 대운이 중요하며, 첫 대운 이전인 유년은 부모의 영향과 지배를 크게 받는다. 이때는 부모의 명조와 대운을 같이 해석해야 좀 더 정확하게 해석된다.

년주를 기준하여 양남음녀는 시주에서 순행으로 차례대로 계산한다.

년주를 기준하여 음남양녀는 시주에서 역행으로 차례대로 계산한다.

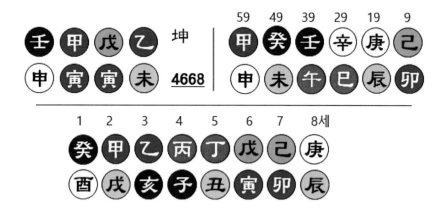

예 을미년 여자가 양남음녀이므로 순행하여야 한다. 壬申時의 시주를 중심으로 60갑자의 순서대로 순행하면 1세 계유, 2세 갑술 등 차례대로 8세까지 적용한다.

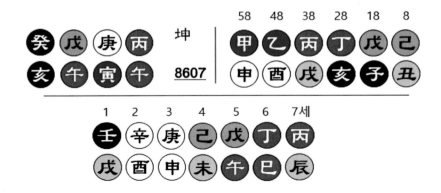

예 병오년 여자가 음남양녀이므로 역행하여야 한다. 계해시의 시주를 중심으로 60갑자의 순서대로 역행하면 1세 임술년, 2세 신유년 등으로 차례대로 적용하되 7세 병진년까지 적용한다.

(6) 행운의 해석 방법과 작용력

행운의 해석 방법은 일간인 내가, 월령인 어디서, 지장간은 무엇을, 언제 운에서, 천간인 어떻게 하느냐의 작용력을 보는 것이다.

- 운: 언제
- 월령: 어디서
- 지장간: 무엇을
- 천간: 어떻게
- 일간: 누가(나)

사주원국과 대운을 적용할 때, 대운은 월주를 기준으로 보며 유년운은 시주를 기준으로 본다. 그러므로 절기와 절입일, 야자時, 조자時, Summer Time과 동경 127°인지 135°인지를 잘 체크하여야 한다.

접목대운은 진술축미의 토의 운을 의미하며, 계절이 바뀌는 시점이라 크고 작은 변화가 있다. 길한 것이 사주원국에 있으면 영원히 자신의 것이나 길한 것이 사주원국에 없고 대운에서 길한 것이 오면 잠시 그 환경에서만 좋은 것이다. 사주에 있는 것은 직업이나 자신의 원하는 것을 다 할 수 있다.

대운이 蓋頭나 截脚인 경우가 있으며 이것은 극을 하는 오행이다. 개두는 천간에서 지지를 극하는 오행이며 庚寅, 辛卯, 壬午, 癸巳, 甲戌, 甲辰, 乙丑, 乙未, 丙申, 丁酉, 戊子, 己亥 등의 12가지로 이루어진다. 절각은 지지가 천간을 극하는 오행이며 甲申, 乙酉, 丙子, 丁亥, 庚午, 辛巳, 壬辰, 壬戌, 癸丑, 癸未, 戊寅, 己卯 등의 12가지로 이루어진다. 개두나 절각의 대운은 희용신이 약하게 된다. 희신이 약하면 길한 것이 약해지고 기신이 약해지면 흉한 일이 적게 발생하는 것이다.

II

十星의 意義와
活用

1.

十星이란

〈〈〈

十星은 六親 또는 十神이라고도 한다. 육친이란 일간과 나머지 음양오행으로 나와 가까운 가족, 부모, 배우자, 자녀, 동료, 명예, 직업, 재물 등의 인간관계와 사회적 영향력을 알 수 있다. 또한 대운과 년월일운의 작용과 길흉화복을 알 수 있다. 육친은 比劫인 比肩과 劫財, 食傷인 食神과 傷官, 財星인 偏財와 正財, 官星인 正官과 偏官, 印星인 正印과 偏印의 10가지로 이루어진다.

십성을 파악하려면 일간(我)과 오행의 강약과 함께 십이운성, 형충회합, 격, 십이신살, 한난조습, 생장하수장 등을 같이 파악해서 적용해야 한다.

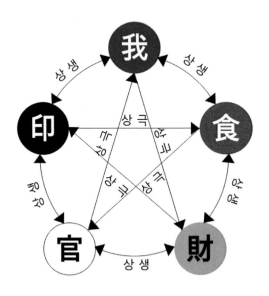

十星의 相生相剋

- 比劫星인 比我者: 비견과 겁재(일간과 오행이 동일)

- 食傷星인 我生者: 식신과 상관(일간이 생하는 오행)

- 財星인 我剋者: 편재와 정재(일간이 극하는 오행)

- 官星인 剋我者: 편관과 정관(일간이 극받는 오행)

- 印星인 生我者: 편인과 정인(일간이 생받는 오행)

십성은 오행과 같이 상생상극을 한다. 비겁과 나는 식상을 생하고, 식상은 재성을 생하고, 재성은 관성을 생하고, 관성은 인성을 생하고, 인성은 비겁과 나를 생한다. 또한 비겁과 나는 재성을 극하고, 식상은 관성을 극하고, 재성은 인성을 극하고, 관성은 비겁과 나를 극하고, 인성은 식상을 극한다. 그러므로 십성의 상생상극을 잘 보아야 한다.

2.

比劫

十天干과 十二支의 比劫											
五行		木		火		土		金		水	
나(我)		甲	乙	丙	丁	戊	己	庚	辛	壬	癸
天干	比肩	甲	乙	丙	丁	戊	己	庚	辛	壬	癸
	劫財	乙	甲	丁	丙	己	戊	辛	庚	癸	壬
地支	比肩	寅	卯	巳	午	辰戌	丑未	申	酉	亥	子
	劫財	卯	寅	午	巳	丑未	辰戌	酉	申	子	亥
男	比肩	형제자매, 친구, 동서, 처조카, 며느리, 동료, 동업자, 경쟁자, 선후배									
	劫財	형제, 친구, 누나, 여동생, 이복형제, 남매, 며느리, 동서, 동업자, 경쟁자									
女	比肩	형제, 이복형제, 시아버지, 친구, 남매, 며느리, 동업자, 약탈자, 남편 애인									
	劫財	형제, 이복형제, 시아버지, 친구, 동서, 남매, 오빠, 남동생, 시부, 동업자, 경쟁자, 남편의 애인									

(1) 比肩

비견은 比我者라고 하며 일간과 음양과 오행이 같은 것이다. 자아가 강하고 독립적이며 자립심이 있으며 사회성이 강하고 자수성가하며 자유로워 간섭이나 지배를 받기 싫어하며 자존심이 강하다. 또한 공사 구분이 있어 분리를 잘하며 자기 주관이 뚜렷하여 결단력이나 추진력이 강하나 양보심이나 협동심이 약하다. 직업은 지도자의 위치에서 앞장서기를 좋아하며 자유업, 동업, 협업, 활동적인 곳에서 일을 하게 된다. 단, 동업이나 공동사업은 유불리를 봐야 한다. 건록을 가지면 공명정대하며 원칙주의자이나 자존심이 강하고 체면과 명예를 중시하며 냉정할 때는 단절한다.

직업은 법조계, 감사직, 비평가, 자영업 등이 적합하다.

비견과 식신이 있으면 식신이 용신이고 식신의 직업을 한다.

비견과 관성이 있으면 관성이 용신이다. 관성이 용신이면 관성의 직업을 하며 길하면 군인, 경찰, 정치인이나 권력을 가지나 흉하면 조폭이다.

(2) 劫財

일간과 음양이 다르고 오행이 같다. 솔직함이 장점이며 의리, 신용, 강한 성정과 승부욕과 두려움이 없어 모험심이 있으며 진취적으로 대성한다. 단점으로는 실패, 파괴, 포악, 교만, 강한 고집이 있다. 남의 말을 들으려 하지 않으며 투기, 횡재수로 요행을 바라며 정재를 극하므로 재물은 있지만 낭비가 심하다. 을목은 갑목을, 정화는 병화를, 기토는 무토를, 辛金은 경금을, 계수는 임수를 사용한다. 반대로 갑목은 을목을, 병화는 정화를, 무토는 기토를, 경금은 신금을, 임수는 계수를 싫어한다. 겁재라도 양간은 음간 겁재를 싫어하고 음간은 양간 겁재를 활용한다. 단, 예외로 양간이라도 겁재를 활용할 때가 있다.

직업은 활동적이며 독자적인 사업이나 영업이나 특수기술자 또는 협업의 일을 한다. 단, 동업은 금물이며 행운의 유불리를 잘 봐야 한다.

① 비겁이 吉運일 때

비겁이 길운이면 친구 또는 동료나 주변으로부터 도움을 받게 되고 배우자 및 육친과의 사이가 좋아진다. 또한 사업을 시작하면 공사 구분이 철저하여 발전하고 재물과 건강 등도 좋아진다. 가족이나 형제자매와 동료에게 헌신을 하며 성격이 원만하다.

② 비겁이 凶運일 때

비겁이 흉운이면 맏이나 장녀가 많고 고독하거나 혼사가 지연될 수 있다. 친구나 동료로부터 배신을 당하며 융통성이 없어 자기 주장이 강하여 자기 뜻대로만 하려고 한다. 육친 및 동료나 배우자와 불화와 언쟁이 일어나며 사업 부도나 질병과 소비가 잦아 재물의 손실이 발생한다.

③ 비겁운이 올 때

비겁이 청소년 시기에 올 때는 친구들과 놀기에만 바쁘고 공부하거나 학교 다니기를 싫어한다. 비겁운은 부모와 마찰이 생기니 부모와 떨어져 기숙사 생활이 낫고 돈 쓰기 좋아하고 친구 흉보는 것을 싫어하며 친구를 감싸고돈다. 비겁이 청장년 시기에 올 때는 독립하려 하고 매사를 바꾸려 한다. 직장인은 직장이나 소속된 것에 대한 거부감이 생겨 사업을 하려고 하며 투기나 투기성이 생긴다.

④ 무비겁

무비겁은 재성이 문제가 생기거나 재성이 날뛰어 재물이나 현실적인 것이나 활동 등의 일을 버거워하여 재물을 감당하지 못한다.

무비겁은 인성의 발전이 없어 공부를 해도 실력이 늘어나지 않고 비겁이 있어야 공부를 하며 인성을 소화하지 못한다. 무비겁은 인성이 마음대로 날뛰며 인성을 소화하지 못하여 관의 문제가 생긴다. 또한 잘 다니고 있던 직장을 관두거나 한다.

무비겁은 인성이 오면 좋지 않고 비겁운이 와야 공부가 잘되며 계약이 성사된다. 무비겁의 여자 명조는 남편과 이혼이나 외도를 할 수 있다.

⑤ 다비겁

다비겁은 재가 문제가 되니 재물이나 처로 인한 문제가 생기게 된다. 배우자가 바람이 나거나 또는 질병이 생기거나 아버지가 일찍 돌아가시거나 인연이 약하게 된다.

관성은 통제이며 인성은 계획과 계약인데 관성을 무시하고 콧대만 높아 건방져 어른들이나 타인에게 잘한다고 착각을 하거나 어른이나 타인의 말을 무시하게 된다. 다비겁은 어른이나 타인에게 스스로는 규칙에 잘 따른다고 하나 전혀 규칙적이지 않다.

다비겁은 군겁쟁재가 되어 재의 기복과 굴곡이 있게 되며 재물을 쓸 때는 마음껏 쓰고 없을 때는 아예 안 쓰게 되거나 일이 전혀 없어 백수가 되기도 한다.

다비겁은 충동적, 무계획, 무원칙이므로 인성이 있어야 한다. 다비겁은 항상 자신감으로 인한 폭발적인 행동으로 통제가 되지 않고 일관성이 없다.

다비겁은 인성이 무기력해지므로 인성의 계획성이 약해진다. 다비겁은 인성이 잘못되거나 또는 원진이 있거나 또는 인성이 없는 사람은 인복이 없으며 재물을 저축하기가 힘들고 기타의 것들을 빼앗김(겁탈)을 당한다.

⑥ 비겁이 혼잡되거나 편중되었을 때

비겁이 많은 명은 독립, 개척, 의지, 자립정신이 강하며 추진력이 있고 생각한 것을 행동으로 옮긴다. 또한 자기애가 강하며 자수성가한다. 인성은 계획이 되며 비겁은 추진력과 행동이 된다. 그러나 자기애가 강하고 독선적이어서 자유자재로, 혹은 독단적으로 일 처리를 하여 대립하고 반목한다. 또한 조언을 받아들이기 힘들고 사교성은 약하여 고독하고 배신을 당할 수 있다. 동업이나 협업의 일을 하며 무계획적이어서 속전속결로 일을 처리하다 보니 실패나 손재수나 투쟁이 있어 실속이 없다. 지인에게 금전을 빌려주는 것은 삼가야 한다.

비겁이 과다하면 身旺하므로 인성의 도움이 필요하지 않아 공부를 하기 싫어하거나 노력하지 않게 된다. 또한 부모나 윗사람, 형제, 동료, 스승의 말을 무시하게 되어 예의가 없게 보인다. 또한 의처증이나 의부증이 생기며 여자의 경우 空房殺

이라 하여 첩이 되거나 본인이나 남편이 애인이 있게 되어 배우자와의 사이가 약하다.

비겁이 혼잡하거나 편중되면 남자는 외모가 좋고 재능과 지혜가 있는 처를 만나지만 일방적인 관계로 불안정하거나 처는 불만이 생길 수 있다. 또는 이혼이나 사별한 사람이나 화류계의 처를 맞이할 수 있으며 만약 부부 사이가 좋은 경우에는 처에게 질병이 있을 수 있다.

비겁은 재성을 극하므로 부친의 덕이 약하거나 일찍 돌아가실 수 있어 자수성가하여야 한다. 또한 아버지와 함께 살 경우는 사이가 좋지 않게 된다. 남자는 비겁이 과다하고 정재와 합하면 의처증이 생기거나 처와 이별을 하거나 처가 부정하게 된다.

⑦ 비겁이 다른 육친을 만났을 때

■ 비겁과 비겁이 만났을 때

비겁과 비겁이 만나면 자존심과 고집이 강하고 그로 인해 타인에게 해가 될 수도 있으나 자신감은 뛰어나게 된다. 권위와 지도력이 있어 공직이나 직장생활이 어울린다. 장사나 사업 등은 맞지 않다. 배신을 당하거나 가정에 소홀할 수 있으며 배우자와의 불화나 소비가 과다하여 금전 문제가 생길 수 있다.

■ 비겁과 식상이 만났을 때

비겁과 식상이 만나면 생산성이 향상되고 창의성이 개발되고 다방면에 관심을 가져 이익을 가진다. 통솔력과 사업가의 기질도 있고 사람이 따르나 실속이 없을 때도 있다. 명예나 부부 사이가 약할 수 있으나 인간미가 풍부하여 여러 사람과 잘 어울리며 대가족을 거느릴 수 있어 낙천적이며 언변이 좋다. 음악, 교수, 영업, 교사, 변론, 소개업 등의 일을 할 수 있다. 식상은 관성을 극하므로 배우자나 연인과의 사이가 약해질 수 있다.

■ 비겁과 재성이 만났을 때

비겁과 재성이 만나면 금전을 중시하여 건강을 보살피지 않게 되고 투기가 과하여 금전의 성공과 실패를 반복하게 된다. 재성운에는 인간관계가 약하여 주변 사람을 잘 살펴야 하며 피해가 가지 않게 조심해야 한다. 가족에게 재물에 대해 자린고비를 강요하며 부부애가 약하게 되어 가정불화가 생기기도 한다. 형제나 동기간 재물손괴나 배우자의 배신 또는 물질적 손해를 입힐 수 있다. 겁재가 강하면 횡재를 하더라도 나눠 가져야 한다.

■ 비겁과 관성이 만났을 때

비겁과 관성이 만나면 승진이나 시험 합격운에 경쟁자가 많게 되나, 진급을 하거나 합격운이 좋아지게 된다. 지도력이 있어 중책을 맡고 명예나 명성을 얻게 되며 동기간, 친구, 부하 등을 잘 만나 이익이 있다. 그러나 흉할 때는 손실이 커 대가를 지불해야 하며 명예의 손상과 승진의 좌절이 있고 오만으로 법과 질서를 무시하며 형제, 동기 등으로 인해 손실이나 구설수가 따른다.

■ 비겁과 인성이 만났을 때

비겁과 인성이 만나면 문서나 유산을 가지거나 학문적으로 성과가 있고 기술력이나 연구 등에 좋은 영향을 미친다. 비겁이 강하면 차지하려고 싸우게 되며 시험이나 승진, 인허가업 등에 경쟁자가 많아 다툼이 있게 된다. 이복형제가 있거나 부모에게 기대어 자립심이 약해서 친구나 동료 등에게 귀가 얇아 사기나 배신을 당하기도 한다.

3.

食傷

十天干과 十二支의 食傷										
五行		木		火		土		金		水
나(我)		甲	乙	丙	丁	戊	己	庚	辛	壬	癸
天干	食神	丙	丁	戊	己	庚	辛	壬	癸	甲	乙
	傷官	丁	丙	己	戊	辛	庚	癸	壬	乙	甲
地支	食神	巳	午	辰戌	丑未	申	酉	亥	子	寅	卯
	傷官	午	巳	丑未	辰戌	酉	申	子	亥	卯	寅
男	食神	조모, 장모, 사위, 손자, 손녀, 증조부									
	傷官	조모, 장모, 할머니, 손자, 손녀, 외할아버지, 외숙모									
女	食神	조모, 딸, 외손자, 외손녀, 증조부									
	傷官	조모, 아들, 외손자, 외손녀									

식상은 일간을 泄하는 오행이며 일간이 강하면 능력을 잘 발휘하나 일간이 약하면 능력 발휘가 약하다. 식상은 재성을 생하므로 경제 활동이나 식복에 해당된다. 식상은 창의, 개발, 연구, 활동력, 생산력, 행동, 언변, 표현력이 있으며 능동적으로 대처하며 객관적 시각을 가진다.

(1) 食神

  일간과 음양이 같고 오행이 다르고 일간으로부터 생을 받는다. 식신은 풍족, 언변, 의식주, 낙천적, 여행 등을 뜻한다. 예술 방면에 다재다능하여 공부도 열심히 하게 된다. 단점은 개성과 투쟁심이 약하여 자립심, 결단력, 적극성이 약하며 가무를 즐기기도 한다. 식신은 나를 극하는 편관인 칠살을 극하므로 건강과 생식기나 유방과 자궁 또는 자녀에 해당된다. 또한 자녀에 관심이 지대하고 학업에 관심이 많다. 식상은 건강과 기쁨 또는 자녀의 일이다.

  직업은 제조업, 교육사업, 학원, 유치원, 문화강좌, 요식업, 식당, 식품업, 서비스업, 복지업, 공무원, 예술계, 연예인, 의약, 방위산업, 발명가, 레포츠, 오락, 여가산업, 디자이너, 생활용품, 축산업, 가공업, 생산업, 제조업이나 작은 규모의 사업, 특수기술직, 아이디어인, 중개업, 종교인, 언변가, 시민운동가, 편의시설, 장사 등의 직업이 있다. 다양한 재주로 인해 다방면에서 활약하게 된다.

(2) 傷官

  일간과 음양과 오행은 다르고 일간으로부터 생을 받는다. 상관은 재능, 추리력, 상상력, 모방, 응용력, 연기력, 비판적, 부정적, 반항적, 반골, 청개구리, 적응력, 언변, 임기응변, 모사를 뜻한다. 법과 질서보다 자유로우며 규칙과 통제를 벗어난 직업을 추구하며 자존심이 강하다. 또한 상하를 막론하고 마음에 들지 않으면 하극상을 하거나 구설이 생기거나 폭력적이기도 한다. 전형적인 틀을 벗어난, 특이하거나 비상식적인 것에 관심이 있으며 두뇌가 명석하고 감정이 다양하고 예술 방면이나 창의적인 일에 재능이 있다. 지혜롭고 재물이 풍요하다. 여자 명조에 식상인 자녀가 있어야 행복한 것이며 과다하면 길흉을 잘 보아야 한다. 남자는 재성이 있어야 행복하고 길하지만 과다하면 길흉을 잘 보아야 한다. 명조에 식신이 없으면 편관을 대적할 수 없다. 음간일주는 편관이 최고 기신이므로 식상이 있어야 한다.

  직업은 정관을 극하므로 직장보다도 리더 격의 사업가 기질로 통제와 규칙을 벗어난 일을 선호한다. 제조, 생산업, 동물업, 선생님, 예술적인 조각가, 미술가, 서예, 건축가, 음악가, 성우, 작가, 예능인에 적합하고 또한 전문직, 변호사, 중개사, 기자, 연설가, 언론홍보, 광고기획, 화가, 성우, 상담직, 중매업, 이벤트업, 노래방 등이 맞다. 또는 미용실, 배달업, 유통업, 도매업 등에도 어울린다.

① 식상이 길운일 때

식상이 길하면 낙천적이고 후덕하며 총명하고 언변과 창의력과 표현력이 좋아지고 재주와 재능이 뛰어나다. 투자로 인한 재물의 이익이 있고 결혼을 하고 자손이 태어나거나 신용과 건강이 좋아진다. 학생은 학업 능력이 향상되며 예체능은 더욱 두드러진다. 식상은 문창성으로 학자가 많다.

② 식상이 흉운일 때

식상이 흉하면 재물 손해, 질병 발생, 말로 인한 구설수, 시비, 비판적, 반항적이고 저돌적, 오만하며 권모술수, 중상모략, 다른 이들을 무시한다. 배우자운이 약하고 바람, 파혼, 이혼, 자손에게 흉한 일이 발생한다. 재물을 추구하다 보니 인복이 약해지고 신용이 하락하게 된다. 식상이 관을 극하고 관은 직장과 남편 등에 해당하므로 재생관이 되지 않아 재가 머무르지 못하니 이혼하거나 직장을 바꾸거나 사업가도 다른 것으로 바꾸려고 한다. 연애도 파격적, 변태, 향락적, 동성연애 등 엉뚱한 행동을 하고 반항심, 편법, 멋을 부리고, 관재구설, 시비, 위법행위 등을 할수 있다. 또한 우울하고 건강이나 자녀의 문제가 생기며 즐거움이 없다.

③ 식상운이 올 때

어른이 식상운일 때 자유로워지고 싶어 즐기게 되며 바람이 나기도 하며 이혼율이 높아지고 배우자와 무정해진다. 미혼자는 결혼하거나 자녀를 낳고 싶어 한다. 또한 언변이 뛰어나며 돈독이 오르거나 잘 다니던 직장을 관두고 사업을 하려고 하거나 보직을 변경한다. 사업가는 변화가 일어나며 자유로운 직업을 선택하거나 자녀를 기르기 위해 쉬기도 한다. 식상은 관성을 깨므로 재생관이 되지 않아 재성이 머무를 수가 없다. 반항심이 있고 파격적이며 연애가 잦고 멋을 부리며 자기를 드러내고자 하며 편법도 서슴지 않는다. 인성이 없을 때는 잘못되기도 한다. 학생은 학업 능력이 오르고 예체능을 하는 아이들은 능력을 발휘하나 멋을 부리기도 하며 연애를 하고 싶어지며 반항심이 생긴다.

④ 무식상

식상은 언변이고 행동인데 식상이 없으면 관성이 날뛰고 소극적이며 피해의식이 있고 무기력하여 관살로부터 외부 압력에 대한 통제 능력이나 대처 능력도 약하며 누명을 쓰기도 한다. 식상이 약할 때 일간이 강하면 대처할 수 있다. 그러나 일간과 식상이 둘 다 약하면 상당한 피해의식이 있어 소심하고 소극적이며 느닷없이 사고를 치고 돌출 행동을 하게 된다.

무식상은 일간이 신약할 경우 관살이 강해지므로 강제 억압에 의해 성폭력 등을 당하기도 한다.

무식상은 비겁이 왕하게 되며 인성이 약할 경우 표현력에 문제가 있어 비밀을 지키기 어려우며 느닷없이 까발리게 된다.

무식상은 인성에 문제가 생겨 폭발적인 성격이거나 무식하다는 소릴 듣거나 융통성이 약하고 건강상 변비 등이 있게 된다.

여자 사주의 지지에 식상이 없으면 재성에 여러 가지 문제가 생기니 시가나 친가의 아버지 또는 친척들과는 인연이 약하다.

⑤ 다식상

다식상은 식극관을 하게 되어 재성이 약할 경우 구설, 사건 사고, 관재수가 생기며, 재관인이 약하면 남편을 무시하므로 관의 변화가 많고 일부종사가 힘들다.

다식상은 무슨 일이든 반항하고 비판적이며 안정되지 못한다. 비겁이 도기되니 쓸데없는 말을 하게 되거나 언행과 행동이 일치하지 않아 문제가 생기고 일관성이 없다. 단 관인이 잘 짜여져 있으면 괜찮다. 관인이 없고 식재만 구성되면 사주 구성을 잘 봐야 하며 믿음이 가는 사람은 아니다.

다식상은 말을 잘하므로 처음에는 사람들에게 아는 것이 많아 보이나 인성이 약하면 시간이 지날수록 실력이 약한 것이 들통나게 된다.

⑥ 식상이 혼잡되거나 편중되었을 때

식상이 혼잡하거나 편중되어 길하면 총명하고 아이디어와 지혜가 뛰어나며 자유로우며 기술직이나 예술 활동이 강하다. 그러므로 자신의 일을 중요시 여겨 결혼을 늦게 하거나 독신주의가 많다. 낙천적이며 자기애가 강하여 가정을 등한시한다. 또한 동정심과 정이 있어 봉사하고 희생하나 싫어하는 이는 아예 보지 않을 정도로 호불호가 분명하다.

식상이 혼잡하거나 편중되어 흉할 때 자존심이 강해 도움을 받기 싫어하고 변덕스럽거나 간사하기도 하며 남의 것을 뺏기도 하며 자아도취가 있어 오만하고 남을 무시하며 허풍이 있다. 또한 윗사람이나 주변인에게 반항적이며 구설과 시비가 생기기도 한다.

식상이 혼잡하면 다른 사람으로부터 간섭이나 구속당하는 것을 싫어하나 남의 일에는 간섭하기도 한다. 남의 일에 책임감을 보이며 성과를 거둔다. 재능이 있고 아이디어는 좋으나 현실적인 재물이나 직업의 변동으로 힘이 들게 된다.

식상이 혼잡하거나 편중되면 재물이나 명망이 있는 사람과 대인관계를 맺지만 시시한 사람과의 관계는 피한다. 편법과 불법으로 인해 재물을 탐하여 오히려 흉이 되어 관재를 겪게 된다.

여자가 식상이 편중되면 배우자와 자식에 지나친 관심으로 오히려 자녀가 약해진다. 또한 출산에 문제가 생기거나 양자나 친인척의 자식을 기르게 되기도 한다. 배우자는 연애결혼이 많아 주위에서 반대하는 결혼을 할 수도 있고, 결혼 후 이별이나 사별을 겪거나, 희생을 요구하게 된다. 또한 책임감이 약해지며 부모나 윗사람과 주변 사람의 조언을 싫어한다. 이익을 위해서 관습을 무시하며 부적절한 관계를 맺을 수도 있으며 성적인 기교가 있다. 여자는 월을 끼고 재가 많으면 남편하고 불화한다.

남자가 식상이 편중되면 여성편력이 있고 투기나 불법으로 관재수나 망신을 당하기도 한다. 처가 가권을 뒤며 장모를 모시는 경우가 있다. 남자는 식상이 과다하면 관을 극하니 재가 갈 데가 없으니 처와 불화이다.

⑦ 식상과 다른 육친이 만났을 때

■ 식상과 비겁이 만났을 때

식상과 비겁이 만나면 인복이 있어 동업 등 하는 일에 탄력을 받아 잘할 수 있으며 아랫사람이나 제자 등에 관심을 기울여야 한다. 친구들은 많이 생기나 결혼을 미룰 수도 있다.

■ 식상과 식상이 만났을 때

식상과 식상이 만나면 일은 확장을 하여 번영하고 자녀의 경사나 가정이 화목해지기도 한다. 흉할 때 오만해지거나 안하무인이 되어 배우자와 가정에 소홀해지거나 윗사람과의 갈등으로 인한 구설수는 조심해야 한다.

■ 식상과 재성이 만났을 때

식상과 재성이 만나면 학문, 문화, 언론, 재능, 창의적인 특허, 탁월한 경영으로 재산의 증식과 각종 권익이 따른다. 여자는 가정생활이 평탄해지며 자녀의 성공으로 재산의 증식이 있다. 좋지 않을 때는 법을 무시하고 부동산의 투기나 이권 개입과 불로소득으로 인한 관재가 생긴다.

■ 식상과 관성이 만났을 때

식상과 관성이 만나면 실력과 재능으로 일을 완수하여 승진, 학위, 저서, 자격취득, 명예, 특허, 관공서의 특혜로 인한 이득으로 재물이 쌓인다. 건강의 회복, 풍요로운 생활, 특히 여자는 배우자, 자녀의 성공, 취득 등이 있다. 좋지 않을 때는 법과 질서를 무시하고 안하무인이 된다. 배우자를 혐오하고 불화로 가정 파탄이 생기며 관재구설과 고통 또는 질병이 생긴다.

■ 식상과 인성이 만났을 때

  식상과 인성이 만나면 길할 때는 학문적 성과, 인허가, 매매운, 서류의 확보, 면허증 취득 등이 있다. 좋지 않을 때는 직장 변동, 퇴직, 사기, 도난, 누명, 가정적으로 배우자와 자녀의 불운을 입게 된다. 오만과 실언으로 구설수가 생겨 명예가 추락하며 교육과 문화적 교류로 인한 배신으로 고통이 따른다.

⑧ 음간의 식신은 좋지 않으므로 조건이 있다

  - 을목은 오화가 있으면 술토가 있어야 오화가 목을 약하게 하지 않는다. 을목이 오월이면 금이 있어야 한다. 을목이 꽃이 피었는데 다시 꽃을 피우면 좋지 않다. 그러므로 목이 있으면 좋지 않고 술이 좋으므로 진토가 최고 좋지 않다.
  - 정화는 유금이 있으면 축토가 있어야 하며, 정화가 유월은 좋기는 하나 수가 있어야 하므로 축토가 낫다. 반대로 화가 있으면 금이 녹아 없어지므로 미토가 좋지 않다.
  - 辛金은 자수가 있으면 진토가 있으면 재가 있으니 괜찮다. 그러므로 반대인 술토가 있으면 좋지 않은 것이다. 辛金은 수생목하고 목생화까지 가야 한다. 辛金이 자월이면 목운으로 가야 하나 반대로 금운으로 가면 좋지 않으므로 술토가 좋지 않다.
  - 계수가 묘목이 있으면 미토가 있어야 나무가 잘 자란다. 반대로 축토가 있으면 좋지 않다. 여름일 경우는 다르다.

4.

財星

十天干과 十二支의 財星										
五行		木		火		土		金		水	
나(我)		甲	乙	丙	丁	戊	己	庚	辛	壬	癸
天干	偏財	戊	己	庚	辛	壬	癸	甲	乙	丙	丁
	正財	己	戊	辛	庚	癸	壬	乙	甲	丁	丙
地支	偏財	辰戌	丑未	申	酉	亥	子	寅	卯	巳	午
	正財	丑未	辰戌	酉	申	子	亥	卯	寅	午	巳
男	偏財	부, 숙부, 첩, 애인, 아내의 형제(처형, 처제, 처남), 형수									
	正財	처, 아버지 형제, 고모									
女	偏財	부, 숙부, 시모, 외손녀									
	正財	시모, 아버지 형제, 고모, 외손자									

재성은 일간이 극하며, 극하는 기운이 강하면 재물을 취하고 약하면 능력 발휘가 어려워 재물의 고충이 있다. 재는 내가 다스리는 것이고 관은 나를 극하는 것이다. 재성은 현실, 활용, 현실감각, 적응력, 눈치가 빠르고 분위기 파악을 잘하는 것이다. 재성은 재물, 창고, 돈, 일, 건강, 활동, 현실, 활용, 공간, 남자는 이성에 속한다. 재성은 내가 직접 하는 것이고 관성은 나를 억압하는 것이다. 재성운에는 일을 하지 말라 해도 일을 하는 장소가 생기거나 일하게 된다. 재운에는 멀리 가거나 몸으로 일을 많이 하며 머리는 쓰지 않고 바깥으로 많이 움직이고 바쁘고 머리가 좋으면 무역이나 재물이 되거나 권력 등의 큰일을 한다. 인성운은 멀리 가지 않고

가까운 데서 일한다.

(1) 偏財

일간이 극을 하고 음양이 같고 오행이 다르다. 큰 재물을 좋아하고 남의 돈으로 사업하는 능력이 있어 사업가나 장사하는 경우가 많다. 사회성과 설득력이 있어 다방면의 사람들을 두루 알고 있다. 부친, 애인, 첩을 의미하여 바람을 피우기도 하며 여자 문제가 있다. 노력보다도 일확천금을 꿈꾸며 이해타산적, 편파적, 허풍이 있고 유흥으로 돈을 잘 쓰게 된다. 편재가 관을 보는지 식상을 보는지 인성을 보는지에 따라 차이가 있다. 은행업은 관이 있는 것이고 사채업은 상관이 있는 것이다. 편재가 있다고 무조건 운수업을 하는 것이 아니다. 식상이 재를 생하면 유통이고 재가 없으면 유통이 아니다. 편재운에 사업을 하면 동업을 하게 되며 운이 좋으면 길하다. 정재는 내 것이고 편재는 공동의 것이다.

직업은 무역, 자영업, 사업, 금융, 경영, 서비스업, 지배인, 사교적, 공동, 대중적인 것, 유통, 무역업, 모험적인 일, 은행업, 여행업, 운수업, 어업, 영업, 창고업 등이 길하다. 흉할 때는 역마살, 학마살(공부 안 하고 공부와 상관없는 일), 투기, 색정과 주색잡기, 재물, 유흥업, 사채업, 도박, 허욕을 뜻한다.

(2) 正財

일간과 오행과 음양이 다르며 일간에게 극을 당한다. 정재의 의미는 성실, 신용, 신의, 근검절약, 봉사, 관용, 재물, 절약, 근검, 직장과 집만 아는 사람 등을 의미한다. 또한 봉사정신과 정의감, 믿음직, 관용, 저축, 노력과 성실로 정당한 이득을 취하며 합리적이며 열심히 산다. 그러나 집착하며 소심하고 인색하며 부탁을 거절하지 못하며 쉬지 못하고 잘 즐기지를 못한다.

직업은 경영경제가, 기업가, 독립적인 일, 판매업, 상업, 금융, 보험, 상인, 강사,

아나운서, 경리, PD, 설계사, 병원, 부동산, 직장인, 컨설팅, 회계사, 세무사 등이 있다.

① 재성이 길운일 때

재성이 길하면 사교성이 있어 시원한 성격을 가지며 인복과 재복이 늘고 사업이 번창하며 건강과 결혼운이 좋아진다. 재성은 성실과 근면하고 절약하며 배우자와의 관계가 원만하며 중년에는 경제 활동이 왕성해지고 재물운이 좋아진다. 대인 관계도 넓어지고 이동이 잦을 수는 있다. 월지에 재격인 경우는 일이 항상 주어지고 부지런하고 직접적으로 행동하며 열심히 한다.

여자가 재성을 용신으로 하면 남편이 재물 걱정을 하지 않게 하고 관을 용신으로 하면 남편한테 헌신적으로 잘한다.

재와 인성은 짝이며, 수화가 짝이며, 금목이 짝이다. 그리고 재극인이 되고 인성이 약하지 않으면 인성이 조율된다.

② 재성이 흉운일 때

재성이 흉하면 멋내고 돈 쓰기를 좋아하며 낭비할 수 있고 투기, 유흥, 이성 문제, 도박에 빠질 수 있고 사채업을 할 수 있다. 인복과 재복이 나빠지며 질병이 생기거나 배우자와의 관계가 약하다. 상관과 재성의 차이점은 상관은 편법을 쓰고 혼자 남들보다 튀고 나타내는 것을 좋아하지만 재성은 단순히 놀이의 사고방식에 빠진다.

음간은 정재를 다스리기 힘들고 양간은 정재를 합하여 제 역할을 잘 못할 때가 있다.

재성이 인성을 재극인하면 행동 실현이 잘 되지 않고 운이 왔을 때도 제대로 실현하는 게 약하다.

③ 재성운이 올 때

학생이 재성운이 오면 공부하기를 싫어하고 돈 쓰기를 좋아하며 멋을 내기도 한다. 식상은 혼자 튀려고 하고 편법을 쓰기도 하나 재성은 단순하게 놀이에 빠지기도 하며 부모한테 반항하니 학생은 좋지 않다. 사주원국에 재성이 편중되어 있는데 재성운이 또 오면 성적 결과가 좋지 않거나 중간에 학업을 중단하거나 범죄를 일으키기도 한다.

중년운에 재성이 오면 편안하게 있는 사람도 갑자기 활동력이 넓어지고 일을 벌이게 되며 경제 활동이 왕성해진다. 역마가 있으면 대인관계가 넓어지고 이동이 잦다. 월지가 재성이 있으면 직접 행동하거나 몸으로 하는 일을 하며 장소가 주어진 자신의 일이 있다. 말년에 재성운이 오면 제대로 쉬지를 못하고 일해야 한다.

④ 무재성

재성은 현실적이며 활용을 할 수 있는 능력이나 무재성이면 인성이 강해지므로 재성의 특성인 현실적, 실용적, 활용적인 면이 부족하고 쓸데없는 이론 공부만 한다. 무재성은 현실 기준이 없어 현실과 동떨어진 생각을 할 수 있으며 생각이나 계획이 잘 실행되지 않는다. 타인이 보면 현실적이지 못하고 머리로 생각한 것을 행동으로 실행하지 못하며 일은 해도 결실이 없고 시작은 좋으나 끝 마무리가 약하고 일을 벌이기만 하고 마무리를 못한다.

무재성이면 식상이 갈 데가 없어 고립되어 문제가 생기며 식상생재가 되지 않고 관을 바로 극해 버리게 된다. 모든 것은 충, 파, 해, 삼합, 육합할 때 변한다.

무재성은 결혼이 늦거나 자식을 늦게 낳거나 한다. 또한 건강으로 식상생재를 못하여 배출구가 없어 우울하거나 변비가 잘 걸린다.

무재성은 일은 열심히 하여도 결과를 얻기가 힘들다. 또한 시작은 좋으나 끝이 마무리가 되지 않아 일만 벌이고 소화하기가 힘든 것이다.

無食傷과 無財星인 명조

　무재성인 명조이나 목생화와 화생토를 하여 재물운이 있는 여자의 명조이다. 무재성이므로 재생관을 하기 싫어하므로 남편에게 잘하는 사람은 아니다.

⑤ 다재성

　다재성은 재극인하여 관성이 없으면 인성이 문제가 되고 다치게 된다. 여자 명조는 관이 인성에 의해 들어오는데 관이 없을 경우 관에 문제가 생기므로 배우자나 직장에 문제가 생긴다. 인성이 적당히 갖춰져야 따뜻하며 마음이 안정되고 사람을 해치지 않는다.
　인성은 잘 갖춰지면 편안하고 안정된 마음이다. 그러나 다재성이면 현실에 급급하여 정신적 안정을 찾지 못하고 불안정하고 계획적이지 못하여 행동에 두서가 없거나 일머리가 없다. 또한 계획을 하여도 집중을 하지 못하고 결실이 없거나 약하다.
　다재성은 식상이 도기하여 손해 보면서 계약을 이루어 재극인하게 된다. 또한 여자의 식상은 자녀이므로 재성이 과다하여 자녀가 힘을 못 쓰니 자녀 덕이 약할 수 있다. 반대로 인성이 있으면 자녀 덕이 있으며 인성과 재성은 반대이다.
　다재성이 관인의 구조가 약하면 일은 열심히 했는데 결과가 없다.

⑥ 재성이 혼잡되거나 편중되었을 때

　재성이 혼잡하거나 편중될 때 재물은 의식주가 해결될 정도가 있으면 좋으나 과다한 재물은 災와 殺로 되어 모든 것을 해치게 된다. 재물이 혼잡되면 편법과 불법을 하여 쉽게 재물을 모으나 재물에 대해 쉽게 생각하여 큰 손재나 관재가 생기게 된다. 또한 재생관을 하여 살이 강해지므로 건강을 해치거나 사건 사고나 관재수가 있다.

재성이 신왕하면 財生官이 되어 관직에 오르고 명예가 높아지나 신약할 경우에는 財生殺이 되어 스트레스가 많아진다. 재가 많은 사람은 돈과 씨름하다가 평생 일을 열심히 하며 사건을 가지고 살므로 건강을 챙겨야 한다.

재성은 식상과 마찬가지로 식복을 의미하며 내가 극하므로 재물을 벌어들이는 것도 노력하여 얻는 것이다. 인성은 생명에 필요한 공기와 물 등으로 보며 재성은 실체적으로 생명에 필요한 음식 등을 의미한다.

재성이 과다하면 사교성이 좋으며 다정다감하고 친절하여 친구가 많으나 꼼꼼하지 못하고 실속이 적으며 허세나 허풍이 있다. 재물을 모으기는 하나, 지출이나 소비에 있어 무리하게 투자하거나 큰 재물을 벌려고 무리하게 확장할 수도 있어 오히려 관재나 화를 당하여 결실이 적다. 가까운 가족이나 주위 사람들에게까지 피해를 주어 사이가 나빠지고 반항심으로 사고를 일으켜 자포자기하며 살 수 있다.

재성이 편중되면 인성을 극하여 계획성과 판단력과 인복이 약해진다. 일간이 약하고 재성이 과다하면 財多身弱이라 하며 빛 좋은 개살구로 재물이 오히려 약하다. 또한 재물이나 여자로 인하여 손재가 있으므로 뇌물이나 여자 등의 탐욕을 주의해야 한다.

재성이 과다하면 인성을 극하므로 학마살이라 하여 학업이 부진하거나 중단되거나 전공을 바꾸게 된다. 재성이 청소년기에 오면 이성에 대한 관심을 가져 멋을 내고 친구들과 어울려 돈을 쓰며 공부하지 않게 된다. 혹은 용돈이나 유흥비를 마련하기 위해 아르바이트를 하거나 가출을 하거나 범죄에 유혹을 당하기도 한다.

남자가 재성이 과다하면 활동력과 추진력이 있고 능력이 있는 처를 만나거나 드센 처나 악처를 만나 공처가가 되기 쉽다. 처가 살림을 꾸려 나가며 본인은 백수가 되기도 한다. 또는 상처하거나 여자가 많을 수 있고 여자에게 의지하며 살게 된다.

재다신약 사주는 편재가 왕하면 애인이 강하고 정재가 왕하면 처가 강하다. 재다신약은 비겁이 행운에서 오면 재물이 좋아지고 사회성이 좋아지나 가정적으로 좋지 않다. 비겁으로 인해 힘이 생기니 이전에 무시당하다가 오히려 배우자를 무시하여 싸움이 생겨 불화를 일으킨다. 재성이 과다한 남자는 처인 재가 어머니인 인성을 극하므로 고부 갈등으로 인해 힘들어하게 된다. 또한 조실부모이거나 서출이거나 배다른 형제가 있기도 한다. 재성과 관성이 모두 태과하면 가정의 인연이 약하여 속세를 등지는 경우도 있다.

여자가 재성이 태과하면 배우자에게 정성을 다하더라도 배신을 당하게 된다. 그것은 재생관으로 인해 일간이 신약해지므로 관성에게 일간이 극이 되어 괴로움을 당한다. 또한 재생관으로 관성이 강해지므로 깐깐한 시댁을 만나 시집살이를 하거나 책임을 다해도 좋은 소리를 듣지 못하게 된다. 여자는 월을 끼고 재가 많으면 남편하고 불화이다. 남자는 식상이 과다하면 관을 극하니 재가 갈 데가 없으니 처와 불화이다.

⑦ 재성이 다른 육친을 만났을 때

■ 재성과 비겁이 만났을 때

재성과 비겁이 만나면 재물을 나눠 가지며 직장의 승진이나 길한 일이 있다. 흉할 때는 재물의 손괴나 성폭행, 사고, 좌절, 건강 악화, 수술 등이 있다. 투기와 투자를 좋아하거나 낭비를 하므로 모험을 주의해야 하며 가정불화가 있을 수 있다.

■ 재성과 식상이 만났을 때

재성과 식상이 만나면 사업 투자나 생산적 사업이나 지식과 학문의 활용으로 특허 등의 사업운이 좋아진다. 여자는 자녀의 출산과 남자는 처가의 도움을 받는다. 부동산이나 금융업 투자 또는 기회가 주어지며 그로 인한 이익으로 재산을 증식하게 된다. 그러나 오만은 금물이며 부부관계가 멀어질 수 있다.

■ 재성과 재성이 만났을 때

재성과 재성이 만나면 적게 투자하여 크게 수입 증대를 하여야 하며 생활의 향상이 있으며 직장과 생활이 변함없이 꾸준히 발전한다. 또한 노력에 의한 소득과 투기성 있는 횡재보다 적재적소의 투자나 꾸준한 저축 등에 의한 소득이 있다. 흉할 때는 재물에 대한 욕망으로 화를 입게 되며 사업 투자의 손해나 낭비심이 생기므로 지나친 욕심은 금물이다.

■ 재성과 관성이 만났을 때

재성과 관성이 만나면 책임감이 있고 정직하며 성실하게 행동하고 재물 관리를 잘하여 생활에 윤택함을 얻는다. 처의 내조나 금전 관리로 재물을 얻고 귀한 자식을 두고 가정적으로 행복을 이룬다. 또한 취직이나 진급과 자격 획득이 있고 부모의 도움 등의 좋은 일이 생긴다. 흉할 때는 뇌물로 벼슬을 얻고 첩에게서 자식을 둘 수 있어 가정적으로 힘들 수가 있다. 여자는 돈으로 남자를 만나니 애정이 약하다.

■ 재성과 인성이 만났을 때

재성과 인성이 만나면 부동산 매매, 투자, 금전 거래로 인한 문서운이 있다. 성실, 정직하여 인복으로 인한 인성의 운이 있다. 부모의 사랑과 특히 어머니의 복으로 인한 가정적 화목과 재산과 부동산의 취득과 유산이 있으며 만사형통하다. 흉할 때는 신용이 추락하거나 계모가 있으며 질병과 재난으로 인한 정신적인 불안을 가진다. 또한 고부지간에 갈등이 있고 계약 파기나 문서나 보증으로 인한 손해를 볼 수도 있다.

5.

官星

〰〰

五行		木		火		土		金		水	
나(我)		甲	乙	丙	丁	戊	己	庚	辛	壬	癸
天干	偏官	庚	辛	壬	癸	甲	乙	丙	丁	戊	己
	正官	辛	庚	癸	壬	乙	甲	丁	丙	己	戊
地支	偏官	申	酉	亥	子	寅	卯	巳	午	辰戌	丑未
	正官	酉	申	子	亥	卯	寅	午	巳	丑未	辰戌
男	偏官	고조부, 아들, 자녀, 조카딸, 외할머니, 매부, 후계자									
	正官	조카, 자녀, 증조모, 딸									
女	偏官	편부, 애인, 남편, 남편의 형제, 며느리									
	正官	남편, 시부, 증조모, 며느리, 조카									

십天干과 十二支의 官星

관성은 일간을 극하며 식상에 극을 당하여 '칠살'이라고도 한다. 강하면 좋은 직업을 가지고 약하면 능력 발휘가 어렵다. 관이 인성을 생하는 관인상생 또는 살인상생이 되거나 식상이 극하면 길하게 되기도 한다.

관성은 식재가 같이 있으면 사업하는 직업이며, 관과 인성이 같이 있으면 연구하거나 공부하는 직업으로 간다. 관성은 명예, 책임, 법, 직책, 자리, 직장, 관청, 자녀 등을 의미한다. 남자 사주에 관이 약하면 부모가 문제가 있거나 이혼하거나 한다.

(1) 偏官

음양이 같고 일간과 오행은 다르며 일간을 극하면 제화되는 것이다. 편관은 투쟁, 억제, 개혁, 모험심, 의협심, 카리스마, 편법, 비공식적, 깡패 기질, 폭발적, 강권을 의미한다.

외고집, 자만심이 강하지만 틀에 얽매이는 직장을 싫어한다. 임기응변이 있고 외우는 것을 잘하며 남에게 없어도 있는 척 과시한다. 아랫사람을 잘 챙기고 친절과 인정을 베푼다. 다른 의미로는 폭염, 폭설, 홍수, 폭발물, 영혼, 귀신 등이 있다. 음간은 칠살인 편관을 싫어한다. 편관은 권위 의식이 강하며 편관에 인성이 있으면 권위 의식과 잘난 맛에 산다.

직업은 야당성, 군인, 검사, 경찰, 교수, 학원, 판검사, 수사관, 법률가, 교도관, 죄수, 재난구조원, 경비원, 정육점, 무법자, 건축, 토목, 보험, 증권, 무역, 세관원, 의약사, 격투기, 선수, 국회의원, 현장 감독, 수감자, 영안실 등이 있다.

(2) 正官

일간과 음양과 오행이 다르고 일간을 극한다. 정관은 인격, 명예, 도덕성, 보수적, 준법정신, 규범, 질서, 원칙주의자, 윤리적, 정직하다. 또한 성실히 노력하고 정당하며 심성이 바르고, 신중, 꼼꼼, 규칙적, 공정하며 자비가 있다. 그러나 냉정하며 융통성, 결단력, 추진력, 개혁성이 부족하며 자기 마음을 감추고 자존심 상하는 말을 듣기 싫어한다. 관의 문서, 자격증, 예의가 있으며 명예를 중시한다.

직업은 관료직, 공무원, 대기업, 국영기업, 공기업, 판검사, 명예직, 학자, 공직, 금융가, 상공인, 판검사, 법조인, 교육가, 행정가, 학교 교사, 평생 직장인 등이 있다.

① 관성이 길운일 때

관성이 길하면 건강하며 경쟁에서 승리, 승진, 합격, 명예, 권위, 책임감이 강하며 소통이 잘되고 상봉, 자손이 번창한다. 학생이 관성이 길할 때 모범생이며 뚜렷한 목표를 향해 전진한다. 일찍 관이 들어오면 조숙하고 철이 일찍 들게 되며 머리가 좋으며 외우는 것을 잘하며 결단력이 있다. 여성은 관성이 길운일 때는 여걸적인 기질이 있으며 가정과 직장 일을 병행하게 된다.

② 관성이 흉운일 때

관성이 흉하면 투쟁, 폭력, 시비, 관재수, 살상, 건강 악화, 단명, 재난, 이별, 구설, 좌천, 신용과 명예 실추, 파산, 자손에게 불행한 일이 발생한다. 원칙주의이며 융통성이 없고 자기 자신에 관대하지 않고 낙천적이지 못하고 즐기지를 못하며 계획적으로 살다 보니 모험을 좋아하지 않고 실행력이 부족하다. 신약하면 스트레스가 많고 부담감으로 인한 정신적인 건강과 과로사를 주의해야 한다. 정편관이 혼잡되면 배우자나 직업상 변동이 있다.

③ 관성운이 올 때

관성운이 오면 가족간의 책임감이 생기며 직장에서 성실하게 일하며 사업하다가 반듯한 직장을 다닐 수 있기도 한다. 책임감이 강해져 과로하니 건강을 신경써야 한다.

학생은 모범생이 되거나 철이 들어 조숙해지며 책임감이 생기므로 스트레스가 동반된다. 또한 열심히 성실하게 목표를 향해서 공부하게 되므로 건강은 살펴야 한다.

관성이 강할 때 관성이 또 오면 건강을 해치게 되고 재물과 가정이 약해져 흩어진다.

신약한 명조는 조심하여야 하고 신강할 때는 업무 부담감과 잘하여야 한다는 압박감이 생긴다.

④ 무관성

관성은 나를 극하는 것인데 무관성이 되면 비겁이 날뛰어 통제가 되지 못하거나 통제받기 싫어하므로 충동적, 폭력적, 폭발적, 욱하기도 하며 어디로 튈지 모르며 책임감이 약하다.

무관성은 통제나 제어가 되지 않으니 군중심리에 휩쓸리고 영웅 기질이 있어 소통이 안 된다. 특히 관이 없는데 재생관할 때는 재성이 문제가 되니 탈재나 손재 등의 문제가 생긴다.

무관성은 재성인 일과 재물, 활동, 건강 문제, 탈재, 손재, 배우자의 문제인 이혼, 파혼, 관재수가 생기게 된다. 무관성은 비겁대운에 재산 다툼이 있다.

무관성은 통제받기를 싫어하니 천간에 식재라도 있어야 한다. 수는 되도록 지지에 있는게 낫고 화는 천간에 있는게 좋다.

무관성은 지장간에라도 재가 있거나 재운으로 가면 관이 있는 것으로 간주한다. 그러나 식상이나 비견운으로 가면 관이 약해지니 없는 것과 같다.

남자가 무재성이면 무관성인 여자를, 여자가 무관성인 경우 무재성인 남자를 만나게 되기 쉽다. 무재성이나 무관성인 사람은 배우자 덕을 기대하지 않는 것이 낫다.

여자가 무관성인 경우 남편이 병약하거나 무능력하거나 사고를 치거나 사별하거나 헤어질 수 있다. 서로 상대방을 무시하거나 배려하지 않고 헤어지고 다른 이를 만나도 좋지 않은 경우가 더러 있다. 또한 무관이고 신왕하면 저돌적이거나 자신만만하거나 콧대가 높고 천방지축인 경우가 많고 남자의 유혹에 넘어가기도 한다.

남자가 무관성인 경우 무책임하거나 능력이 없으며 똑똑하여도 명예가 약하고 노력하려 하지 않고 남에게 대접받기를 원하며 게으른 경우가 많다. 무관인 경우 재물과 여자를 지키지 못하게 되기도 한다.

⑤ 다관성

다관성은 일간과 비겁이 다치게 되므로 자립심과 주체성이 약하여 남의 말에 쉽게 흔들리고 위축되며 남에게 의지하고 싶어진다. 관인상생이 되지 않고 인성이 잘못되면 재생살이 되니 피해의식이 강하고 스트레스, 구타, 폭력, 강간을 당하기도 한다.

다관성은 위축, 긴장, 소극적, 주관이 약하고 나약하니 비겁이 약하여 형제나 가족, 동료애가 약하다.

다관성은 비견과 재성이 도기되니 재성의 특성인 현실감각이 약하다.

다관성이 재성이 강하면 재생살로 인해 사고나 질병으로 인해 죽을 수도 있다. 재성이 도기당하면 현실적으로 안정이 안 되고 죽도록 일만 하고 욕만 얻어먹고 결과는 약하다. 또한 살 만하면 질병이 생겨 건강으로 인해 힘들 수도 있다.

⑥ 관성이 혼잡되거나 편중되었을 때

정관은 길하고 편관은 흉하다고 해석하면 안 된다. 일간이 약할 경우에는 정관도 흉이 될 수 있고 정관도 과다하면 칠살이 되기도 한다. 또한 일간이 왕하고 관을 제극하면 편관도 길이 되기도 한다. 편관만 있고 정관이 없는 경우는 편관운에 의해 살이 되기도 한다.

관살이 태과하면 조상 덕이나 부모 덕이 약하고 가난하거나 사랑을 받지 못하고 자란다. 또한 항상 긴장되게 살아야 하며 정신적으로 힘들며 질병이 있거나 건강이 약하다. 관은 나에게 주어진 일이라 일복이 많아 쉴 겨를도 없이 긴장하며 살게 된다. 사업은 실패하거나 재물로 인해 오히려 화를 당할 수 있다.

남자는 처가 악처이거나 무능하거나 하며 처로 인해 관재가 생기며 자손이 약하여 자식 낳고 하는 일이 안 되거나 망하거나 아들이 없는 경우도 있다. 재는 재생살이 되어 살을 더욱 강하게 하므로 처로 인해 괴롭힘을 당하기 때문이다. 관성인 자식도 강하여 일간을 극하므로 자식을 낳은 후 자식으로 인해 힘들게 된다. 남자가 관격이면 사회생활을 열심히 하며 가정에 재물을 열심히 벌어다 주지만 바람을 피울 수 있고 배우자에게 잘하지 못한다.

여자는 결혼 전에 부모한테 맞거나 엄하게 자라고 눈치를 많이 보며 자신감이 약하며 병약하다. 또한 결혼 후는 남편과 시댁 시집살이로 인해 불화가 생겨 하루도 편할 날이 없게 된다. 독신으로 살거나 이혼하거나 상부하거나 여러 번 결혼하게 되며 남자 덕이 약하다. 열심히 일하여도 누명, 배신, 파직, 봉급을 받지 못하거나 위험한 직업을 갖게 되기도 한다. 관재구설과 시비나 송사가 자주 있어 편안하지 못하고 간혹 납치, 스토커, 구금, 성폭력을 당하기도 한다.

학생은 관살이 태과하면 자신감과 독립심이 약하여 의지하려 하고 학업을 중단하게 된다.

⑦ 신왕할 경우

官殺混雜이라든지 去殺留官인 경우에는 다스릴 수 있다. 관살혼잡은 관이 혼잡이 되는 경우이다. 거살유관은 편관인 살이 다른 오행과 합이나 충이 되어 없어지고 정관은 남아 있는 경우이다. 반대로 去官留殺은 정관이 다른 오행과 합거하거나 충이 되어 없어지고 살이 남을 경우이다. 거살유관이 더 좋고 거관유살이 좋지 않다는 것으로 해석하면 안 된다. 또한 칠살이 편관과 다른 것은 제화가 되지 않으므로 일간을 강하게 극을 한다. 칠살을 제화하는 것은 殺印相生과 食傷制殺과 合殺의 세 가지가 있다.

- 살인상생: 재관인 칠살이 강하고 신약한 사주를 인성으로 洩氣하여 일간을 생하게 하는 것이다. 일간의 뿌리가 되고 힘을 얻게 해주어 貪合忘沖 또는 貪生忘剋을 활용하는 것과 같다. 탐합망충은 합을 탐하여 충하는 것을 잊어버리는 것이며, 탐생망극은 생하는 것을 탐하여 극하는 것을 잊어버리는 것이다. 이는 인성의 인덕으로 칠살을 완화시키는 것이다.
- 식상제살: 관살이 혼잡하면 일간의 강약에 상관없이 식상은 관을 극제하여 일간을 도와주게 된다. 합살이나 살인상생이 되지 않을 때 식상으로 제살시켜 일간을 도와주게 된다.
- 합살: 칠살을 다른 오행이 합거하여 칠살이 변하여 힘이 없어져 일간을 극하고 흉하게 하는 것을 못하게 한다.

인월 무자일주에 무식상이며 사주가 습하고 목이 강왕하며 인성이 약하고 관살이 강하다. 갑을목 관살이 혼잡한 명조이며 수대운으로 흐를 때 결혼하면 이혼하게 된다. 결혼하였다가 자녀 출산 후 이혼하였으며 총각과 재혼하여 자녀를 다시 낳았다.

무식상과 무재성이며 관성과다한 명조

관살이 혼잡하고 태왕하며 대운이 서북의 금수운으로 흘러 자유롭지 못하다. 결혼 전에는 부모에게 엄하게 크거나 자유롭지 못하며 배우자나 윗사람 등에게 기가 눌리며 가족에게 매를 맞고 살 수 있다. 결혼하면 배우자가 힘들게 한다. 관살인 금이 강하고 금이 왕한 유월에 신유방국이 있어 식상이 화가 없어 자유롭지 못하고 건강을 챙겨야 한다.

⑧ 관성과 다른 육친이 만났을 때

■ 관성과 비겁이 만났을 때

관성과 비겁이 만나면 직업이나 권위와 명예에 경쟁자가 나타나 합격, 취업, 승진 등에 경쟁을 하여 성취해야 한다. 길하면 무거운 짐을 나누어 가지며 마음이 가

벼워지며 이익 분배, 협업, 동업으로 인해 이익이 생기거나 서로 상부상조하게 된다. 주변의 도움으로 인해 입신양명하게 된다. 흉하면 중상, 모략, 관재구설, 자존심이 상하게 되며, 부부간의 갈등으로 가정불화가 생긴다. 여자는 시댁과의 갈등이 생긴다.

■ 관성과 식상이 만났을 때

관성과 식상이 만나면 정부나 공공기관으로부터 계약이 성사되고 명예가 올라가며 기쁜 일이 많게 된다. 가정생활은 부귀영화가 있으며 자식과 가문이 번창한다. 흉이 있어도 길한 것과 같아 지혜로 성공하게 된다. 병이 있는데 약으로 고치게 되는 형국이다. 흉할 때는 명예 손상, 좌천, 불명예 퇴직, 관재수, 법정소송, 구설수, 탈선, 천대받는다. 건강이나 사고 등의 불운이 있고 직업과 부부 애정이 약해지며 채무, 도난, 사기 등을 당할 수 있다. 배우자 외에 외간 사람과 간통을 할 수 있다.

■ 관성과 재성이 만났을 때

관성과 재성이 만나면 부친이나 아내의 내조, 재물이나 유산 상속, 배경으로 매사 순조롭게 살며, 권익, 취업, 진급, 합격, 출세, 명성을 얻게 된다. 여자는 현모양처가 되며 친정의 배경이나 유산이 있고 남편 출세를 돕는다. 귀한 자식도 얻으며 집안이 흥한다. 흉하면 재물로 인한 과욕과 채무로 인한 관재가 있으며 재앙이나 질병이 생긴다. 애인으로 인한 재물 손실과 관성으로 인한 세금이 무겁거나 구설이 생긴다.

■ 관성과 관성이 만났을 때

관성과 관성이 만나면 관공서의 명예나 이득이 있다. 남자는 자녀의 취업과 승진 또는 명예가 있으며, 여자는 남편의 출세와 가정의 영화로움이 있다. 신중하며 책임감이 막중하여 헌신하고 노력하여 집안을 편안하게 하려 한다. 흉하면 관공서와의 투쟁으로 관재구설, 퇴직, 실패나 건강, 질병 등이 있다. 여자는 애인이나 배우자의 질병, 도박, 외도, 파괴, 폭행, 손실 등으로 가정 파탄의 위기가 있다. 갈등의 연속으로 점입가경으로 힘들게 되기도 한다.

■ 관성과 인성이 만났을 때

관성과 인성이 만나면 시험 합격, 진급, 표창, 권익, 매매 거래로 인한 이득이 있고 가문의 영달이 있다. 좋은 직장과 직위에 있으며 귀인의 도움으로 공을 세우게 되고 관의 힘든 일을 헤쳐 나간다. 흉하면 갑작스러운 퇴직, 모함, 배신, 진급의 누락, 명예 추락, 재산의 손실, 속임수를 당하여 법정시비가 생기게 된다. 여자는 남편이나 애인의 배신과 가정적으로 위기가 생긴다.

6.

印星

十天干과 十二支의 印星										
五行		木		火		土		金		水
나(我)		甲	乙	丙	丁	戊	己	庚	辛	壬	癸
天干	偏印	壬	癸	甲	乙	丙	丁	戊	己	庚	辛
天干	正印	癸	壬	乙	甲	丁	丙	己	戊	辛	庚
地支	偏印	亥	子	寅	卯	巳	午	辰戌	丑未	申	酉
地支	正印	子	亥	卯	寅	午	巳	丑未	辰戌	酉	申
男	偏印	모, 계모, 이모, 조부, 외삼촌, 외손녀, 장인, 윗사람, 상급자									
男	正印	모, 장인, 외손자, 상급자, 윗사람									
女	偏印	모, 조부, 계모, 이모, 외삼촌, 조부, 손자, 사위, 시할머니, 윗사람, 상급자									
女	正印	모, 사위, 손자, 손녀, 상급자, 윗사람									

인성은 일간을 생하며 일간과 오행이 다르며 일간이 가장 좋아하는 것이며 차로 비유하면 브레이크와 같다. 인성이란 印綬라고도 하며, 섭리, 진리, 사물의 본체, 도장, 자격, 실력, 지혜, 결재권, 부모나 윗사람, 어머니, 집, 고향, 조상, 스승, 성직자, 공부, 문서, 자비, 귀인, 덕, 태양, 물, 불, 신, 공기, 대지, 미래 계획이다. 인성이 강하면 교육을 제대로 받아 총명하여 공부를 잘하거나 계약 성사가 쉽다. 그러나 약하면 교육을 받지 못해 능력과 기능을 발휘하지 못하게 되며 계획도 약하다. 인성이 없으면 엄마가 없는 것이니 보호가 안 된다.

살인상생이 되면 조직에 적합한 능력을 발휘하며, 印比가 없으면 개인적 능력을 발휘한다. 길하면 지혜가 필요하거나 실력을 인정받고 승진하거나 자격이 되고 편안하게 재물을 버는 것이나 재성은 뛰어다니며 재물을 번다.

관과 인성, 인성과 관은 서로 짝이며 연애나 결혼 여부를 판단할 수 있다.

음간은 인성이 강하면 좋지 않고 실질적 편인은 음간이 100% 偏印倒食이 된다. 음간의 편인은 좋아하는 것을 다 죽이게 되며 편인도식이 되면 식상이 약해지니 우울하거나 연애가 잘 안된다. 음간은 인성을 도와주는 운이 오면 좋지 않으며 편인이 과다하면 남편과 자식이 약하고 신경 쓰인다.

음간일주를 여자에 비유하자면, 식상을 좋아하며 편인을 싫어하며 여자는 특히 돈인 재성을 더 좋아하므로 인성을 싫어한다. 음간은 인성을 좋아하지 않고 재성을 더 좋아한다. 여자는 인수가 많으면 잠자리를 싫어하고 흥미가 없으며 그것은 식상을 극하기 때문이거나 식상이 잘 발달되지 않아서이다. 음간의 인성은 乙-壬, 丁-甲, 癸-庚, 己-丙丁, 辛-戊己이며 인성을 싫어한다.

양간은 음간과 다르므로 편인도식이 잘 되지 않는다. 남자에 비유하는 양간은 재성인 돈을 좋아하므로 부인이나 여자가 있어야 한다. 양간의 편인은 최고 길하며 생지로 이루어지며 감당할 수 있다. 예를 들어 甲木이 亥水 편인을 보면 길하다. 乙木이 子水 편인을 보면 흉하며 자월이면 집안에 의식주가 약하여 가난하다. 만약 甲木이 子月은 욕지이니 옷을 벗어야 하나 병화가 있으면 괜찮으나 바람이 날 수도 있다.

인성이 없는 사람은 배우자를 구할 때 착하고 좋은 사람보다 재물이 있는 사람하고 결혼하며 결혼 후 남편이 무능해지거나 재물이 없어지면 반드시 이혼하게 된다. 재물이 없는 사람과 잘 결혼하지 않는다.

(1) 偏印

음양이 같고 오행이 다르며 일간을 생한다. 편인은 이별, 질병, 위선, 파직, 실직, 사기 등을 뜻한다. 편인은 도식이나 효신이라고도 한다. '倒食'은 배신, 실패, 파직, 부도 등을 의미하며 '밥그릇을 엎는다'라는 뜻이며 겁재를 생하므로 나의 것을 겁탈당하게 된다. '梟神'은 '올빼미의 새'를 뜻하며 밤낮이 바뀌고 자식을 잡아먹고 부모에게 불효를 한다. 계모를 의미하며 두뇌 회전이나 눈치가 빠르고 재주가 많으며 팔방미인이다. 그러나 주로 부모의 의견을 따라 의시력과 주관성이 약하여 자기 자신의 개발에 소홀하고 사교성이 약하고 고독하며 변덕스러울 때가 있다.

직업은 철학, 교육, 역사학자, 정보분석가, 출판, 종교, 언론, 천문, 육영사업, 의약학, 예술가, 작가, 연예인, 예체능, 학원, 사상가, 수집가, 심리학자, 전문 연구원, 보험, 역술인, 가르치는 것, 요리, 기술 등에 종사한다. 또한 한 가지로 치우치는 직업을 한다.

(2) 正印

일간과 음양과 오행이 다르며 일간을 생하며 印綬라고도 한다. 정인은 계획, 근원, 출발과 시작, 학문, 명예, 상식적인 행동, 지식, 재능, 인정, 인성, 문서, 자격증, 종자, 스승, 도장, 인복, 자비심을 의미한다. 인성은 예절과 덕망이 있고 공부를 잘하며 계획성이 있게 행동하며 집중력이 있으며 보수적이다. 그러나 자존심과 자만심이 강하여 기회를 놓치기도 하며 게으를 때도 있다. 친모를 의미하며 육체적인 일보다 두뇌를 쓰는 직업이 좋다.

직업은 지식이나 명예를 나타내거나 상식적인 직업을 한다. 자산운용사, 인허가업, 계약업, 임대업자, 교육, 학자, 작가, 공무원, 정계, 연구가, 발명가, 종교가, 교수, 연극영화, 언론, 연구원, 예술, 자격증업, 학원강사, 디자인, 지혜가 필요한 직업, 방송언론 등이 있다.

① 인성이 길운일 때

인성이 길하면 총명하며 학문적 자질이 있다. 또한 관인상생이 잘되면 교육자, 철학자, 사상가 등이 있으며 학술적, 명예, 사업이 번창하며 건강이 좋아진다. 인정이 있고 귀인을 만나며 인복과 부모와 자식복도 있다.

인성이 있으면 자녀 덕이 있으며 인성과 재성은 반대이므로 재성이 과다하면 식상이 힘을 발휘하지 못하여 자녀 덕이 약하다.

② 인성이 흉운일 때

인성이 흉하면 학문을 싫어하고 문서나 사업을 주의해야 하며 명예가 추락하며 질병을 주의해야 한다. 또한 부모나 자식복이 약하거나 너무 의지하기도 하며 가정에 우환과 근심이 생기며 인복이 약하다. 스스로가 완고하거나 과신하여 매사 결정력이 부족하며 염세적인 성향이 있고 고독하며 실속이 적어 남에게 이용당할 수 있다. 겁재를 생하므로 실직자, 퇴직, 일이 없어지거나 재물이 약하고 도둑을 의미하기도 한다. 질병은 약물중독, 위장, 우울증, 불면증 등이 있다.

③ 인성운이 올 때

중년에 인성운이 오면 집 매매, 문서운, 이사운, 새로운 자격, 운전면허, 시험 합격 등으로 자격을 획득하게 되며 여가, 취미, 종교생활을 의미한다. 또한 다음을 계획하며 직장을 옮기려고도 한다. 흉하면 문서계약으로 인해 흉해지거나 부모님이나 자녀에게 문제가 생기고 건강에 이상이 생긴다.
청소년은 목표를 세워 공부하게 되어 시험 합격과 자격을 획득한다.

④ 무인성

무인성은 직장의 업무나 자리 불만이 많고 더 좋은 데 가고 싶어 하며 배운 것만큼 인정을 못 받는다.
무인성은 관이 약하여 관성이 갈 곳이 없어지거나 공인된 자리가 나오지 않는다. 자격, 실력, 도장, 인정, 인복 등이 없으며 후원이나 지지가 없어 불안하다.
관이 강하려면 인성이 있어야 하며 그래야 윗사람의 인정이나 사랑을 받게 된다. 무인성은 관인상생이 안 되어 관이 불안정하고 오래 있지 못하게 되며 사랑받지 못한다.

인성이 없으면 인극식이 안 되어 식상이 강해지고 인성이 약해지므로 생각이 건방지고 싸가지가 없다. 또한 대책 없이 즉흥적으로 행동하거나 통제를 하지 못하니 무계획성이며 원칙이 없다. 무인성이고 식상이 강해지면 아는 것이 많은 것처럼 보일 수 있으나 남들이 처음에는 말을 잘하니 인정하나 시간이 지날수록 자격과 실력이 약하거나 없는 것이 드러나 남들이 인정하지 않는다.

⑤ 다인성

다인성은 배우기는 많이 하나 계획은 많고 실력이 부족하여 배운 것을 제대로 활용을 못 하여 불안하다. 관이 인성을 생해 주니 인성이 더 커져 오히려 관인 직장과 배우자 등에 대한 표현과 행동에 문제가 생긴다.

다인성은 인극식으로 식상이 다친다. 식상은 하고 싶은 말과 실력을 표현하고 행동하는 데 문제가 생기며 비현실적이다. 또한 식상은 질병과 자녀가 일이 잘 풀리지 않거나 신경 쓰이는 일이 많다.

다인성은 관성이 도기당하니 항상 직업이나 일에 불만이 많다. 또한 이론적으로 잘 따지며 생각이 많고 공상과 잡념이 많다.

⑥ 인성이 혼잡되거나 편중되었을 때

인성이 태과하거나 편중되면 식재관이 약해져 명예 체면으로 조선시대 선비 같은 성향으로 안일하고 게으르거나 고집을 피워 실리적이지 못하다. 오히려 배운 만큼 활용하지 못하고 공부가 독이 되고 자존심이 강하여 자기본위적이며 나태하여 독신이거나 종교인이 더러 있다. 관의 책임감이 없으므로 직장을 자주 바꾸거나 무직일 경우도 있다.

정인이 태과하면 편인과 같으며 편인이라도 태과하지 않고 제화가 되면 정인과 같다.

식상이 도식되거나 태과된 인성은 식상을 극하고 倒食, 破了傷官, 傷官傷盡이 된다. 또한 성격이 까다롭거나 자신의 속마음은 비추지 않고 잘난 체를 하거나 튀려고 하며 사람들과의 불화가 잘 생긴다. 그리고 시작과 계획은 잘하고 이론은 있으나 실천이나 행동력이 약하다.

인성이 태과하면 남에게 아쉬운 소리를 못 하고 군림하는 스타일이므로 서비스업은 하지 않는 것이 낫다. 또한 남 밑에서 일하는 것을 힘들어하기 때문에 복지계통의 서비스업은 괜찮다.

인성이 편중되면 어머니가 가권을 쥐어 생계를 책임지고 아버지는 무능력하거나 일찍 돌아가시거나 계모나 편모가 있거나 배다른 형제가 있을 수 있다.

인성은 관을 댕기므로 인성이 과다하면 관이 약해질 수밖에 없다.

여자가 인성이 태과하면 식상을 극하므로 출산이 어렵거나 딸을 낳게 되는 경우가 많다. 태과한 인성은 관성을 도기하므로 남편과 불화가 있게 된다. 또한 게으르기도 하고 친정으로 인해 걱정을 많이 하게 되거나 친정이 간섭하거나 친정어머니를 모시고 살게 된다.

남자 인성이 편중되면 인성이 관성의 기운을 도기하여 자녀를 늦게 두거나 절손되거나 한다. 처와도 불화하며 마마보이가 될 수 있으며 첩이나 애인을 좋아하게 된다.

인성이 태과한 경우 사업을 하면 안 되는데도 불구하고 사업을 할 경우 무리하게 사업을 확장하면 안 된다. 또한 보증이나 서류나 문서에 도장을 찍을 때 신중하고 주의해야 한다.

正偏印이 혼잡한 명조

3011의 명조는 정편인이 혼잡하여 금이 강한 화대운으로 흘러 부모가 이혼 후 아버지는 재혼하였고 배다른 형제가 있으며 어릴 때부터 할머니한테 자랐다. 정편인이 혼잡하여 전공하고 다른 일을 하려 한다.

⑦ 인성과 다른 육친이 만날 때

■ 인성과 비견이 만날 때

인성과 비견이 만나면 문서나 매매나 유산 등의 혜택은 있지만 서로 나눠 가져야 한다. 시험과 승진 등에 있어 경쟁자가 많다. 형제자매나 이복형제와 재산 다툼 등이 있고 직장에서는 명예추락과 문서의 손실 등이 있다. 부부애정과 질병으로 인해 건강이 약해질 수 있다. 학업자는 친구가 생겨 학업을 소홀히 하고 사업자는 친한 사람에게 배신, 도난, 재물손괴, 사업손실 등을 당할 수 있다.

■ 인성과 식상이 만났을 때

인성과 식상이 만나면 두뇌를 잘 회전하며 학문을 익혀 실용적으로 활용할 수 있다. 모든 게 순탄하며 새로운 사고와 진리 탐구로 활용하게 된다. 자녀에게 사랑을 주며 잘 자라도록 도와주게 된다. 인격을 수양하여 주변에 인복이 넘쳐나 즐거운 일이 많다. 교육, 문화, 예체능에 잘 어울린다. 흉하면 주변의 방해로 권익에 불이익, 도난, 배신, 사기꾼 조심, 악담, 신용불량 등으로 주변의 사람을 조심해야 한다.

■ 인성과 재성이 만났을 때

인성과 재성이 만나면 선조나 부모의 유산이나 횡재수가 생기며 공익에 의한 문서상의 권익을 실용화하여 재산의 이익이 생긴다. 가정적으로 화합하며 기쁨이 따른다. 신용과 양심을 지켜 노력함으로써 재산의 이득을 취한다. 흉하면 양심과 욕심으로 인한 갈등과 고부간의 갈등으로 가정불화를 경험하며 재산과 거래에 있어 시비가 생긴다. 수입은 있으나 궁핍하며 소비가 심하고 편법이나 불법으로 인한 손괴가 있으며 사기를 당하거나 노력에 비해 결과가 허무하다.

■ 인성과 관성이 만났을 때

인성과 관성이 만나 길하면 시험 합격의 명예를 얻고 합법적이고 공적인 권익으로 이득을 취하게 된다. 부모의 혜택으로 공부를 하고 사랑을 받으며 시험에 합격하여 중책을 잘 완수하게 된다. 전화위복으로 어려운 일에도 윗사람의 도움을 받아 해결이 잘 된다. 흉하면 관공서와의 손해로 인해 피해를 입고 함정에 빠지고 배신을 당하며 명예나 문서의 몰락을 가져온다. 가정적으로 남편의 구타나 주색과 도박이 있어 불화를 겪어 자식도 힘들어진다.

■ 인성과 인성이 만났을 때

인성과 인성이 만나 길하면 부모의 유산, 문서의 이득, 권익의 성취, 매매 거래의 이득이 있으며 윗사람 또는 사람들과의 관계가 길하며 활기가 있다. 한 가지를 파고들면 학문적 성과는 있다. 흉하면 대중과의 교류 상실, 고집불통, 고독, 불안, 신경성, 불면증, 질병, 심신혼돈, 기능, 편협성 교육, 비실속적이며 감언이설에 주의해야 한다.

7.

4吉神과 4凶神

십성의 성격은 월지의 육신을 파악하고 격국과 희기신과 편중되는가, 그리고 혼잡과 중화의 여부와 일간의 강약과 특성을 통하여 파악할 수 있다. 십성은 4길신과 4흉신으로 분류하며 다음과 같다.

(1) 4길신(財官印食): 식신, 재성, 정관, 정인

① 4길신

- 食神: 즐거움과 자녀운과 건강운
- 財星: 재물과 활동
- 正官: 바르고 성실함, 직장운
- 正印: 계약이나 문서, 부모나 윗사람, 인덕과 공부

② 4吉神의 역할

- 무엇을 생한다. 식신생재를 한다. 재생관을 한다. 관생인을 한다. 겁재는 상관을,

상관은 편재를, 편재는 칠살을, 칠살은 편인을 생한다.

- 무엇을 洩한다. 과한 기운을 빼내어 보호를 하고 쓸모 있게 한다.
- 무엇을 剋制한다. 식신은 편관을 극한다. 정재는 정인을 극한다. 정관은 겁재를 극한다. 정인은 상관을 극한다.

(2) 4흉신(殺傷梟印): 상관, 편관, 편인, 양인

① 4흉신

- 傷官: 官을 극하며 관재수와 불법
- 七殺: 목숨과 건강을 위협, 신병, 명예를 취득, 국회의원, 권력
- 偏印: 밤에 활동하며 건강을 주의해야 하며 효신살이라 한다.
- 羊刃: 양인은 재물이나 여자에 관해 문제가 생긴다.

② 4흉신의 역할

- 무엇(길성)을 파극하므로 좋지 않다. 상관은 정관을 파극하고, 살(관성)은 나(일간)를 파극하고, 양인은 정재를 파극하고, 편인은 식신을 파극한다.
- 무엇을 盜氣한다. 탈진시켜 사용하지 못하게 한다.

(3) 기타

편재는 예전에 흉신으로 하였으나 현대에는 길신으로 간주한다. 양인은 양간일주는 왕지이며 음간일주는 기존 십이운성으로 관대지가 된다.

식신은 복덕을 다 갖췄고 인성은 덕을 갖췄고 재성은 복을 갖췄다.

식신이 하늘에 있으면 자식을 생각만 하고 지지에 있으면 현실적으로 자식을 사랑한다. 재관이 강한 사람은 조건을 따져 결혼한다. 재관이 있더라도 죽어 있거나 약하면 조건을 따지지 못한다.

인성이 없으면 엄마가 없는 것이니 보호가 안 된다.

재관인식월이면 害가 없다. 해가 없다는 것은 4길신이면 일이 잘되고 안되고를 떠나서 사건 사고가 잘 생기지 않는다.

따라서 오행과 십성은 골고루 분포되어야 균형을 이루며 흉이 없게 되는 것이다. '太過卽不及'은 너무 太旺하고 지나치면 오히려 없거나 모자라는 것과 같다는 말이다. 또한 자식이 많아도 없는 것과 같은 多者無者와 같은 의미이다. 이것은 돈이 없으면 없는 대로 고민하고 재산이 많아도 그것을 지키기 위해 고민하는 경우와 같다.

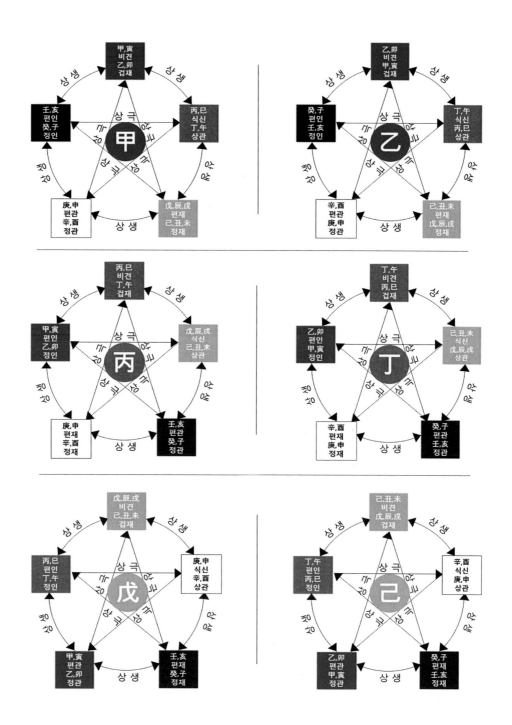

木火土의 相生相剋

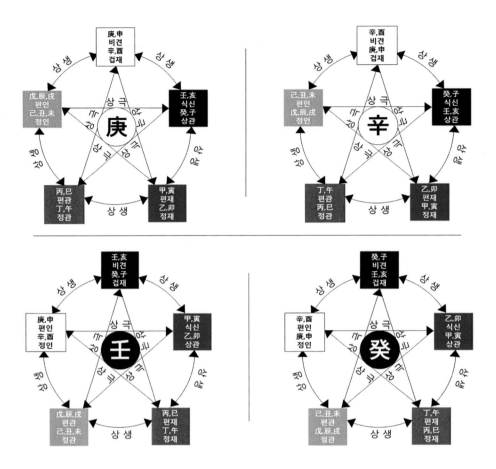

金水의 相生相剋

III

刑沖會合

1.

합이란

합이란 음양오행 중 서로 다른 오행의 간지와 음양이 서로 만나 결합하여 기존의 오행을 버리고 다른 오행으로 변하여 생성이 되는 것이므로 결혼하는 것과 비유할 수 있다. 합은 만나고 묶이고 합거한다는 의미이며 목적을 이루기 위한 것이며 다른 간지와의 조화를 보고 판단해야 한다. 기존의 오행이 합을 하여 다른 오행으로 변화한 것을 合化五行과 化氣五行이라 한다.

합이란, 오행이 각기 다른 천간끼리 또는 지지끼리 뭉치는 것이며 종류는 天干合과 地支合이 있으며 지지합으로 六合, 三合, 方合 등이 있다. 그 외에 천간과 지지의 암합과 지지끼리와의 암합이 있으며 그것을 暗合, 明合, 近合, 遠合, 眞合, 假合, 爭合, 妬合 등이라 한다. 천간은 합을 힘들어하고 지지는 沖刑破害를 두려워한다.

명조에 합하여 純靑한 기이면 너그럽고 공명정대하며 품위와 기개가 있어 사람들로부터 존경을 받고 명예가 있다. 그러나 합한 오행이 混濁하고 無氣하면 굽히거나 타협하지 못하여 오히려 결단력이 부족할 수 있다.

명조에 합이 있으면 사교적이나 합이 많으면 오히려 정에 약해 냉정하지 못하여 끊고 맺음을 하지 못하여 흉한 일이 많다. 합은 사랑이며 연애를 의미하며 아끼는 것이며 좋아하는 것과 달래는 것과 칭찬하는 것과 보고 싶은 것이다. 충은 극하고 충돌하고 반대하고 따지고 때리고 미워하고 부정하는 것이다.

天干合

천간합은 음양의 합과 정신적인 합이며 愛情之合, 陰陽之合, 夫婦之合, 有情之合 이라고 한다. 천간합은 德合이라고도 하며 남녀가 짝을 이루어 한 쌍이 되는 것을 의미하며 육신으로는 정재와 정관과 주로 합하게 된다. 또한 밖으로 실제적으로 드러나며 시작과 정도를 나타내며 지지합보다 크게 일어나는 경우가 많다.

(1) 天干合

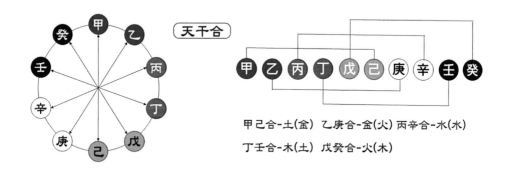

甲己合-土(金) 乙庚合-金(火) 丙辛合-水(水)
丁壬合-木(土) 戊癸合-火(木)

천간에는 甲丙戊庚壬의 양간과 乙丁己辛癸의 음간이 각 다섯 개가 있다. 천간의 합은 양간으로부터 여섯 번째인 천간인 음간과 합하는 것이다. 또한 일간과 財, 官 이 합하게 된다. 양간은 음간과 음간은 양간과 합하여 하나가 되며 각기 다른 변화 를 일으킨다.

천간은 움직이며 드러나는 것이고 정신적이며 사회성을 알 수 있으며 천간합이 중요하게 작용을 한다. 용희신이 천간합이 되면 흉이 되고 흉신이 천간합이 되면 오히려 흉한 가운데 길한 일이 발생하는 것이다. 천간이 변하면 실질적인 것이며 합하면 결과가 나오는 것이다.

천간합은 다섯 가지 종류가 있다. 천간합 중 예를 들어 갑기합하여 화할 때 갑목과 기토의 입장이 서로 다르다. 천간합은 양간과 음간의 합인데 양간은 묶여서 옴짝달싹 못하고 활동력이 없어지고 순해지고 약해져 양간의 특성이 드러나지 않고 변질된다. 그러나 음간은 양간과 합하면 양간을 활용하여 적극적으로 역량을 드러내어 발전시키는 특성이 있다.

천간합은 年月干이 습하고, 月日干이 합하고, 日時干이 가까이에서 합을 하면 합력이 크게 작용을 한다. 年時干 혹은 月時干의 합은 떨어져 합력이 약하게 작용을 한다. 쟁합은 하나의 음간과 두 개의 양간이 합하는 것이며 투합은 두 개의 음간과 하나의 양간이 합하는 것이다.

천간합을 볼 때, 일간의 경우 합이 되더라도 애정지합으로 서로 끈끈한 작용만 할 뿐 어지간해서는 다른 오행으로 변하지 않는다. 천간합이 합하여 변하는 모습을 파악하려면 기와 질로 구분해 보아야 한다. 즉, 기는 정신적인 측면으로 생각하고 질은 물질과 세력적인 측면으로 나누어 생각한다. 합화해서 생기는 오행이 만약 재라면 실제로 물질적인 재산이나 현금 수입이 생기는 것이 아니라 재를 생산하기 위한 계획이나 활동으로 나타나는 것이 대부분이다. 예를 들어 甲己合하여 토인 재가 생기는 것이 아니라 재물을 만들기 위해 활동하는 것이다. 즉, 재의 氣는 생겨도 어지간해서 실질적인 질로 변화하여 나타나지 않는다. 그러나 천간합은 천간의 변화를 주도하는 것으로 그 사람의 사회적인 변화와 위치에 큰 영향을 끼친다. 즉, 직업적인 측면에서 일의 성패 여부를 파악하고 사업이나 직장에 관한 변동 등을 알 수 있다. 또한 사회적인 활동에서 선거의 당선 여부나 시험의 합격 여부나 대인관계나 정신적인 변화 등을 알 수 있다.

천간합은 사주팔자 원국과 행운에서 합일 경우 천간과 지지 등의 주변 상황을 두루 살펴서 변화의 추이를 보아야 한다. 즉, 합이 투합인지 쟁합인지 가까이 합하는지와 멀리 합하는지와 합을 방해하는 것의 유무를 살핀다. 지지합은 월령을 우선 파악한 후 생왕묘의 작용을 보며 지장간의 투출 여부를 판단해야 한다.

쟁합은 합이 잘 이루어지지 않으며 일이 지체되거나 삼각관계에 휘말리거나 망설이고 갈등하면서 이러지도 저러지도 못하거나 사건이 발생한다. 투합은 질투하고 시기하면서 합이 된다. 투합과 쟁합은 멀리보다 가까운 곳에 마음이 간다.

천간합은 음간보다 양간의 활용력이 떨어진다. 양간은 음간에 묶여 변질되어 좋지 않으므로 양일간의 합은 꺼린다.

合化는 천간이 합을 하여 기존의 오행이 아닌 다른 오행으로 변하는 것이다. 이때 眞化나 假化가 있어 합이 될 때도 있고 안 될 때도 있다. 합화한 오행이 통근되거나 뿌리가 있으면 합화가 되며, 극을 받으면 다른 오행으로 변화하지 않는다. 합화한 오행이 통근되지 않으면 합화가 되지 않는다.

음과 양이 배합하는 것이 합이다. 음일주가 을경합과 정임합인 관하고 합을 하므로 억압을 당하니 눈치를 보며 쓸데없는 일을 하기도 한다. 양일주가 무계합과 병신합으로 재성과 합을 하는 경우는 처가 놓아주지 않으므로 자유가 없다. 양간은 합하면 자유가 없고 음간은 합하면 눈치를 보고 산다.

사묘지인 辰戌丑未月에서 생하여야 甲己合은 土로 合化한다. 그러나 금의 결과를 얻으려 한다.

乙庚合은 삼합하여 金局이나 金이 되는 巳, 酉, 丑, 申月에 生하여야 金으로 합화한다. 그러나 화의 결과를 얻으려 한다.

丙辛合은 삼합하여 水局이나 水가 되는 申, 子, 辰, 亥월에 生하여야 水로 合化한다. 또한 수의 결과를 얻으려 한다.

丁壬合은 삼합하여 木局이나 木이 되는 亥, 卯, 未, 寅월에 生하여야 木으로 合化한다. 그러나 토의 결과를 얻으려 한다.

戊癸合은 삼합하여 火局이나 火가 되는 寅, 午, 戌, 巳월에 生하여야 火로 合化한다. 그러나 목의 결과를 얻으려 한다.

재산을 보는 것은 甲己合과 乙庚合이며 생명이 싹트고 썩는 것이며 윤리적인 것을 보는 것은 丙辛合과 丁壬合이다.

① 甲己合-中正之合-土-金

■ 甲己合

갑기합은 토가 되며 중정지합이라고 하며 60갑자의 일간과 대운과 세운을 정할 때 적용을 한다.

甲은 양목이며 우두머리의 기질과 착하고 인자하며, 기토는 음토이며 정직하고 순박하여 포용하며 만물을 기르고 덕이 있으며 인정이 많다.

甲木은 열매 맺기 위해 성장하는 것이나 기토로 합하면 쓰러진 나무가 되거나 썩어서 거름이나 흙이 된다. 토로 변하여 신의가 생기나 토극수로 인하여 수의 지혜가 약해진다. 정이 있어 마음이 너그러우나 타인과 분명한 관계가 약하며 결단력이 부족하거나 적극성이 없다.

갑기합은 흉하면 논바닥에 자빠진 나무로 동량목이나 대림목의 위엄이나 꿋꿋함은 사라지고 농작물인 과일이나 배로 변한 것과 같다. 즉, 갑목이 기토에 묶여 갑목의 고유한 특성인 뻗어 올라 숫구치려는 기질과 생명력이 약해져 토의 기질에 끌려다니며 눈치를 보게 된다. 갑목인 양목의 기질인 앞장서고 솔선수범하는 기질이 나타나지 않고 변하여 토인 재성의 질적인 면만 나타나 꿍하고 답답한 면을 보인다.

합화한 오행이 인묘진월 목왕지절에 태어나 갑목의 지지가 근과 세력이 탄탄하여 득령한 것이냐 실령한 것이냐에 따라 완연히 다르게 나타나므로 주변을 잘 살펴야 한다.

십천간의 일간이 갑기합이 있을 경우와 대운과 세운에서 올 경우가 다 다르게 나타나므로 적용도 각기 다르다.

■ 己甲合

己일간이 甲己合하면 기토가 갑인 정관과 합을 하니 길할 때는 타인과의 관계가 좋고 정도로만 간다. 그러나 흉할 때는 자존심이 너무 강하여 타인과의 관계가 약해져 신용을 잃게 된다.

갑목은 기토가 정재이며 기토는 정관이므로 남녀가 서로 끌어안고 좋아하고 있는 모습으로 서로 극하는 관계이나 합을 하고 있다.

기토의 기갑합은 갑목으로 정원을 아름답게 만들며 목적을 실행하는 수단과 방법이 되므로 사회적인 활동이 좋아지고 유정지합으로 기토가 리더나 지도자가 된다. 기토가 갑목을 통제하고 간섭하나 갑목이 기토를 통제하고 간섭하는 것이 아니다.

기갑합이 길할 때, 합을 방해하는 을목과 기토와 경금이 좋지 않고 辛金은 조금 타격이 있다. 을목은 기토를 극하니 좋지 않고 기토가 오면 갑목을 가로채 가니 좋지 않고 경금은 갑목을 충하니 좋지 않다. 천간 辛金은 갑목을 충하지 못한다. 갑목 나무의 관성이 잘못되면 재성인 수까지 문제가 생긴다. 기갑이 있을 때 병화가 있어야 땅도 따뜻해지고 곡식이나 나무가 잘 자라니 대운과 세운에서 병화가 올 때 길하다.

② 乙庚合-仁義之合-金-火

■ 乙庚合

을경합은 금이 되며 인의지합 또는 풍월지합이라 하며 풍류적이고 감성적이므로 겉보기는 쌀쌀하고 차갑게 보여도 부드럽고 속정이 많다.

乙은 음목이며 꽃으로 표현하며 어질고 인자하나 유약하고, 庚은 양금이며 쇠나 서리로 표현하며 강인하여 굽히지 않는 성정을 가진다.

을목의 꽃이 쇠나 서리에 비유하는 경금에게 감겨 시들고 경금은 을목에 녹슬게 되어 좋지 않다.

을경합이 있고 명조가 좋고 조화를 이루면 강함의 의리와 부드러움의 인자함이 합하여 과감하고 강직하다. 또한 옳은 판단력으로 진퇴가 분명하고 용모가 단정하고 선남선녀가 대체로 많다.

명조가 약하고 편중하고 합화하여 약하면 천박하거나 도덕성이 부족하고 합을 하여 색정에 빠지기 쉽다. 또한 옳고 그름의 판단력이 약하며 극단적이거나 독불장군이 되거나 남을 하시하게 된다.

을일간이 을경합하면 금으로 변하여 약하면 인자함과 부드러움이 부족하여 인간관계에서 부딪히게 된다.

을일간에 경금이 합하는 경우 강한 경금을 을목의 부드러움으로 제압하며 합이 길하면 명석하고 강한 것을 나의 것으로 만드는 저력과 강한 생명력과 끈기가 있다. 강한 것을 약한 것이 이기므로 남자는 여자 하기 나름이다.

을경합은 합화하여 금이나 명조 원국이나 대운과 세운에서 실제적으로는 화의 작용이 주로 일어난다.

을경합은 마치 어린 소녀나 아름다운 꽃들을 좋아하는 건장한 장수의 모습으로 육체는 단단하고 이성적인 것 같으나 마음은 감성적이고 부드러움으로 나타난다.

■ 庚乙合

경을합은 유일하게 천간합 중 양간의 기운인 금으로 변하나 경금이 가진 결단력과 양인적인 성향이나 이성적인 성향이 무뎌져 변하여 감성적이 된다.

경일간이 을경합하면 금으로 변하여 의리가 있어 보이지만 자비심과 인간미가 약하고 냉정하다. 성격이 강하여 용감하고 과감하기도 하지만 지혜가 부족하다.

경을합은 양간의 기운이 있어 자기 주장은 하나 현실적인 것과 판단력이 흐려지기도 하나 유금이 있으면 경금의 고유한 성질이 있다.

③ 丙辛合-威嚴之合-水-水

■ 丙辛合

병신합은 수가 되며 위엄지합이라고 하며 60갑자의 일간과 대운과 세운을 정할 때 적용을 한다. 병화가 酉月에 霜雪이 내려 숙살 기운이 있어 위엄지합이라고도 한다.

병신합은 양 중의 양인 병화가 제 역할을 하지 못하여 작용력이 약해지며 서산에 지는 해와 같다. 병화에는 외모가 빛나고 만물을 비추고 예의가 있고 엄숙함이 있는데 이러한 병화의 좋은 특성이 줄어든다. 또한 辛金의 이기적이거나 냉정하고 살벌하고 날카로우며 깔끔함이 줄어들어 흉하게 된다. 접근하기가 어렵고 주색을 탐하거나 잔인하게 된다. 합수는 해가 뜨는 아침에 풀잎 위에 이슬이 맺혀 물이 되는 것과 같다.

丙일간이 병신합하면 예의를 잃고 멋대로 행동하며 머리가 총명하지만 합수로 인한 지혜나 꾀가 생겨 권모술수에 능할 수도 있다. 병화는 병화의 특성인 양 중의 양이므로 만물을 기르고 남에게 뒤지지 않으려 하고 거침없이 확산하고 매사에 공명정대하고 호탕하고 숨기지 못한다. 그러나 해자축월 병화는 약한 데다가 병신합까지 하면 현실에 얽매여 사사로운 정에 이끌려 세심하거나 이기적이 되어 제 역할을 못한다. 병신합하면 불리한 것은 숨기고 냉소적이며 비굴해진다.

병신합은 명조 원국이나 대운과 세운에서 실제적으로도 수의 작용이 그대로 일어난다.

■ 辛丙合

辛일간이 병신합하면 형제간 우애나 의지력이 약해져 무기력하게 되기도 한다.

辛丙合은 辛金이 병화와 합하는 것이며 음간 중에서 어느 일간보다 더 병화인 양간을 최대한 적극적으로 이용하고 활용한다.

보석인 辛金이 빛나고 아름답게 되므로 최대의 가치를 발휘한다. 庚辛金은 열매를 뜻하므로 합을 하면 辛金이 열매로서 제대로 숙성하여 최대의 맛이 있게 된다.

辛金은 자신을 드러내며 튀고 날카로운 금이 병화를 만나 부드러워진다. 합화하여 생긴 것은 바위의 서리가 끼여 해가 뜨면 물이 녹아 내리는 것이나 하늘의 구름이나 이슬 정도를 뜻하므로 물이 많아지는 것은 아니다.

④ 丁壬合-淫亂之合-木-土

■ 丁壬合

丁일간이 丁壬合하면 머리가 좋고 임기응변이 뛰어나며 변덕이 있거나 신용과 의리가 약하다.

정화는 정임합하면 반짝이는 등대나 빛나는 빛이 되어 잘 활용하나 성격은 대범하지 못하고 급하며 색정과 질투심이 강하며 예민해진다.

임정합과 정임합은 사치나 애교와 정이 많고 감성적이어서 정절을 지키기 힘들며 색을 밝히기도 한다. 배우자와 불화가 있고 늦은 나이 결혼이나 나이 차이가 있는 사람과 결혼하기도 한다.

씨앗인 임수가 정임합을 하면 열이 가해져 싹이 난 감자나 채소와 같아 변질되므로 신경질적이 되어 좋지 않다.

정임합은 명조 원국이나 대운과 세운에서 실제적으로는 금의 작용이 일어난다.

■ 壬丁合

壬丁合은 목이 되나 실질적으로는 토의 쓰임이 있다. 음화인 정화가 밤에 양수인 임수의 정관과 몰래 은밀하게 합하여 음란지합이라고 한다. 정화는 음화이며 별과 등불과 등대에 비유하고, 임수는 양수로써 큰 물과 밤을 의미한다.

정화의 불과 차가운 물이 합하여 따뜻해지고 온기가 생겨 나무를 키우게 된다. 정임합이 사주가 조화로우면 인자하며 자존감과 정신력이 뛰어나며 한 배우자랑 해로하며 貴命이 되기도 한다.

⑤ 戊癸合-無情之合-火-木

■ 戊癸合

무토는 위용이 있고 듬직하여 흔들리지 않는 산이며 계수를 만나 무계합하면 부드러워지기는 하나 포용력이나 당당함이 사라진다.

나이가 많은 남자가 어린 여자에게 반하듯 엉뚱한 생각과 착각을 하여 무지개 같은 환상을 가지나 화려한 순간이 순식간에 사라져 허망해지므로 무정지합이라 한다.

무토는 양토이며 높은 산과 같으며 계수는 음수이며 우로와 같아 차이가 나므로 젊은이와 늙은이가 합한 것과 같다 하여 정이 약하거나 나이 차이가 많이 나는 사람을 만날 수 있다.

무계합인 사주가 편중되면 시작은 잘하지만 마무리가 약하며 정이 없으며 어리석다.

무계합은 산에 비 온 후 무지개가 생긴 것처럼 미모가 출중하고 화려하여 사치할 수도 있다. 늦은 결혼 또는 중매결혼이나 미남미녀와 결혼할 수 있지만 애교는 약하다.

戊일간이 무계합하면 화로 변하여 지혜가 밝아 총명하여 재능이 뛰어나며 정직하다. 겉으로는 다정다감하나 무뚝뚝하기도 하며 무정하기도 하다.

■ 癸戊合

계수와 양간 무토와의 계무합은 계수인 어린 여자가 무토인 나이 많은 남자를 돈으로 보고 좋아하여 이용하므로 계산적이다. 계무합은 음간의 합중 활동력이 가장 약하고 임수가 있으면 혼탁하다. 기존 이론은 합화하여 화가 생기는 것을 별똥별이나 반딧불 정도로 본다. 그러나 합화하여 화가 되지 않고 실질적으로 목으로 본다.

癸일간이 무계합하면 밝은 기운으로 말은 많아지며 활발해지고 활동적이며 자존심과 질투심이 강하며 일의 끝매듭이 약할 수 있다.

⑥ 종합

이상으로 볼 때, 천간합은 合化하려는 오행이 뿌리가 있어 힘이 있거나, 합화의 오행을 극하는 오행이 있으면 합화가 잘 되지 않는다. 그러나 행운에서 합화를 다시 하는 경우가 있으므로 주의 깊게 봐야 한다.

⑦ 雙合(爭合과 妬合)

쌍합은 쟁합과 투합이 있다. 투합을 한자로 鬪合으로 사용하기도 한다. 두 사람이 한 사람을 서로 사랑하여 삼각관계를 이루거나 갈등하고 일에 있어서는 매사 결정을 못 내리고 산만하고 명확하지 못하다. 예를 들면 양간인 두 갑목이 하나의 기토와 합을 하려고 다투는 것이다. 투합은 음간인 두 기토가 양의 갑목을 두고 서로 가지려고 다투는 것이다.

(2) 天干과 地支의 暗合(相合)

① 간지의 상합(암합)

간지에는 12개의 암합(상합)이 있다. 갑오와 기해는 갑기합이 되고, 을사와 경진은 을경합이 되고, 병술과 신사는 병신합이 되고, 정해와 임오와 임술은 정임합이 되고, 무자와 무진과 계사는 무계합이 되는 것이다. 천간에 재성이나 관성이 투간하면 배우자 몰래 바람을 피우게 된다. 이것을 간지의 암합이라고도 부르며 투간하지 않고 행운에서 재성이나 관성이 오더라도 그러하다.

간지의 상합을 自化干合이라고 하며 특히 甲午, 丁亥, 壬午, 戊子, 辛巳는 길할 때는 복록과 부부인연이 유정하고 길하다.

천간과 지지가 같이 합이 되는 것을 天地合德이라고 한다. 또한 君臣慶會之象이나 夫婦相集之象이라 하며 합을 잘하여 끌어들이는 능력이 있다. 예를 들어 경진과 을유의 합이면 을경합과 진유합이 같이 된다. 정묘일주와 임술일주가 나란히 있으면 정임합과 묘술합이 같이 이루어지는 것을 천지합덕이라 한다. 일간만 해당되는 것이 아니라 다른 간지에도 해당하는 六神에 적용한다.

을사일주는 巳중 암장된 병화로 꽃을 피우나 유금이나 축토가 오면 합을 하여 떨어지게 된다. 사화 식상이 관과 합을 하여 배신을 잘하며 사신합하면 결혼을 하게 되거나 흉하면 부족한 사람이나 애인이 다가온다.

② 천지합덕일

천지합덕일은 辛巳, 壬午, 丁亥, 戊子, 甲午, 癸巳이며 천간과 지지가 합하는 일주이다.

③ 5가지 뱀

- 乙巳는 푸른 뱀이며 어린 뱀이므로 실수를 많이 한다.
- 丁巳일주는 괜찮은 일주이며 열정의 뱀이며 여자일 경우 한 남자로 만족을 잘 못한다.
- 己巳는 노란 뱀이며 갑기합을 해서 甲木을 잡고 을경합으로 태워 버리며 기사일처럼 해야 하며, 사화 자체에 경금의 말과 상관이니 흉할 경우 능구렁이이며 사기꾼이다.
- 辛巳는 관이 일지에 있고 목을 넣으면 극하며 신사와 같다. 辛巳일주는 巳 속에 겁재를 깔고 있으니 남편과 불화하며 흉할 때 독사와 같아 물릴 수가 있다.
- 癸巳는 지장간에 戊庚丙의 재관인이 있어 최고 좋은 것이다. 목이 와도 물을 먹고 사니 계수가 물이며 나무가 안 죽으니 생명의 영향을 받지 않는다. 그래서 계사일주가 자요사격이라 최고 좋고 검은 뱀이라 하며 영양가가 많다. 辛巳와 己巳는 목을 못 자라게 하니 약하다.

3.

地支合

〜〜

지지합은 六合, 方局(方合), 三合, 暗合, 自化干合 등이 있다. 합은 다른 두 오행이 합하여 또 다른 오행이 되는 것이다. 지지합은 육체적인 합이며 실제적으로 경험하는 부정과 비밀 또는 결과를 가져오며 잘 드러나지 않는 경우가 있다. 삼합은 사회성이나 공적인 것을 우선시하고 토가 와야 완성을 하는 것이며 생지는 추진력 있게 하는 것이다. 합은 가정이나 개인 사업이나 사적인 능력을 우선시하고 육합은 개인을 우선시한다. 육합은 치열한 경쟁에서 이겨야 하며 경쟁 속에서 살아야 한다.

지지합에서 참고할 사항	
1	월지와 월령을 우선하여야 한다. 예를 들어 인오술 삼합하여 화국을 이루더라도 인월이냐 오월이냐 술월이냐를 판단하여 해석하여야 한다.
2	지지의 생왕묘의 계통별로 작용을 잘 살펴야 한다.
3	지지에 있는 것의 투출과 투간을 꼭 살펴야 한다.
4	지지에서는 삼합을 우선 보고 형충파해는 크게 순서 없이 적용하면 된다. 刑沖破는 전체적으로 크게 일어나며, 害는 개인적으로 일어난다.

(1) 六合

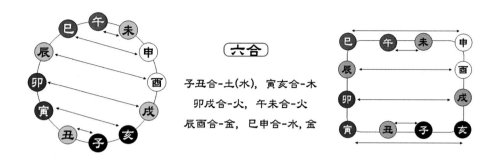

육합은 陰陽之合, 私的結合, 情緒結合이라고도 부르며 개인적 합인 것이다. 지지는 천간과 더불어 음양이 합화하여 다른 오행으로 변한다. 지지 육합은 子丑合은 토이며, 寅亥合은 목이며, 卯戌合은 화이며, 辰酉合은 금이며, 巳申合은 수이며, 午未合은 화로 化하며 6개로 이루어져 있다. 같은 계절의 합인 자축합은 토이지만 수로도 보며 오미합은 화로 본다.

천간합이 정신적이고 기적이고 공적이며 드러난 합이며 극하는 오행과 종적인 육합을 한다. 지지 육합은 현실적이고 육체적이며 사적이며 개인적이며 실제로 경험이 잦은 합이 된다. 지지 육합은 12지지의 방위 위도의 횡적인 육합을 한다.

지지 육합은 개인의 변화를 주도하며, 삼합은 사회적인 목적을 이루기 위한 개인적인 능력을 개발하는 합이며, 방국인 방합은 지역 세력의 힘이 크다. 지지 육합은 천간합처럼 합화하여 다른 오행으로 변화하며 합화된 오행의 작용이 원국과 행운에 따라 달라지므로 합화하는 오행을 잘 적용해야 할 것이다.

지지합은 원국과 행운이 좋은 경우는 길하고 원국과 행운이 약하면 흉하다. 합이 많으면 정에 얽매여 판단력이 흐려지고 유혹에 빠지기 쉬워 바른길로 가기 어렵다. 명조에 길한 용신을 合刑沖害破하면 흉이 되거나 길이 반감된다.

① 子丑合-土-水

자수와 축토는 합화하여 토가 되는데 자수의 한냉하고 축토 속의 한습으로 생명이 자라기 어려운 凍土이다. 또한 축토 속엔 癸辛己가 있으므로 냉한 수라고도 한다.

겨울인 계절이지만 인목으로 가기 위한 수를 간직하고 있어 자축합토를 수로도 본다.

자축월에는 만물이 움츠러들고 씨앗이 아직 나오지 않은 때이며 시간상으로도 잠자는 시간이므로 활동이 저하되어 있고 조용한 시간이다.

② 寅亥合-木

인해합은 해수인 목의 長生地가 인목과 합하여 해수 속의 갑목이 수생목을 하므로 강한 합이 일어난다. 그러나 해수 속의 임수는 힘을 쓰지 못하고 약해지는 것이다.

인해합은 생을 하는 합으로 합화된 오행이 강하지만 합과 동시에 해수가 破가 되어 先合後破가 된다. 선합후파란 합이 강하여 합이 먼저 되고 파의 작용은 뒤에 일어난다.

③ 卯戌合-火

묘술합은 묘목이 술토인 화의 묘지와 합화하여 화가 되나 화가 약하다. 묘술합은 묘목이 술토를 목극토하여 극합이라 하며 아주 뜨거운 불이 아니라 적당한 열기가 있는 것이다.

묘술합일 때 진토가 오면 卯辰害가 되어 목이 강해지니 술토 속의 辛金이 잘못된다. 또한 경금도 포함되니 육친으로 금이 잘못되며 짝인 묘목이 서로 다치는 것이다.

묘술합은 淫亂之合이나 桃花之合이라 하며 도화를 뜻하는 묘목이 화의 고인 술토와 은밀한 합을 하여 화인 불을 이루기 때문이다.

묘월에 병술일주가 묘술합이 되어 있는데 진토대운이 와서 목이 강해지면 금인 재가 좋지 않거나 재생살이 되어 좌천되거나 가정불화 등이 생긴다.

술월에 묘술합은 묘목이 타 버리니 살리려면 亥子寅이 있으면 괜찮다. 묘목이 미토를 보면 더 타 버린다. 축토는 괜찮으나 여러 가지 상황을 봐야 한다. 오가 와도 오술합을 하니 묘목을 괴롭히지 않으므로 오묘파가 일어나지 않는다.

묘술합은 봄과 가을의 합이니 남자는 귀명이 있으나 여자는 불미한 자가 있다. 술토 중 辛金은 천의이니 서양 의사가 많다.

④ 辰酉合-金

진유합은 진토가 유금을 합하여 생하므로 금이 강하게 된다. 그러나 봄인 진월에 유금과 합하면 금이 강하게 되지는 않는다.

진유합일 때 술토가 오면 酉戌害가 되니 좋지 않다. 술토가 오면 음양의 균형이 깨어져 사업이 망하거나 이별하거나 사적인 것의 육합이니 사적인 것이 깨어지는 것이다. 삼합은 공적인 것이다.

⑤ 巳申合-水-金

사신합은 申金 속의 임수가 사화로 인하여 강하게 되어 합화하면 수로 된다. 그러나 사화는 경금의 장생지가 되며 申金과 합하여 金으로 변화한다고 주장해 본다.

巳申酉가 있어 사신합이 되어 있는데 寅木이 와서 沖을 하면 申金 속에 임수가 약해진다. 丙火일주라면 임수인 관이 잘못되고 戊土일주라면 임수의 재인 돈이 잘못되는 것이다. 寅申沖 되어 있는데 반대로 巳火가 오면 인목이 약해진다.

⑥ 午未合-火

오미합은 뜨거운 赤道合이라고도 하며 火土가 同宮하여 합화하여 변하지 않기도 한다고 주장하는 이도 있다. 여름의 뜨거운 열기로 만물을 자라게 하는 합이 아니며 화가 강하다.

(2) 方合

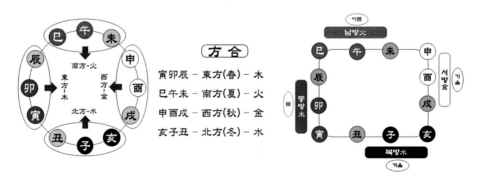

方合
寅卯辰 - 東方(春) - 木
巳午未 - 南方(夏) - 火
申酉戌 - 西方(秋) - 金
亥子丑 - 北方(冬) - 水

방합은 方局이라고도 하며 방위를 중심으로 하는 지지의 같은 계절의 합이며 가족합 또는 이웃합이라고도 한다. 3개의 지지가 모여 목화금수의 하나의 오행이 된다. 봄인 동방에 寅卯辰 목국이며, 여름인 남방에 巳午未 화국이며, 가을인 서방이 申酉戌 금국이며, 겨울인 북방이 亥子丑 수국의 4가지로 이루어진다.

방합은 월지를 방합하는 오행이 있어야 방합으로 간주하며 세력이 강하여 절대 잘 안 깨진다. 또한 충이나 극을 하면 극하는 오행이 힘들므로 오히려 빼주는 것이 낫다.

방합은 삼합보다 힘이 더 견고하며 지역회장 등과 같은 세력이 많은 것이다.

방합과 삼합은 子午卯酉의 왕지가 있어야 강하나 왕지가 없을 경우에는 행운에서 왕지가 와서 합을 하면 세력이 강해진다. 방합이 되어 용희신이면 발복하고 기신이면 흉화가 따른다.

방합은 세 개의 세력이 각각 다 있어야 힘이 크다. 또한 지지 하나 건너서 있어도 방합이 성립은 되나 약하다.

방합 중 두 개만 있는데 천간에 같은 오행이 있고 행운에서 온다면 방합이 성립된다.

합 중에서는 방합(방국)이 강하고 그다음 삼합, 그다음 육합으로 힘의 세기가 결정된다.

① 寅卯辰 方合

인묘진 방합은 동방이며 목국을 형성한다. 진토는 을목을 위주로 본다.

목국의 방합은 금으로 극을 하는 것이 좋지 않으며 오히려 화로 빼주는 것이 좋다. 금으로 극을 하면 금이 다치게 된다.

봄은 너무 의욕적이다 보니 꺾이면 풀이 죽는다. 정에 얽매이는 것을 주의해야 한다.

예 목이 寅辰으로 왕지가 빠진 방합이지만 천간에 갑목까지 투간하여 목이 강하다. 진토는 토로 보는 것보다 인월이라 합이 되어 목으로 보아야 한다. 금수화가 다치는 명조이다. 금대운에 금목 충극으로 사위와 남편이 사망하였다.

② 巳午未 方合

사오미 방합은 남방이며 화국을 형성한다. 미토는 정화를 위주로 본다.

화국의 방합은 수로 극을 하는 것이 좋지 않으며 오히려 토금으로 빼주는 것이 좋다. 수로 극을 하면 수가 다치게 된다.

여름은 돌아다니는 걸 좋아하며 밝으며 말이 많으며 실속은 적다.

③ 申酉戌 方合

신유술 방합은 서방이며 금국을 형성한다. 술은 辛金을 위주로 본다.

금국의 방합은 화로 극을 하는 것보다 오히려 수로 빼주는 것이 좋다. 화로 극을 하면 오히려 화가 다치게 된다.

자존심 강하고 가을은 기분이 처지며 차분하며 밝음은 적으나 실속은 있다.

④ 亥子丑 方合

해자축 방합은 북방이며 수국을 형성한다. 축은 계수를 위주로 본다.

수국의 방합은 토로 극을 하는 것보다 오히려 목으로 빼주는 것이 좋다. 토로 극을 하면 오히려 토가 다치게 된다.

겨울은 움직이는 것을 싫어하고 생각을 많이 하고 머리를 많이 쓴다. 또한 속내를 잘 드러내지 않고 수장하며 저장하는 기질이 있다.

(3) 三合

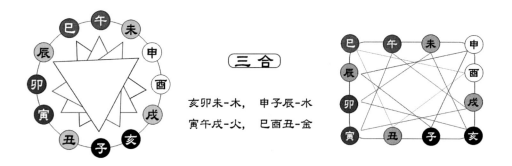

亥卯未-木,　申子辰-水
寅午戌-火,　巳酉丑-金

삼합은 12운성의 생왕묘인 사생지인 인신사해와 사왕지인 자오묘유와 사묘지인 진술축미의 세 개의 서로 다른 오행이 합하여 하나의 오행을 만들어내기 위해 강력하게 기운을 뭉쳐 합화하여 변한 것이다.

삼합은 亥卯未合의 木局, 申子辰合의 水局, 寅午戌合의 火局, 巳酉丑合의 金局의 4가지로 이루어진다.

삼합은 氣運結合, 또는 目的結合, 縱的結合이라고 하며 하나의 목적을 위하여 각자의 오행이 다르게 만나 개인적인 능력을 갈고닦아 발휘하여 조직의 기운으로 뭉친다. 사회적인 성취를 하고자 하는 합이므로 목적을 이루는지 못 이루는지는 삼합을 적용하는 게 가장 중요하다.

삼합의 기운은 목적의식, 이념, 사상, 정신력 등으로 뭉쳐 끈끈하며 강하다. 그중 제일 끈끈한 것은 巳酉丑合이다. 삼합은 서로 다른 오행끼리 왕지를 중심으로 기적 결합하여 오행적인 것은 방국보다 세력이 약하나 합력은 아주 강하다.

삼합은 지지에서 완전히 합하여도 천간에 그 오행이 투출하여야 작용력이 강력하다. 만약 지지에 인오술 화국을 할 경우 병정화가 투간하여야 합화가 강력하게 된다. 종적 결합인 삼합은 刑沖破로 인해 방해를 받으면 합이 쉽게 깨어지며 길흉이 크게 일어나나 방합은 쉽게 깨어지지 않는다.

삼합이 될 경우 방합이 행운에서 오면 망하는 경우가 있다.

방합이 있는데 삼합이 들어오면 방합의 사람과의 관계보다 삼합의 능력이나 자질을 우선하게 된다.

삼합과 달리 천간과 지지의 육합은 음양의 합이다.

申未는 1:1로 볼 때 丁壬合과 乙庚合이, 午火는 丁壬合이 된다.

진이 합이 되는 것은 辰酉合, 申辰合 삼합과 육합으로써 금이 목을 극하지 못하게 막아준다. 寅卯辰 방국이고 卯未는 삼합이며, 寅午는 삼합이라서 목이 있는 데 금이 와도 덜 다치나, 午火가 없이 삼합이 되면 금이 와도 목이 다치는 것이다. 삼합이 없으면 목이 남아나질 않고 죽는 것이다. 인목이나 묘목 중 삼합이 되지 않고 하나만 있을 때 금이 오면 목을 죽여 버린다. 방국은 형제의 합이므로 두 개가 붙어 있으면 다칠 일이 없으나 약간은 다칠 수는 있다. 반대로 진토도 하나만 있으면 운에서 금인 술토가 오면 진토 속의 목이 죽는 것이다. 인목도 목이 하나만 사주에 있으면 금운이 오면 목이 죽는다.

각 지지의 특성을 합친 삼합은 지지오행의 본연의 특성보다 합한 오행으로 독자성을 가지며 작용력도 달라져 변화한 강세를 파악할 수 있다.

사유축은 응축하고 수거하는 기운이므로 모은다. 반대인 해묘미는 목이므로 성장하고 발산하는 기운이다.

인오술은 확장하고 발화하는 기운이며 반대인 신자진은 수축하고 위축하는 기운이다. 신자진은 소극적이며 수이므로 비밀을 감추므로 엉큼하기도 하나 장점으로 융통성이나 지혜가 있다.

① 申子辰 三合-水局

申金과 子水와 辰土가 삼합하면 水局이 된다. 潤下는 물이 높은 곳에서 낮은 곳으로 흘러 모여 강, 바다, 호수를 이루는 것을 의미한다.

물의 특성은 어디든 잘 섞이며 잘 흐르므로 유랑, 침투, 유행, 지혜, 꾀, 사교, 정보를 뜻한다. 또한 차분하고 신중하며 귀담아듣는 특성을 가진다. 삼합이 좋지 않을 때는 흙탕물이나 폐수나 오염된 물이 되어 만물을 상하게 하고 해치게 되기도 한다.

申子辰合의 의미는 비밀업무, 외교, 연못, 바다, 댐, 저수지, 항구, 수자원, 상하수도, 수력발전소, 해운업, 무역업, 특수정보, 무허가, 감옥, 갇힘, 죽음 등이 있다.

申金은 자수 겨울까지 가는 것이고 축토까지 가면 申丑이 되면 금이 약하다. 辰土까지 가면 금이 완전히 감춰지고 없어진다. 그래서 신축도 귀문관살이나 원진에 포함하여야 한다고 제시해 본다.

신자진 삼합은 장생인 申金을 보고 자수인 자녀를 보면 역으로 생한 자녀와 같다. 申子辰 수국은 진토가 제일 위에 글자가 되며 토극수를 하므로 자녀가 속을 썩이기도 한다.

申金은 무토와 임수가 지장간에 있으니 인목의 충으로 개고하여 가용할 수 있다. 그러나 申金이 子辰이 있어 삼합이 되면 자동으로 개고가 된다.

② 亥卯未 三合-木局

해수와 묘목과 미토가 삼합하면 목국이 된다. 曲直은 목이 곧게 뻗으려 하는 상승의 기가 있어 굽히는 걸 싫어하고 고집이 있어 곡선 형태로 성장한다.

목의 특성인 인정이 있고 성실하며 창조적이고 적극적이며 솟구치려는 기질로 우월감과 자존심이 강하다.

목에는 온실 속의 화초와 유실수도 있고 숲속의 동량목도 있어 생물인 짐승과 사람들 또는 곤충과 조류들이 살 수 있게 된다. 또한 열매를 맺고 곡식이 열리고 계절에 따라 단풍을 다양하게 볼 수 있다.

해묘미합의 물상은 식물, 꽃집, 섬유, 건축, 가구, 건물, 목재, 펄프, 과수원 농장,

문서, 행정, 언론, 학원, 교사, 문화, 예술, 교육 등이 있다.

해수는 묘목 봄까지 가는 것이고 진토까지 가면 진해원진과 귀문관살이 되며 미토까지 가면 수가 완전히 감춰지고 없어진다.

해묘는 적극적이고 의욕적이지만 정이 많아 상처를 잘 입는다.

③ 寅午戌 三合-火局

인목과 오화와 술토가 삼합하면 火局이 된다. 炎上은 화의 빛남과 배포가 크고, 정열적이며 화려하고, 광채와 열기로 확산하는 성질이 있다. 화의 특성인 불같이 급하고, 말이 많고 뜨거우며 잔꾀가 부족하나 이내 식어도 세력이 있다.

인오술의 물상은 예체능, 정신문명, 심리, 가스, 석유, 기름, 화공, 색소, 화기, 전기전자, 예언, 명상, 요가, 종교, 문화시설, 봉사, 사회사업 등이 있다.

인목은 오화 여름까지 가는 것이고 미토까지 가면 인미 귀문관살이 되며 술토까지 가면 목이 완전히 감춰지고 없어진다.

인오술 화국이 있으면 정신세계가 발달하며, 신자진 수국이 있으면 물질세계가 발달한다. 이것은 큰 틀에서 화는 양이며 수는 음이므로 음양의 법칙이 된다.

합이 강한 순서는 寅午戌, 寅午, 午戌, 寅戌 순으로 합의 힘이 강하다. 그러나 어느 월지이냐 또는 생왕묘지의 합의 형태와 상황에 따라 작용력이 달라지므로 잘 적용해야 한다.

④ 巳酉丑 三合-金局

사화와 유금과 축토가 삼합하면 金局이 된다. 從革은 금의 강하고 단단함, 냉정, 차가움, 의리, 신속하고 과감하며 추진력이 있으며 상대방을 제압한다.

금의 특성인 실속과 결단력이 있어 대인관계에서 끊고 맺는 게 확실하나 냉정하고 두루 사귀지를 못하기도 한다.

사유축의 물상은 금속, 공구, 쇠, 철, 금, 은, 보석, 기계, 중장비, 물건, 무기, 제철, 화폐의 동전, 투쟁, 데모, 의협심, 통솔, 싸움, 정복, 전쟁 등이 있다.

사화는 유금 가을까지 가는 것이고 술토까지 가면 사술 원진과 귀문관살이 되며 축토까지 가면 화가 완전히 감춰지고 없어진다.

(4) 準三合, 半合, 假合

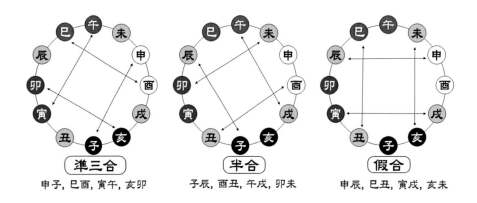

合을 해석하는 방법은 다음과 같다.

삼합은 眞合(全合)이 있고, 準三合과 假合, 半合 등이 있다. 眞合(全合)은 삼합되는 한 가지 오행을 만드는 세 가지의 지지가 다 있는 경우를 말한다. 이럴 경우 강력한 힘을 발휘한다. 진합은 합화하는 오행의 계절에 태어나는 것이다. 인오술삼합 하면 사오미월이면 진합이 되는 것이다.

- 準三合은 묘지를 뺀 왕지가 포함된 생지와 왕지의 합이다. 준삼합의 종류는 申子와 巳酉와 寅午와 亥卯가 있다.

- 半合은 생지를 뺀 왕지와 묘지가 합을 하는 것이다. 반합의 종류로는 子辰과 酉丑 과 午戌과 卯未가 있다.

- 假合은 假會라고 하며, 왕지를 뺀 생지와 묘지가 합을 하는 것이다. 단 왕지가 포함 되지 않은 경우 합화한 오행이 천간에 투출하면 반합으로 간주한다. 가합의 종류로 는 申辰과 巳丑과 寅戌과 亥未가 있다. 申辰은 수의 가합이므로 水인 壬癸가 천간 에 투간되었을 때, 巳丑은 금의 가합이므로 금인 庚辛이 천간에 투간되었을 때, 寅 戌은 화의 가합이므로 화인 丙丁이 천간에 투간되었을 때, 亥未는 목의 가합으로 천 간에 목이 甲乙이 투간되었을 때 합력이 강하다.

사왕지인 자오묘유가 같이 합을 하면 힘이 더 강하고 3가지 지지가 합할수록 힘이 강하다. 그러나 왕지가 빠진 가합이 힘이 약하더라도 천간에 투출하면 좀 더 강하게 적용하기도 한다.

일주가 삼합으로 세력이 되면 자신의 능력으로 명성과 재물을 추구하는 강력한 힘을 발휘하는 사람이 된다.

삼합이 沖刑破害를 하면 합은 깨어진다.

지지는 합하면 힘이 강해지며 삼합하여 희기신의 오행이 되면 길하고 흉신의 오행이 되면 흉하게 된다.

(5) 暗合

地支의 暗合				
甲 己	丙 辛	戊 癸	乙 庚	丁 壬
寅 午	巳 酉	巳 子	卯 申	午 亥
寅 未	巳 丑	辰 子	辰 申	未 亥
寅 丑	寅 戌	戌 子	未 申	
	午 戌			

암합은 천간과 지지에 나타나지 않고 지장간끼리의 숨어 있는 합이며 속마음을 의미한다. 비밀스럽거나 합법적이지 않은 일을 하거나 몰래 하는 사적인 만남으로 간주한다.

암합이 명조에 있고 암합하는 오행이 행운에서 오면 실제적으로 일어난다.

지지에 합이 많으면 정과 한도 많다. 계획적이고 적극적이며 치밀하게 비밀리에 합을 하니 겉으로 잘 드러나지 않는다.

- 甲己合-寅午(인목 속의 갑목과 오화 속의 기토의 합), 寅未(인목 속의 갑목과 미토 속의 기토의 합), 寅丑(인목 속의 갑목과 축토 속의 기토의 합)
- 乙庚合-卯申(묘목 속의 을목과 申金 속의 경금의 합), 辰申(진토 속의 을목과 申金 속의 경금의

합), 未酉(미토 속의 을목과 유금 속의 경금의 합)

- 丙辛合-巳酉(사화 속의 병화와 유금 속의 辛金의 합), 巳丑(사화 속의 병화와 축토 속의 辛金의
합), 寅戌(인목 속의 병화와 술토 속의 辛金의 합), 午戌(오화 속의 병화와 술토 속의 辛金의 합)

- 丁壬合-午亥(오화 속의 정화와 해수 속의 임수의 합), 未亥(미토 속의 오화와 해수 속의 임수의
합)

- 戊癸合-巳子(사화 속의 무토와 자수 속의 계수와 합), 辰子(진토 속의 무토와 자수 속의 계수와
합), 戌子(술토 속의 무토와 자수 속의 계수와 합)

- 四庫地(四墓地)인 辰戌丑未는 형충으로 개고가 되었을 때 암합이 주로 이루어진다.

(6) 間方合

간방합은 계절이 바뀔 즈음에 태어나 생지와 묘지가 합을 하는 것이다. 연월일
시의 다른 곳에 있어도 합은 되며 4개로 이루어진다. 처음에는 좋은데 언젠가는
운이 흐르니 안 좋아지는 것이다. 또한 間方合은 隅合이라고도 한다.

- 丑寅은 합이 세 개 다 있어 배우자 외에 애인이 있거나 재혼하거나 다른 사람을 만
나거나 한다. 축인은 간방합(艮方合)이라고 하며 세 개가 다 있어 가장 많은 합이다.

- 未申과 辰巳는 두 개가 합이 된다. 미신은 정임합과 을경합이다. 未申은 실질적으
로 남녀 문제가 복잡하고 많다. 미신은 곤방합(坤方合)이라고 한다.

- 辰巳는 을경합과 무계합이다. 진사가 있는 사람은 하늘보다 땅이므로 현실적인 합
이며 일편단심이 되지 않으니 다른 간방합보다 더 실질적이고 심하다. 진사는 巽方

합이라고 한다.

- 戌亥는 한 개의 합이며 정임합이 있다. 戌亥는 하늘이며 천라살이며 수화이니 육체적인 것보다 정신적으로 연애하려고 한다. 술해는 건방합(乾方合)이라고 한다.

(7) 기타 합의 종류

- 近合: 가까이 합을 하니 합력이 강하며 길하고 흉한 힘도 강하게 작용한다.
- 遠合(隔合): 멀리서 합을 하니 합력이 약하며 길하고 흉한 힘도 약하게 작용한다.
- 明合: 드러나고 남이 아는 떳떳한 합이다.
- 雙合은 쟁합과 투합이 있다. 爭合은 하나의 음간과 2개의 양간이 합하는 경우이며, 妬合은 2개의 음간과 1개의 양간이 합하는 경우이다.

4.

沖(天干沖과 地支沖)

沖은 상극하는 오행의 기가 서로 부딪히고 충돌하여 발생하며 水火, 金木, 東西, 南北이 서로 변화하는 것이다. 그러므로 합이 조화롭게 서로 결합하여 다른 오행을 생산하며, 충은 움직이게 하면서 서로 결합한 것을 해산하고 분리시켜 변화가 생기도록 한다. 충은 변화와 움직임을 보는 것이다.

그러므로 충은 변화를 위한 긍정적인 요소로 분발, 개척, 발동, 충전, 가속, 공격이 일어나며 새로운 생산을 주도하기도 한다. 또한 부정적인 요소로 파괴, 이별, 질병, 사고, 파산, 분리, 충돌, 해산, 살상의 등이 작용한다. 흉을 충하면 길하고 희기신을 충하면 흉해진다.

년의 충은 간접적이며 오래된 것, 옛날 것, 윗사람, 상사로 인한 것과 못자리 등의 변화가 있다.

월의 충은 직접적이며 회사, 집, 상관, 회사, 직업, 사회적인 것 등의 변화가 있다.

일의 충은 직접적이며 내가 하고 싶은 것과 갈구하는 것과 배우자 등의 변화가 있다.

시의 충은 간접적이며 내가 하고 싶은 것, 개인적이고 사적인 것, 비밀스러운 것, 남한테 들키기 싫은 것과 속마음, 나이가 들수록 더 발휘하여 변화가 있다.

양간의 충은 작용력이 좋게 일어나며 전화위복되거나 개혁, 발전한다.

음간의 충은 원수충으로 극단적이며 투쟁하고 파괴하며, 음이니 실질적으로 더 크게 일어난다.

세력이 비슷하게 충하고 분발하며 삼합의 지지를 충하면 이별이나 해산한다.

약한 지지가 강한 지지를 충하면 폭발하고 대노하며 약한 오행이 크게 흉하게 된다.

(1) 天干沖과 天干剋

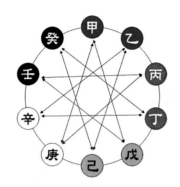

天干沖과 剋

甲庚沖, 丙壬沖, 戊甲沖, 庚丙沖, 壬戊沖
乙辛沖, 丁癸沖, 己乙沖, 辛丁沖, 癸己沖

甲戊剋, 丙庚剋, 戊壬剋, 庚甲剋, 壬丙剋
乙己剋, 丁辛剋, 己癸剋, 辛乙剋, 癸丁剋

　천간은 천간의 순서에서 일곱 번째의 천간끼리 충을 하며 이것을 七沖이라 하며 偏官 또는 七殺이라고 한다. 천간 충은 극과 충이 공존한다. 천간충은 기세가 약하지만 오히려 합을 할 때 더 강하고 두렵다. 또한 서로 음양이 같은 것끼리 충한다. 양간은 양간끼리 음간은 음간끼리 충을 하는 것이다.

　천간충에서 양간의 충은 甲庚沖, 丙壬沖, 戊甲沖, 庚丙沖, 壬戊沖이 있다. 음간의 충은 乙辛沖, 丁癸沖, 己乙沖, 辛丁沖, 癸己沖이 있다. 七沖의 종류는 다음과 같다.

　천간 칠충은 甲庚沖, 乙辛沖, 丙壬沖, 丁癸沖이 있으며 충과 오행의 상극의 이치가 포함되어 있다.

　천간 칠충 중 戊甲沖, 己乙沖, 庚丙沖, 辛丁沖, 壬戊沖, 癸己沖는 충보다는 상극으로 보기도 한다.

　- 첫째 천간인 甲木과 일곱째 천간 庚金과 甲庚沖이다.

　- 둘째 천간인 乙木과 여덟째 천간 辛金과 乙辛沖이다.

　- 셋째 천간인 丙火는 열한째 천간인 壬水와 丙壬沖이다.

　- 넷째 천간인 丁火와 열째 천간인 癸水와 丁癸沖이다.

　- 다섯째 천간인 戊土와 첫째 천간인 甲木과 戊甲沖이다.

　- 여섯째 천간인 己土와 둘째 천간인 乙木과 己乙沖이다.

　- 일곱째 천간인 庚金과 셋째 천간인 丙화와 庚丙沖이다.

- 여덟째 천간인 辛金과 넷째 천간인 丁火와 辛丁沖이다.
- 아홉째 천간인 壬水와 다섯째 천간인 戊土와 壬戊沖이다.
- 열째 천간인 癸水와 여섯째 천간인 己土와 癸己沖이다.

극은 甲戊와 乙己는 木剋土하며, 丙庚과 丁辛은 火剋金하며, 戊壬과 己癸는 土
剋水하며 庚甲과 辛乙은 金剋木하며, 壬丙과 癸丁은 水剋火를 한다. 천간 충극은
지지 충극보다 빠르게 적용되며, 직장이나 외부에서 인간관계나 일에 있어 큰 변
화를 일으킨다. 극과 충은 결국 같은 의미이다.

- 甲戊와 乙己는 木剋土이므로 剋이다.
- 丙庚과 丁辛은 火剋金이므로 剋이다.
- 戊壬과 己癸는 土剋水이므로 剋이다.
- 庚甲과 辛乙은 金剋木이므로 剋이다.
- 壬丙과 癸丁은 水剋火이므로 剋이다.

(2) 地支沖

六 沖

子午沖, 丑未沖, 寅申沖
卯酉沖, 辰戌沖, 巳亥沖

충의 특성은 다음과 같다.
- 변화한다. 움직인다.
- 분발한다. 개척하고 발전한다. 시작한다. 충전한다.
- 흩어진다. 분리된다. 이별한다. 해산한다.
- 파괴한다. 폭발한다. 다치게 한다. 살상한다.
- 개고되거나 파괴된다.
- 뿌리가 상한다.

- 충돌한다.

지지는 육충이 있으며 각 지지로부터 일곱 번째의 정반대되는 위치에서 충이 이루어진다.

충은 변화로 인해 아주 길하게 되기도 한다. 그러나 충은 서로 상반되는 기운이 충돌하여 손실되며 일과 관계를 깨트리게 되어 아픔을 겪는 것이다. 이동수나 구설수에 올라 법적인 관재나 질병이나 사고 또는 수술을 할 수 있다.

토끼리의 충인 辰戌沖과 丑未沖은 庫나 墓의 충이므로 개고를 하여 길흉이 완전히 바뀌기도 한다.

갑을병은 생명을 키우고 있는데 땅인 토가 진술충이 되면 나무의 뿌리가 잘리니 좋지 않다. 진술은 무토인 양의 큰토를 암장하여 충하면 암토가 되어 좋지 않다. 옥토인 진을 술토가 충하면 나쁘고 술토가 있는데 옥토인 진토가 峇土를 하면 오히려 괜찮다.

술미의 건토가 원국에 있으면 운이 좋지 않을 때 암이나 큰 질병이 생긴다. 토는 신용과 믿음인데 토가 과다한데 토대운이 오면 신용과 믿음을 저버리게 되거나 신용이 추락하여 망신당하게 된다.

축미충은 기토를 암장한 작은 토이므로 충을 하여 밭갈이를 하는 것은 괜찮으나 생명을 나쁘게 하므로 좋지 않다.

貪合忘沖은 합을 탐하여 충하는 것을 잊어버리는 것을 의미한다. 合은 沖으로 해결하고, 沖은 合으로 해결할 수 있다.

寅申沖은 발 沖이기도 하며 목화가 좋지 않으며, 巳亥沖은 巳酉丑과 亥卯未의 실질적인 충이므로 용신을 사용할 수가 없다. 그러나 卯木이나 酉金이 있으면 용신을 사용할 수 있다.

寅申沖, 卯酉沖, 辰戌沖은 金木相戰이므로 목의 생명이 잘려 사라져 버리는 것과 같다. 금목은 자라는 것이며 수화는 자라는 것이 아니다. 금목이 있는데 충할 때 수화 중 하나라도 있어야 금목이 충돌하지 않으며 없으면 관재수가 일어난다.

재관이 많으면 자기가 극하는 게 많으니 살이 빠지고 酉戌亥월에 태어나면 대체로 살이 빠지는 것이나 스트레스성 폭식 등으로 찌는 경우도 있다. 월지하고 충하면 무언가 변화하거나 가정에 충실하지 않고 변화하는 것이다.

① 子午沖

陰水와 陰火의 沖이며 정신적인 충이다.

자오충은 음과 음이며 수화의 정신적인 부분이 강하므로 물질보다 인정이 있으며 정직하며 대범하나 추진력이 있는 것은 아니다.

건강은 수화 중에 약해지므로 心腸과 腎臟과 정신적으로 상처받지 않도록 주의해야 한다.

자오충은 水火旣濟가 되었는지 火水未濟가 되었는지 판단하여야 한다. 수화가 서로 도와주며 균형을 이루는 것을 수화기제라고 한다. 수는 화가 있어야 움직이며 화는 수가 있어야 폭발하지 않게 도와주는 것이다. 화수미제는 겨울생이 壬癸와 亥子의 수가 있는데, 丙丁이나 巳午의 화가 없는 경우이다. 또한 여름생이 병정화와 사오화가 있는데 壬癸와 亥子의 수가 없는 경우이다.

② 卯酉沖

陰木과 陰金의 沖이며 육체적인 충이다.

卯酉沖은 음과 음인 금목의 만물충이므로 정신적인 것보다 물질적으로 쟁취하기 위해 스스로 힘들다. 물질로 인한 가족과 친구 또는 동료와 배신 또는 원한을 갖거나 소송 등을 할 수 있다.

건강 면에서는 肝, 肺, 手足, 神經痛 등을 유의해서 살펴야 한다.

③ 寅申沖

陽金과 陽木의 沖. 寅申沖은 양과 양인 금목의 만물충이며 驛馬沖이라고도 한다. 생지끼리의 충이지만 사해충보다 덜하다.

인신충은 빨리 결정하고 추진력이나 활동력은 좋으나 서둘러서 무리하거나 끝매듭이 약해서 용두사미 격이 되기도 한다.

금목인 인신충은 재물을 위하여 분주하되 자수성가해야 하며 직장, 일, 주거의 변동이 잦다.

寅申沖은 여름과 겨울생은 잘 일어나지 않고 봄이나 가을생인 경우 일어나는데 지지에 화가 없으면 바로 충되어 사건 사고가 생긴다.

건강 면에서는 肝, 大腸, 神經痛과 뼈 등의 질병이 있다.

④ 巳亥沖

陽火와 陽水의 沖이며 巳酉丑과 亥卯未의 왕지끼리 충이다. 금목상쟁이므로 많이 부딪히고 좋지 않다.

사해충은 양인 수화의 정신적인 충이므로 물질적인 것보다 정신적인 것을 중요시 여긴다. 타인을 도와주거나 대인관계에 신중해야 한다.

사해충은 역마의 수화의 충이므로 교통사고와 화재와 폭발 등의 사고를 주의해야 한다.

건강 면에서는 泌尿器, 心腸, 血壓, 糖尿 등의 질병을 주의해야 한다.

⑤ 辰戌沖

봄에서 여름으로 가는 간절기의 양토인 진토와 가을에서 겨울로 가는 간절기의 양토인 술토의 충이며 '朋沖'이라고 한다.

辰戌丑未沖은 朋沖이므로 고나 묘를 충함으로써 길흉이 교차한다.

진술충의 명조는 강직하며 과단성과 신의가 있으며 자신에게는 관대하지 않다. 진술충의 명조는 이성이나 배우자와의 이별이나 혼사가 깨어지는 경우가 있다. 토의 충이므로 토지나 부동산 등의 문제로 관재와 구설과 송사 등이 생기는 경우도 있다.

건강 면에서는 胃腸, 腎臟, 皮膚 등의 질병이 있다.

진월에 갑술일주는 월과 일인 배우자를 충하였으니 배우자가 좋지 않다. 진월에 임술일주이면 갑목이 식상이니 자녀의 문제나 자녀가 안전하지 않고 하는 일이 잘 되지 않는다. 진월에 경술일주는 갑목인 재성이 여름이면 안전하고 갑목이 다치

지 않고 가을이면 갑목인 재성이 안전하지 않고 다친다. 갑목이 있는데 경금대운
이 오면 화가 있어야 하며 여름대운이면 상관없지만 가을이면 갑목이 다쳐 갑목의
육친이 상하게 된다.

⑥ 丑未沖

  겨울에서 봄으로 가는 간절기의 음토인 축토와 여름에서 가을로 가는 음토인 미
토의 충이며 붕충이라고도 하며 발전하는 충이다.
  축미충은 인간관계에서 깨지기도 하고 관계를 중요시 여겨야 한다.
  건강 면에서는 胃腸, 逍化器 등의 질병이 있다.
  축미충은 본인이 하는 것이며 하기 싫으면 안 하는 것이다. 辰戌沖은 무토의 충
이니 환경에 잘 맞추는 것이다. 축미충으로 사건이 일어나면 본인이 잘못한 것이
며, 辰戌沖은 환경이나 남이 잘못하여 사건이 발생한다. 기토의 음과 무토의 양의
차이이다.

(3) 충의 특성

  천간충할 경우 지지가 영향을 받고, 지지충은 천간에 서로 영향을 미친다.
  천간충은 작용력이 빠르게 나타나고, 지지충은 뿌리가 흔들리므로 작용력이 크
게 영향을 미친다.
  천간과 지지가 같이 상극이나 상충이 있으면 천충지충 또는 천극지극이라 하여
충극이 더 강하게 나타난다.
  사생지인 인신사해충은 빠르고 급하게 일어나며, 사왕지인 자오묘유충은 영향
력이 크게 일어나지만 길흉을 잘 살펴야 한다. 또한 사고지인 진술축미충은 개고
를 해야 활용하고 쓰임이 있다.
  辰의 고에 계수를 쓰기 위해서 戌이 필요하여 辰은 戌과 충이 되어 개고를 해야
쓸 수가 있다. 토는 창고 속에 보관된 것을 충을 통하여 사용하는 것이다.

丑의 고에 癸水와 辛金은 未가 필요하여 충이 되어 개고를 해야 쓸 수 있다. 용희신일 경우는 길한 운에 기신이면 충이 되어 오히려 뿌리가 상하므로 흉이 되기도 한다.

진술충 중 2개의 戌이 1개의 辰을 충하는 것은 괜찮으나 3개의 戌이 1개의 辰을 충하여 破庫가 되며 지장간 속의 오행에 흉이 생긴다. 다른 토의 충도 마찬가지이다.

길성인 재관인식의 충을 하여 용희신이 되면 개척하며 분발하여 발전하지만 용희신을 충하여 기신이 되면 손재나 부상 또는 사고 등이 일어나 흉하게 된다.

흉성인 살상효인이 형파해를 하거나 충하면 사고나 재난이나 사업 부도 또는 관재송사나 수술 등이 있을 수 있고 사별 등이 있게 된다.

천간은 합이며 지지는 충할 경우는 겉보기는 화목한 것 같으나 인간관계에서의 갈등이 있을 수 있다.

명조가 행운을 충하면 內沖이라 하며 신속하게 길흉이 나타나며 행운이 명조를 충하면 外沖이라 하며 더디게 길흉이 나타난다.

遠沖은 충하는 힘이 약하고 동요하기만 하며, 近沖은 충하는 힘이 강하며 바로 작용을 발동한다.

사해충이 있는 명조는 역마의 충으로 계속 반복적으로 직업 변동이나 이사 등이 잦다. 인신충은 정으로 인해 인간관계에 있어 실패하여 색정으로 분쟁과 사고 또는 관재 등을 당하기도 한다. 인신사해충은 개척과 시작이니 시작은 잘하지만 결과를 마무리하기가 힘드나 왕지가 있으면 다르다.

자오충과 묘유충은 직선적이고 크게 움직임이나 변동은 없으나 흔들리거나 배신이나 원한이 생기거나 구설에 오르기도 하며 건강에 유의해야 한다.

진술충과 축미충은 붕충으로 대외적인 변동은 없으나 내면적인 갈등과 변동은 있으며 타인보다 잘되려고 한다.

인신사해가 많고 길하면 교도관, 군인, 경찰, 검사, 법관 등의 직업이 있다.

인신사해생이나 월을 가지면 합을 좋아하고 충을 싫어하며 대운과 세운에서 생지의 충이 되면 해외나 멀리 가는 일이 생긴다.

충이 오면 좋다 혹은 나쁘다기보다 무언가 바꾸고 변화하는 것이다.

신유술월 가을의 충 중 申월의 寅申沖은 직업이나 사상의 변화가 있으므로 무조건 나쁘다고 하면 안 된다. 자수가 와서 申이 왕을 만나 申子합이 되니 목적을 이루려고 한다. 진이 오면 申辰合 가합으로 충하려다 휴전하므로 금과 목이 서로 조절된다.

유월의 묘유충은 바꾸고 변화하는 것이므로 나쁜 것은 아니다. 인신사해 중 사화가 오면 사유합으로 삼합하여 확실하게 시작하고 준비하는 것이며, 대운이나 세운에서 축이 오면 유축합을 하여 마무리하게 된다.

술월의 진술충은 변화가 있어 나쁜 것이 아니다. 인술합일 경우 목도 살고 금도 죽지 않고 봄과 가을이 싸우지 않고 서로 좋은 것이다. 오술합이 되면 음양은 다르지만 병정화가 있으므로 옛날 것을 새롭게 정비하고 시작한다. 술토가 오화가 오면 화개가 강해지므로 재회하거나 기존의 계약하려고 했던 것이 다시 이루어지는 것이다. 묘지가 강해지면 오래된 것이나 기존 것을 정리하고 마무리하는 것이며 새롭게 이루려는 것이 아니다.

5.

刑

형은 삼형살인 丑戌未 三刑, 寅巳申 三刑, 子卯刑, 午酉刑, 辰午酉亥의 辰辰과 午午와 酉酉와 亥亥의 自刑殺이 있다. 半刑殺은 2가지 지지만 합하는 寅巳, 寅申, 巳申, 丑戌, 未丑, 戌未가 있다.

삼형살은 순행으로 4위를 움직이며 이것을 四惑이라 하며, 역행으로 10위를 움직이며 이것을 十惡이라 한다.

형은 규범이나 법률 등으로 사회 질서를 유지하게 하는 것과 같다. 삼합인 목적을 위해 잘못된 것을 도려내어 새롭게 도약하기 위한 것이다. 또한 완제품이 아니고 리모델링하거나 업그레이드하는 것이다.

刑

辰辰, 午午, 酉酉, 亥亥
丑戌未, 丑戌, 戌未, 丑未
寅巳申, 寅巳, 巳申, 寅申
子卯, 午酉

형은 목적을 이루려는 삼합과 계절인 방국이 서로 대립하여 방해하게 되는 것이다. 삼합과 방국이 섞이므로 잡이 되기도 한다.

- 寅午戌 삼합은 화의 방국인 巳午未를 만나면 화가 더욱 왕해져 조화롭지 못하며 寅巳刑이 되고 午午 자형이 되며 戌未刑을 하게 된다.
- 申子辰 삼합은 수의 방국인 亥子丑을 만나면 수가 더욱 왕해져 申亥刑하고 子子 자

형하고 丑辰刑하게 된다.

- 巳酉丑 삼합은 금의 방국인 申酉戌을 만나면 금이 더욱 왕해져 巳申刑하고 酉酉 자형하며 丑戌刑하게 된다.

- 亥卯未 삼합은 목의 방국인 寅卯辰을 만나면 목이 더욱 왕해져 寅亥刑하고 卯卯 자형하며 辰未刑하게 된다. 그래서 진미도 형을 하는 것으로 추가해야 한다고 제시해 본다.

(1) 寅巳申 三刑

인사신 삼형은 겁살, 지살, 망신살, 역마살이며 無恩之刑이라고 한다. 무은지형이란 은혜를 모르고 원수로 갚는 형국이라 화를 자초한다.

인사신 삼형이 기가 좋을 때는 적극적으로 추진하여 발전하고 활동적이며 법조계에서 일을 하거나 크게 명예나 재물을 얻을 수 있다.

인사신 삼형이 기가 약할 때는 성급하여 속전속결로 처리하므로 배신, 수술, 사고, 관재, 파재, 손재 등이 크게 날 수도 있다.

寅巳刑은 寅巳害도 되어 刑害가 다 일어나므로 크게 영향이 미치며, 巳申刑은 巳申合도 되어 합으로 유정하여 복이 많기도 한다. 그러나 형이 되어 파살이 되기도 하여 사화가 완전히 죽어 원수가 되므로 주의해야 한다. 만약 갑신일주라면 절처봉생이 되어 끊어진 자리에서 다시 생하므로 죽었다 살아나는 재주가 있다.

寅巳刑은 화기가 많을 때 일어나며 대운에서 오면 복구가 되지 않아 크게 일어나므로 세운에서 반드시 형이 일어난다. 대운에서 오지 않으면 세운에서도 크게 형이 일어나지 않거나 일어나더라도 다시 치유가 된다.

명조에 寅이 있으면 巳가 오면 없어지므로 寅巳害, 삼형살, 사고수, 수술수이며,

일지일 경우는 배우자가 다친다. 년에 있으면 육친상이나 갑작스런 사고 또는 머리의 신경성과 두통의 질환이 있다.

寅巳申삼형은 활동하는 목인 인목이 충을 하므로 신체의 손상과 사건 사고로 본다.

건강 면에서는 小腸, 扁桃 등의 질환이 생길 수 있다.

(2) 丑戌未 三刑

축술미 삼형은 월살, 반안살, 화개살, 천살 등에 해당되며 持勢之刑이라고 하며 朋刑이라고도 한다. 지세지형은 자기의 세력을 믿고 서로 형하여 화를 자초하는 것이다. 축술미 삼형이 기가 좋을 때는 엄정하고 분별심이 있어 위인이 되거나 권력을 쥐고 생사를 좌우하는 형사, 검사, 판사, 의사 등이 된다.

축술미 삼형이 기가 좋지 않을 때는 일이 지체되거나 성사가 되지 않으며 인간 관계에 원수가 되거나 한다. 또한 수술, 질병, 사고, 관재, 배신, 사기, 손재, 이별이 있어 고독할 수 있다.

丑戌刑은 정신질환, 腦, 神經, 心臟, 心身의 이상이 있고, 戌未刑은 胃腸, 脾臟, 神經痛, 유산 등의 이상이 생긴다.

丑은 巳酉丑, 戌은 申酉戌의 金이다. 축술형은 생명을 자르는 금을 갖고 있어 재물이 모이지 않거나 질병이 있거나 사고수로 다치거나 한다. 반대로 辰未刑이 있는 사람은 재물의 사고가 있거나 한다.

축술과 반대로 진미가 있으면 진중 을목이 있어 꽃이 핀다. 또한 진중 계수가 있고 미토 속의 정화도 있어 따뜻하니 돈이 많고 나무가 잘 자라며 몸도 좋고 건강하다.

(3) 子卯刑, 午酉刑

자묘형은 자수와 묘목으로 無禮之刑이라 하며, 묘목은 자에서 浴地가 되므로 자수의 편인으로 인해 불륜이나 패륜을 범할 수 있어 무례지형이라 한다. 자묘형은 알콜 중독, 마약, 비뇨기과 산부인과질환 등이 있다. 묘목의 생명이 잘못되니 관재구설, 형무소나 경찰서 등의 일이 발생한다.

자묘형은 수목이 많고 온도가 맞지 않을 때 살기가 뻗어 삼형살이 된다. 살기가 뻗어지지 않을 때는 삼형이 되고 살은 되지 않는다. 형살이 되지 않으면 의사, 약사, 종교, 교육, 법조계, 종교 관련 일을 하며 형살은 길한 것이나 삼형살은 흉한 것이다.

자묘형은 互刑이라고 하는데, 이것은 卯가 子를 형하고 子가 卯를 서로 형하기 때문이다.

무례지형은 왕지인 자오묘유의 도화로 이루어지는 형살이다. 특히 자묘형은 불륜, 불효, 변태, 성욕, 횡액, 이성이나 애정관계가 좋지 않거나 성격은 무례하며 육친 간 좋지 않은 일이 있다.

직업은 관광사업, 예체능계나 연예계, 오락사업 등을 하기도 한다.

건강 면에서는 産厄, 性病, 子宮, 肝腸, 泌尿器, 痲藥이나 산부인과 수술 등의 질환이 있다.

午酉刑은 午火와 酉金의 형으로 간주하여야 한다. 서로 오화와 유금이 서로 형하므로 형살에 포함하여야 한다고 제시해 본다.

(4) 辰午酉亥 自刑

自刑殺은 辰辰, 午午, 酉酉, 亥亥의 네 가지가 있다. 나머지 십이지지 중 8가지도

자형살로 간주한다. 같은 오행이 연달아 있으면 상대적인 오행이 약해지기 때문이다. 그러므로 나머지 子子, 丑丑, 寅寅, 卯卯, 巳巳, 未未, 申申, 戌戌도 자형으로 간주하여야 한다. 또한 이것을 '복음살'이라고도 한다.

辰午酉亥의 자형은 위의 그림과 같이 배합하여 이루어지는 것을 알 수 있다. 자형은 삼합과 방합이 만나 스스로 흉을 자초하는 것이다. 삼합과 방국을 배열하여 같은 글자가 자형이 일어나는 것이다. 그리고 삼합과 방국을 배열한 나머지 글자도 형이 작용하는 것을 알 수 있다.

자형은 한 가지에 집착하여 다른 곳을 보지 못하며 의타심이 있어 끈기가 부족하며 쓸데없는 주장이 강하여 끝매듭이 약하다.

자형이 있고 명조가 길할 때 귀인을 만나며 형사법계, 군인, 권력, 경찰, 사법권, 의사, 기술자 등 칼을 쓰는 직업을 하게 된다.

① 辰辰 自刑

진진형은 신자진 삼합과 인묘진의 방합이 만나 申寅刑하고 子卯刑하며 辰辰刑을 한다.

辰辰刑은 水의 庫이므로 매몰, 익사, 수재나 냉해 등으로 일의 변동이나 손실을 자주 보게 된다.

질병으로는 胃腸, 皮膚, 전염병 등의 질병이 생긴다.

직업은 수산업, 법조계, 경찰관, 소방관, 보관이나 창고업 등이 있다.

② 午午 自刑

오오형은 寅午戌 삼합과 巳午未의 방합이 만나 寅巳刑하고 午午刑하며 戌未刑을 한다. 午午刑은 화가 왕하므로 화상, 재해, 화기, 폭발, 가스나 전기 사고, 총상 등의 재해가 있다. 지지에 인이나 화를 의미하는 글이 많을 경우 다른 오행의 흉한 일을 경험하게 된다.

건강 면에서는 정신과 신경 계통의 질병인 고혈압과 심장질환 등이 있다.

직업은 보일러, 주유소, 전자, 전기설비업, 가스, 무속인 등의 일을 한다.

③ 酉酉 自刑

酉酉자형은 생명을 자르니 귀여움을 못 받고 부부나 혈육의 인연이 약하다. 가을 유금은 완전해야 직성이 풀리기 때문에 끝마무리를 깨끗하게 하는 성격이라 깔끔하다.

유유형은 사유축 삼합과 신유술의 방합이 만나 巳申刑하고 酉酉刑하며 丑戌刑을 한다.

유유형은 금으로 만물을 숙살하므로 상해, 수술, 교통사고, 칼, 기계, 연장으로 인한 것 혹은 기타의 마약, 약물 등의 사고가 있을 수 있다.

건강 면에서는 생리통, 수술, 수족의 사고로 인한 수술, 기타 질병이 있다.

④ 亥亥 自刑

해해형은 해묘미 삼합과 해자축 방국이 만나 亥亥刑하고 卯子刑하고 未丑刑을 한다. 해해형은 수가 왕하여 수재, 홍수, 폭설, 해일, 한파, 폭풍, 집이나 묘소에 수맥이 가득하여 물로 인한 피해가 있다.

건강 면에서는 혈액이나 비뇨기, 신장, 호르몬, 갑상선, 고혈압, 당뇨병 등의 질환이 생길 수 있다. 또한 감정적이 되기 쉬워 우울증 등을 경험하기도 한다.

직업은 세탁소, 목욕탕, 연구업, 수영, 청소업, 주점 등의 일을 한다.

⑤ 戌戌 自刑

술토는 천문이니 중첩되면 고독하며 술월이면 서양화가나 서양, 진월이면 동양화가나 동양을 나타낸다. 술토가 중첩되면 사회적으로 으뜸이 되고 약하면 무당, 도인, 역술인이 된다.

(5) 자형의 기타 특성

寅은 형사사건이나 刑罰, 사고, 교통사고, 수술 등이 있을 수 있다.

刑이 강하면 질병, 사고가 생기거나 신체장애나 정신병이 생길 수 있다. 또한 손재, 파재, 구속, 부부 이별 등이 있다.

刑이 약하면 약한 상해, 고소, 벌금, 세금, 약한 수술이나 배상 등이 있다.

형은 적극적이고 추진력은 있으나 남들보다 최고가 되고 싶어하여 본인 스스로 다 해야 하므로 일이 많고 주변의 사람이 오래 가지 않는다.

명조가 왕하고 기가 좋으면 소신이 있고 의지가 강하며 의리와 자존심이 있다.

명조가 편중되고 기가 약하면 거칠고 타협을 잘 못하고 공격적이어서 배신이나 관재가 따르며 질병이 있거나 가족이나 배우자와의 사이가 약하여 불화가 있다.

직업은 용신과 격국 조후에 따라 다르며 미용, 네일, 이발, 의류, 석공, 보일러, 가스, 카센터, 정비, 석유, 숙박업, 정육점 등이 있다. 격국이 더 좋으면 의약학계, 검경계, 군인, 신문방송 언론, 국정원 등이 있다.

(6) 진술축미와 토의 형충파해의 적용

- 진월은 미토가 오면 을목이 살아나고 계수가 괜찮으며 축토가 오면 을목이 살지 못하며 술토가 오면 좋고 나쁨이 섞여 있다.
- 미월에 술토가 오면 을목이 타 버리고 살지 못하며 진토가 오면 괜찮고 축토가 오면 좋고 나쁨이 섞여 있다.
- 술월은 축이 와서 축술형을 하면 정화가 약해지고 미토가 오면 을목이 죽고 정화가 살아나며 진토가 오면 좋고 나쁨이 섞여 있다.
- 축월에 진토가 오면 축이 깨어지니 좋으며 술토가 오면 언 것을 깨어주니 좋지만 화가 다치고 미토가 오면 좋고 나쁨이 섞인다.

六破

파는 육파라고 하며 子酉破, 丑辰破, 寅亥破, 巳申破, 卯午破, 戌未破가 있다. 파는 기존 지지에서 네 번째의 후진한 지지가 파가 되며 또한 기존 지지에서 열 번째 전진한 지지와 파가 된다.

파는 잘못된 만남을 의미하며 파는 깨진다는 의미로 삼합을 방해하고 깨어지니 드러나는 것이며 공적인 것의 목적이 성사되지 않는다. 그러므로 공적인 것이 되지 않고 사적이고 개인적인 것이며 일이 성사가 안 된다. 예를 들어 묘오파는 묘목 입장에서 해수와 미토와 합하나 오화가 있으면 사오합과 오미육합이 되니 삼합의 목적을 이룰 수 없어 개인의 일을 하는 것이다. 또한 일이나 계약이 성사되지 않아 파산 등을 당할 수 있다.

파는 왕지와 생지가 더 강하게 일어난다.

파는 정리하고 깨트리고 분리하고 변동하며 파괴한다는 의미이다. 또한 새로운 발전을 위해 진로를 바꾸며 추진하는 일이나 계획을 변경하고 완성하는 것이라 할 수 있다. 파의 년월일시를 근묘화실로 적용하면 된다.

파는 행운에서 년월일시를 파하면 그에 따른 재난과 질병이 따르며 사업자는 부도, 파산, 손실과 직장인들은 파면, 좌천 등을 하게 된다.

파는 잘못된 것이나 계획을 수정하여 바르고 좋은 상태로 만들기도 한다.

건강은 고질병이나 장기적인 질병이 있어도 파를 하여 오히려 길하며 회복하는 경우도 있다. 흉한 경우는 질병이 생기기도 한다.

육신으로 비겁이 파하면 동업이나 계약이 깨어져 배신이나 구설시비를 겪게 된다. 식상이 파하면 주거지의 좋지 않은 변동과 아랫사람과 자식 등으로 인한 고민이 생긴다. 관성이 파하면 좌천, 해고, 파직 등을 겪는다. 재성이 파하면 처로 인해 좋지 않은 일을 겪게 되고 재물의 손해를 입게 된다. 인성이 파하면 문서, 계약의 해지, 인허가 취소, 부모의 사랑이 부족하거나 인간관계의 구설시비 등이 있게 된다.

명조에 酉戌害 또는 害나 破가 있는 사람은 성격이 좋지 않거나 자기 실속으로 다른 사람의 마음을 상하게 하거나 해치기도 한다.

(1) 子酉破

자유파는 신의나 약속이 깨어져 손실을 보는 것이며 행운에서 파가 와도 마찬가지이다.

건강 면에서 子水는 신장, 비뇨기, 자궁, 방광염이다. 酉金은 세균, 신경통, 폐, 요통 등이 있다.

酉 입장에서 자유파는, 유축합이 삼합이며 사화가 오면 자수에 잡히니 삼합이 잘 안되고 축이 오면 자축합의 육합으로 되어 삼합이 안되니 목적을 이룰 수가 없다.

자유파가 있는 상태에서, 申辰은 子辰이 삼합이며 진월에는 申金이 와도 왕이 없으니 삼합이 안 된다. 자 입장에서 申이 온다고 해서 申子삼합이 되는 것이 아니고 申酉방국의 잡으로 섞여 삼합을 하지 못하게 하며 좋지 않다. 辰이 와도 子辰 합도 되지 않고 辰酉합이 되므로 삼합이 안 된다. 申子辰합의 삼합이 잘 되지 않는다. 변동이나 변화의 문서는 주의해야 하며 도움이 되지 않는다.

자수가 申酉金을 만날 때는 희신과 기신을 잘 봐야 득실을 알 수 있다. 자수가 유금을 보면 파가 되므로 자수가 유년을 만나면 수술이나 건강에 이상이 생기는 수가 있거나 믿었던 사람과 좋지 않은 운이다.

자유파는 수화의 대운이 오면 괜찮아진다.

유금이 자수가 있거나 운에서 오는 것은 파가 일어나며, 자수가 유금이 있거나 행운에서 오면 파가 일어나지 않고 오히려 좋을 때도 있다.

유월의 자년에 태어났다면 자수가 유금을 파하므로 좋지 않다. 자월 유년에 태어났다면 사회 활동이 약해지며 금생수가 되지 않아 파가 강해진다. 유월에 자유파가 더 심하다.

자유파는 戌의 오행으로 해결해야 한다.

(2) 丑辰破

축진파는 무리하고 조급하고 과신하여 일을 시도하다가 재산이나 명예의 손실을 가져오기도 한다.

축진파는 정리, 붕괴, 집수리, 인테리어 등으로 인한 다툼이나 일이 지연되거나 주변과의 사이가 나빠지게 된다.

건강은 비, 위장, 맹장, 피부, 냉병, 생리불순, 자궁, 유산, 담석, 방광 등의 질환이 있다.

축진파가 있을 때, 진월은 지지 申金이 오더라도 왕인 자수가 없으니 삼합이 되지 않으나 임수가 투간하면 삼합이 된다. 申金은 丑土에 묘지가 되니 합이 이루어지지 않는다. 자수가 오면 자진합과 자축 육합이 되니 삼합이 되지 않는다.

축진파의 축토 입장에서는 사화의 생지나 유의 왕지가 와서 巳酉合이나 酉丑合이 되어야 삼합이 된다.

축월은 진토가 있거나 운에서 오는 것은 얼어 있는 것을 파로 깨워 주니 괜찮다. 진월에 축토가 있거나 행운에서 오는 것은 파가 되며 축토 속에 辛金이 금생수가 되지 않으니 수가 고립된다.

진월에 축진파는 을목보다 辛金이 약하고, 축월에 축진파는 辛金보다 을목이 습한 땅으로 인하여 좋지 않다.

축진파는 을목이나 辛金이 수운이 오면 금이 살아나므로 을목의 나무가 자라지 못하니 오래된 질병이 발생하며 반대로 목운이 오면 辛金이 죽는다. 축진파가 있을 때는 화가 없으면 수명이 짧다.

축진파는 미토가 우선이고 그다음에 술토가 있으면 조후를 맞춰 준다. 축진파는 갑목이 투간하면 辛金이 약해진다. 丑辰이 같이 동주하면 습하므로 겨울대운으로 운이 흐르면 불이 꺼져 질병이 생기거나 죽거나 한다. 반대로 戌未가 같이 동주하면 건조해서 火運으로 가면 갑작스레 죽거나 한다.

축진파는 축토의 수는 금을, 진토의 수는 을목을 가지고 있어 금목상전하며 수화 중 화가 필요하니 목대운이 오는 게 나으므로 땅을 극하여 파헤쳐야 한다.

(3) 寅亥破

인해파는 先合後破로 합을 먼저 하고 파가 되므로 작용력이 약하게 일어난다.

인목이 해수가 있거나 오는 것은 괜찮으나, 해수가 인목이 있거나 행운에서 인목이 오는 것은 파가 된다.

인해합파는 해월에 묘가 오면 인묘방합과 해묘합이 잡으로 섞이니 좋지 않다.

인해합파는 술이 오면 인목 속의 화가 없어져 목생화가 되지 않으니 좋지 않다. 왕지랑 생지가 왔을 때 파가 일어나는 게 강하다. 寅戌 자체가 삼합이 되지 않는다. 생지랑 묘지만 합하여도 삼합이 되지 않는다.

인해파는 금이 있거나 금이 오면 파가 일어나지 않는다. 반대로 묘진이 있거나 묘와 진대운이 오면 인해합파가 있는 상태에서 목이 강해지니 파가 더 강해지는 것이다.

(4) 巳申破

사신파는 先合後刑으로 화합, 동업, 단합, 합의 등의 일로 합의 작용이 먼저 일어나나 파재, 배신, 손재, 의견 충돌, 불화 등으로 후에 형이 일어난다.

건강 면에서는 심장과 소장 계통의 질환이 있다.

사신파는 사화가 자수가 오면 申子合하려다가 음양의 합인 巳子合의 戊癸合으로 되어 버린다. 유금이 오면 사유합과 申酉방국인 잡으로 섞여 좋지 않다.

申金이 사화가 있거나 행운에서 오면 파가 되지 않으나, 사화가 申金이 있거나 행운에서 오면 파가 되며 유금이 더 좋지 않다.

(5) 午卯破

오묘파는 신중하지 못하고 일을 빠르게 처리하거나 안일하게 대처하여 손해를 보거나 실패하며 풍전등화 같은 것이다. 또한 계획을 세우고 침착하고 냉정하게 판단하여 과욕을 부리지 않아야 한다.

도화의 파이므로 색정이나 유흥, 도박, 뇌물, 횡령 등을 주의해야 한다.

건강은 시력, 백내장, 녹내장, 간이나 장의 질환이 있다.

묘오파는 정화가 꺼지고 약해지므로 병화가 투간되어 있어야 파가 잘 일어나지 않는다. 묘오파가 되어 있을 때 오술합이 되거나 인오합이 되거나 하면 파가 잘 일어나지 않는다.

묘오파가 있는데 진토대운이 오면 기신이 되므로 오화 속의 정화의 질병이 생기거나 심장병이 생기거나 질병으로 고생한다. 辰卯午가 같이 있으면 묘목과 진토가 둘 다 젖어 있으므로 불이 꺼지게 된다.

오묘파는 미토가 오면 묘미합과 오미합의 육합으로 되니 삼합이 되지 않고 잡으로 섞여 버려 좋지 않다.

오묘파는 술이 올 때 오술합과 묘술합이 잡으로 섞여 버려 좋지 않다. 그러나 조후로 술이 오거나 오술합이 되면 괜찮다.

묘목이 오화가 있거나 목이 강하거나 행운에서 화가 오면 파가 된다. 만약 오월인데 묘목이 있거나, 묘목이 행운에서 오면 파가 되지 않는다. 그러나 묘목이 강해지면 목다화식이 되어 흉하다.

(6) 戌未破

술미파는 파와 형이 작용력이 같이 일어나므로 크게 길흉이 나타난다. 구설시비, 모함, 질투, 문서착오 등으로 사건 사고가 생긴다.

인간관계는 배신이나 누명으로 힘든 일이 생긴다. 행운에서 술미형파를 만나면 크게 작용하여 큰 사건 사고를 경험하게 된다.

건강 면에서는 신경성, 우울증, 신경통, 요통 등 신경 계통 질환이 있다.

술미파는 묘목이 오면 묘미합을 하려다가 묘술합이 되어 잡으로 섞여 버리니 삼합이 되지 않고 좋지 않다.

술미파는 오가 오면 오술합과 오미합으로 잡이 되니 좋지 않다.

미토가 술토가 있거나 행운에서 오거나, 술토가 미토가 있거나 행운에서 오면 파가 되며 금이 강할 때 파가 강하게 작용한다. 술미파는 미토 속의 을목이 목생화가 되지 못하고 고립되며 목적이나 결실을 이루지 못한다.

술미파는 조열한 땅끼리 부딪히므로 을목이 타 버리며 해당하는 십성이 약해진다. 술토가 술미형이 되면 미 중 을목이 깨어지므로 함정에 빠지거나 사건 사고가 생긴다. 술미파는 화가 같이 암장되어 을목이 있는 화의 미토와 辛金이 있는 화의 술토가 만나면 서로 문제가 되는 것이다.

술미파는 목화가 잘 구성되어야 파가 일어나지 않는다.

술토는 미토를 싫어하여 술미파가 되며 반대로 진토는 축토를 싫어하여 축진파가 되어 흉하다.

술미파는 수대운이 올 경우 천간에 수가 없으면 오히려 수가 블랙홀처럼 빨려들어 없어지는 것과 같다. 그러므로 濕金인 申금대운이 오거나 지지 申金이 있어야 한다.

破害는 재물을 많이 버느냐가 중요한 게 아니라 공적인 일을 하는가 사적인 일을 하는가를 판가름하여야 한다. 예를 들어 무술년 기미월에 태어나면 술미파가 있으므로 공적인 일보다 사적인 일이 더 적합하다.

(7) 4墓支의 破刑

- 丑戌이 만나면 辛金이 무조건 문제가 생긴다. 축토는 사유축의 금이고 술토는 인 오술의 금이다. 축술은 형살이니 파랑 다르며, 파는 삼합을 깨는 것이고 축술형 이나 진미형의 형은 뭔가 새롭게 엎어서 만들거나 사고나 수술을 하거나 하는 것 이다.
- 辰未가 있으면 을목이 문제가 생기므로 경금일주는 을목의 부인이 문제가 생긴다. 만약 무토일주라면 을목의 공무원을 하지 않고 편관의 직업을 할 수도 있다. 진미 도 형이며 미가 형을 하니 계수가 마르게 되므로 약해지기도 한다.
- 戌未는 정화의 문제가 무조건 생긴다. 만약 경금일주라면 정화 관의 문제가 생긴 다. 신자진중 자가 오면 합이 되고, 묘가 오면 묘미합이 되는 것이다. 건강은 지장간 의 辛金이나 을목이나 정화나 계수가 약하다. 술미는 조하므로 물이 와야 되나 다 흡수가 되어 오히려 좋지 않을 때도 있다.
- 丑辰은 계수의 문제가 생기며 습하므로 수의 대운이 오면 더 문제가 생긴다.

(8) 破의 해소 방법

破는 三合으로 해소하고 害는 沖으로 해소한다. 원국에 무엇이 있느냐에 따라 조금씩 다르게 적용하여야 한다.
- 子酉破: 자와 유는 왕지이다. 진토와 축토가 오면 子辰합과 酉丑합이 된다. 진토가

금생수와 수생목하니 축토보다 파를 더 잘 해소하는 것이다.

- 丑辰破: 유금보다 자수가 낫다. 금을 살리려면 수가 있어 금생수와 수생목을 하여야 한다.

- 巳申破: 삼합으로 해소하는 것이 아니고 다른 파와 조금 다르다. 寅申巳亥의 파는 해소 방법이 조금 다르다. 酉金이 巳酉合 酉金이 오거나 있어야 申金이 다치지 않는다. 화생금을 해야 하는데 반대로 자수가 오면 신자합으로 물이 강해지므로 사화 속의 병화가 사신합으로 약한 데다가 더 약하고 죽어 버리게 된다.

- 寅亥破: 수생목과 목생화를 하는 것이다. 묘목과 오화 중 어느 것이 있어야 하는지 잘 살펴야 한다.

- 卯午破: 둘 다 왕지만 있으므로 묘지를 만나야 하며 未土가 있어야 한다. 왕지는 생지랑 만나면 너무 세어지니 좋지 않다.

- 戌未破: 오화가 있어 오미합이 되면 술미파를 막아 주니 미토 속의 죽은 을목을 살려야 하므로 오화가 있어야 한다.

왕지는 묘지랑 만나야 하고, 묘지는 왕지를 만나야 하며, 생지는 왕지로 파를 해소하는 것이다. 파와 다르게 沖를 해소하는 것은 沖이다.

寅亥나 巳申은 수화만 있으며, 또 수화가 오면 되지 않으므로 금목인 묘목이나 유금이 오는 것이 길하다. 자수와 오화는 수화의 음양인데 수화가 있는데 수화가 또 오면 좋지 않다. 생지는 왕지랑 만나는데 잘 살펴야 한다. 생지는 왕지와 묘지와는 다르다.

파는 삼합으로 해소해야 하며 천간에 무엇이 투간하느냐에 따라 다르다.

미월에 갑술일주이며 오미합과 술미파와 사술 원진이 있다. 지지가 미토 술토 사화가 조열하고 조후가 되지 않아 금수가 있어야 한다.

六害

六 害

子未害, 丑午害, 寅巳害
卯辰害, 酉戌害, 申亥害

육해는 卯辰害, 申亥害, 酉戌害, 子未害, 丑午害, 寅巳害의 여섯 가지가 있다. 육해는 육합을 방해하고 깨트리는 것이다.

육해는 육합의 개인적인 것이며 사적인 것이 원만하게 되지 않고 방해하는 것이다. 해가 있으면 연애, 결혼, 개인적인 능력, 인간관계가 원만하지 않으며, 단합이나 합하는 것을 파괴하고 방해하게 된다. 해는 육합을 해치는 연애로만 보는 것이 아니라 음양의 합을 해치는 것이니 건강 등으로도 좋지 않다.

해는 육친인 동료, 형제, 인척, 배신, 방해, 질투, 소송, 이별, 질병, 가족 간에 무정하고 방해하고 해친다 하여 형충파보다는 약하지만 六親之害라고도 한다.

오미합을 예로 들면 오와 축이 육합으로 능력을 발휘하려 하나 축토가 와서 축오해가 되면 합이 깨어지고 방해 요소로 일이 잘 안 풀리게 되는 것이다. 묘유충을 예로 들면 술토가 와서 묘술합을 하여 강해지지만 유금과는 유술해가 되어 성과가 약해지는 것이다.

육해는 육합과 상충하는 것을 합함으로써 합한 지지는 강하여지고 다른 지지는 서로 害가 되어 육합을 해치게 되는 것이다.

12신살의 육해는 그 자체가 묶이는 것이며 그것과 아무 연관이 없다. 육해와 害는 다른 것이다.

월의 육해는 배우자나 사회성에서 인간관계가 약하여 고독하게 되며 日時의 육해는 노년에 질병과 자녀로 인해 고민이 생긴다.

해는 원진과 같이 적용하는 경우가 많아 흉이 가중되기도 한다.

(1) 子未害

자미해는 육친이나 골육간에 불화하므로 함께 하지 못하고 무정하게 된다. 자축의 육합을 미토가 방해한다. 잘못 구성되면 害의 특징이 강해진다. 자미해는 자수가 힘이 약해진다.

자미해는 자축합과 오미합을 자와 미가 깨는 것이다. 축토가 오면 자수가 사는 것이고 오화가 오면 자수가 죽는 것이다.

(2) 丑午害

축오해는 폭발하는 기질이 있어 화를 잘 내며 인내심이 부족하고 관계가 오래가지 못한다. 특히 친인척과 가족과 동료로 인한 손재나 송사 등이 있다. 오미합인 육합을 축토가 방해한다. 축오해는 오화가 힘이 약해진다.

축오해는 자축합과 오미합을 축과 오가 깨는 것이다. 축오가 있으면 자수가 와야 하며 오화가 약해지며, 미가 오면 축이 약해지나 개고가 될 때도 있다. 예를 들어 축월에 오화가 있는데 묘목이 오면 목생화를 못하고 묘오파가 된다. 인목은 괜찮으나 묘목은 좋지 않다. 천간 을목은 지지에 뿌리가 없어도 음간이므로 제 역할을 할 수 있다. 천간 을목은 병화가 있어야 하고 축월에 오화를 살리려면 인목이 있어야 한다.

(3) 寅巳害

인사해는 인사형도 되므로 刑과 害가 동시에 되어 사고나 교통사고, 수술, 신체 절단, 송사, 관재 등이 일어난다. 사화는 인해합이 되는 육합을 방해한다.

인사해는 寅亥合과 巳申合을 하여 寅과 巳가 깨는 것이므로 인목이 약해지니 해수가 와야 한다.

(4) 卯辰害

묘진해는 우울증 또는 불화 등이 있고 단호함이 부족하여 인간관계에서 끊고 맺고를 못하여 질척거리거나 헤어나지 못하여 육친과의 관계로 인한 사건 사고가 일어난다. 묘술합인 육합을 진토가 방해한다.

묘진해는 목이 많아 수화가 힘을 못 쓰며 을목도 힘이 약해지며 화인 사화가 있어야 한다. 병화일주는 묘진해의 목을 그나마 자라게 한다. 정화일주의 묘진해는 금과 화가 있어야 한다.

묘진해는 수가 오면 수의 무덤이 되므로 대운이 수가 오면 흉하다. 반대로 유술해는 화운이 흉하다.

묘진해는 묘술합과 진유합을 묘와 진이 깨는 것이다. 묘목이 힘들어하며 화를 좋아하니 진토를 깨야 하므로 술토가 오거나 유금이 와도 된다.

예를 들어 묘월에 인목이 있어 방합이 되면 화로 설기하는 게 좋은데 사화가 있어야 하며 인목속에 병화가 있으므로 낫다. 진월에 묘목이 있어 묘진해가 있으면 금으로 솎아 주어야 한다. 寅卯는 인목 속에 병화가 있지만 卯辰은 화가 없다는 차이가 있으며 寅卯보다 卯辰이 훨씬 목이 강하다.

(5) 酉戌害

유술해는 해당하는 육친인 가족, 동료 등과 배신, 배우자와의 불화, 암투, 배신, 송사 등이 있고 하늘을 원망하는 일이 생기거나 인덕이 약하다. 진유합의 육합을 술토가 방해한다.

유술해는 정신적으로 힘드니 위로받아야 하며 오히려 잘난 척할 수 있다. 화가 약해지니 우울증이 있다.

유술해는 금이 강하여 목이 자라지 못하여 우울증이 생기거나 기분이 처진다. 또한 화도 약해지는 시기이며 해수의 수가 있어야 한다. 유금인 보석이 묻혀 빛이 나지 않는다.

유술해는 화운이 오면 무조건 묘지가 되며 사오화 둘 다 화가 커지는 것이 아니라 묘지가 된다. 유금은 물을 좋아하는데 토가 오면 금인 보석이 땅에 묻혀 버려 빛이 나지 않고 흉하다. 술월은 오화도 좋지 않고 화대운에 약하므로 유술해가 되며 수목대운이 와야 길하다.

유술해는 진유합과 묘술합을 유와 술이 깨는 것이다. 또한 유금이 힘들어해 술토를 깨야 하니 진토가 오거나 묘목이 오거나 하면 길하다.

(6) 申亥害

신해해는 지장간끼리의 오행을 서로 극하므로 육친 간에 상처를 받거나 해당하는 육친의 손실을 보게 된다.

사신합의 육합을 해수가 방해한다. 또한 정신적으로 힘들게 되고 연애가 되지 않는다.

申金은 해수가 오면 완전히 죽으며, 해수는 인목이 오면 수가 없어지며 금이 있으면 다치지 않는다.

신해해는 巳申합과 寅亥합으로 申과 亥가 깨는 것이다. 사화가 오거나 하면 길하다.

(7) 害의 해소 방법

- 寅巳害는 寅申沖과 巳亥沖하어 충을 하면 해소되므로 육합하고는 다르다.
- 卯辰害는 酉金이 오면 辰酉合이 되며, 戌土가 오면 卯戌合이 되니 沖으로 해소
  된다.
- 子未害는 午火나 丑土가 오면 해소되는 것이다. 子午沖과 丑未沖하면 子丑合과 午
  未合이 되니 해소된다.
- 酉戌害는 卯酉沖하면 卯戌合이 되며, 辰土가 오면 辰戌沖하면 辰酉合이 되므로 해
  소된다.
- 申亥害는 寅申沖과 巳亥沖하여 음양의 균형이 맞게 된다.
- 丑午害는 未土와 子水가 와서 丑未沖과 子午沖 하면 해소가 된다.

(8) 害의 기타

- 묘진해가 있으면 갑목을, 유술해가 있으면 경금을 사용하지 못한다.

IV

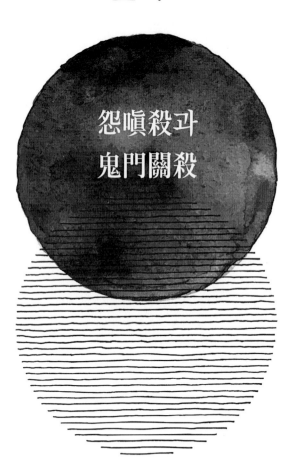

怨嗔殺과
鬼門關殺

1.

怨嗔殺

怨嗔煞

子未, 丑午, 寅酉
卯申, 辰亥, 巳戌

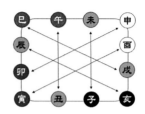

원진살은 기존 지지에서 여덟 번째의 후진한 지지가 원진이 되며, 또한 기존 지지에서 여섯 번째 전진한 지지가 원진이 된다. 이것은 베딕점성학에서 6, 8번째 하우스를 두스타나 하우스라고 하여 흉하게 보는 것과 동일하다. 원진살과 귀문관살은 6번째와 8번째이므로 인도점성학의 두스타나와 하우스와 유사하다는 것을 서순향[6]의 박사논문에서 처음으로 제시하였다.

원진은 子未, 寅酉, 丑午, 卯申, 巳戌, 辰亥가 있으며, 元嗔煞 또는 怨嗔殺이라고 한다. 원진은 서로 싫어하고 미워하여 불신, 원망, 시기, 질투로 만나기 싫고 밀어내어 이별, 이혼, 별거 등으로 고독해진다. 또다시 만나고 싶어 하여 만나면 같은 미움과 사랑 등이 반복되어 질긴 인연으로 보기도 한다. 또한 원진이 명조에 있으면 아주 똑똑하기도 하며 일에 몰두를 잘하여 성과가 있다. 그러나 예민하고 성격이 독특하여 다른 사람과 융화가 잘 되지 않고 남들을 쉽게 용서하지 않는다.

---

6) 서순향(2021), 「命理學과 Vedic占星學의 比較를 통한 相談 活用方案에 관한 研究 ―五行과 五行星의 陰陽을 中心으로―」, 공주대학교 대학원 동양학과 박사학위논문, pp. 150~154.

명조에 원진이 있거나 행운에서 올 경우와 행운의 길흉을 볼 때나 궁합을 볼 때 적용을 한다. 남녀의 명조를 원진살이나 형충 등을 참조하여 적용해야 한다.

명조에 오행이 편중되고 원진이 있으면 주위의 사람들과 불화나 구설시비를 겪는다.

관성이 원진살이면 관직과 자녀 또는 일이나 직장에서 예상하지 못한 흉함을 보고 재성이 원진살이면 처와 재물의 손재를 보기도 한다. 식상이 원진살이면 말로 인한 구설시비와 자녀 또는 건강으로 인해 흉함을 당한다.

원진이 기신인데 형충파해가 되어 길신이 되면 길하게 된다. 원진은 한쪽의 세력이 강하거나 일방적일 때 일어난다.

명조에 원진이 亡身殺, 劫煞, 羊刃과 같이 하면 음란하거나 천박하여 횡액을 당하기도 한다.

원진이 일시에 있으면 자녀와 배우자와의 불화가 생기거나 이별하거나 무정하거나 하며 말년에 고독하거나 질병이 있기도 한다. 원진이 년월일에 있을 경우 동료, 윗사람, 부모, 형제, 친척 등의 불화가 있다.

여자 명조에 재성이 월일에 원진이면 시어머니나 친정아버지와의 불화가 있다.

진해원진은 화가 있을 때 금운이 와야 하고, 사술원진은 수가 있을 때 목이 와야 한다.

(1) 자미원진

- 沖: 午, 오화와 충할 경우 난하며 오미합해 자수가 없어져 힘을 발휘하지 못한다. 반대로 축오원진은 자수가 왔을 때 한하므로 한난이 조화롭지 못하다.
- 合: 申, 丑, 辰, 신자합인 申金을 만나면 미토 속의 을목이 다치고 정화는 괜찮으나 온도가 맞지 않다. 축토를 만나면 자축합의 육합이 되며 축미충을 하니 금수가 많은 걸 잘 살펴야 하며 미토 속의 정화가 다친다. 진토를 만나면 자진합이 되니 자수의 수분이 약해진다.
- 破: 酉, 자수와 파를 하는 유금과 만나면 시끄러운 일이 일어난다.
- 害: 未, 미토를 만나면 정신적으로 고통받거나 수술을 할 수도 있다.

- 刑: 卯, 묘목을 만나면 자묘형이 일어나야 하나 미토가 있어 일어나지 않는다. 여름에 묘목이 오면 괜찮다. 자월일 경우도 미토가 있으므로 자묘형이 일어나지 않는다.

(2) 인유원진

- 인유원진은 조하므로 巳午未戌이 있거나 운에서 올 때 더욱 조하여 흉하다.
- 沖: 申, 인유원진이 申金을 만나 인신충이 되면 寅木이 잘못되거나 없어진다. 寅木의 육친으로 잘못된 일이 발생한다.
- 合: 午, 戌, 亥, 인유원진이 오화를 만나면 충이 아니면 유금이 완전히 흉한 것은 아니고 피해를 보는 것이다. 술토를 만나면 인목 속의 갑목에 문제가 발생하여 목이 못 자란다. 해수를 만나면 목생화가 되지 않으며, 酉金은 살아나서 화가 꺼지므로 화의 문제가 발생한다.
- 破: 亥, 인유원진이 해수를 만나면 寅亥合破가 되니 목이 목생화가 되지 않아 병화가 꺼지며 금은 살아나게 되어 화의 문제가 생긴다.
- 害, 刑: 巳, 인유원진이 사화를 만나면 인사해가 되어 인목이 타버리니 목이 문제가 발생한다. 인유원진이 인사형이 되어 있고 화가 오면 목이 말라서 잘못되고 수가 오면 화가 목생화가 안 되어 문제가 발생한다.
- 寅酉가 있을 때는 수가 있어야 조절이 되고 申卯가 있을 때는 화가 있어야 조절된다.
- 寅酉원진이 있으면 酉丑합이나 寅午합이 되면 원진이 안 되며, 서로 극과 극이니 합을 해 주면 괜찮은 것이다. 오화가 좋은지 축토가 좋은지 정확하게 판단해 보아야 한다. 오화가 좋으면 寅이 와야 하고, 축토가 좋으면 오화를 힘 못 쓰게 子午沖 등을 하는 申子辰이 있거나 운에서 오면 좋다. 오화가 힘을 약하게 하니 금도 와야 한다. 酉金이 와서 합을 하거나 자수가 와야 한다. 원진은 삼합으로 해소해야 하는 것이다.

(3) 묘신원진

- 묘신원진은 습하므로 亥子丑辰이 있거나 운에서 왔을 때 조습이 맞지 않아 좋지 않다. 卯申은 암합이라도 원진이 되니 결국 재산을 파하게 된다.
- 沖: 酉, 묘신원진이 酉를 만나면 신금과 유금이 만나 申酉합이 되어 卯酉沖하면 묘목이 아주 흉하게 된다. 묘목이 제대로 된 충을 맞아 정신적, 물질적, 건강 등으로 좋지 않다.
- 合: 戌, 亥, 未, 묘신원진이 戌을 만나면 묘목이 처음에는 일시적으로 좋다가 나중에 암장된 辛金으로 인해 묘목이 정신적으로 힘들거나 흉하다. 해수를 만나면 묘목의 씨앗이 발아가 되지 않고 도박, 사기, 바람, 정신적인 질병 등으로 잘못되거나 해당되는 육친으로 인해 흉하다. 미토를 만나면 묘목은 申金한테 잡혀서 귀문이 발동하여 좋지 않다가 오히려 좋아지게 된다.
- 破: 午, 묘신원진이 오화를 만나면 여름이 오니 꽃이 피어서 길하다. 申 속에 庚金이 卯木 속에 을목을 합하여 오화를 묘목이 살리게 된다. 또한 오화가 申金 속 壬水를 丁壬합하여 화극금을 하므로 묘목을 소생하게 한다. 본디 오화는 묘목을 좋아하지 않으나 이때 묘목을 살려 주니 좋아하게 된다.
- 害: 辰, 묘신원진이 진토를 만나면 卯辰害해가 되어 흉한 일이 일어난다. 진토는 묘목이 좋아하는 게 아무것도 없어 나쁘다. 육합을 방해하므로 계약이나 연애가 깨진다. 원국에 화가 있으면 덜한데 화가 없다면 100% 문제가 발생한다.
- 刑: 子, 묘신원진이 자수를 만나면 子卯刑이 되어 큰 질병이 생기거나 수술하거나 교도소, 범죄, 관재수가 일어난다. 예를 들어 무토일주라면 재생관이 잘못되니 배우자나 여자 아니면 직장으로 관재수가 발생한다.

(4) 진해원진

- 진해원진은 온도가 맞지 않으므로 병화가 있어야 하며 천간 계수가 최고 흉하며 임수도 흉하므로 정신질환이 생길 수 있다. 목대운인 인묘진운으로 갈 때 묘지가 100% 일어나 원진이 일어나고 사오미대운도 묘지가 되어 진해원진이 일어난다.

가을대운이나 겨울대운으로 가면 원진이 일어나지 않으나 잘 판단해서 적용해야 한다.

- 진해원진은 천라와 지망이 두 개나 있어 수의 묘지인 진토와 병화의 절지인 해수가 있다. 그러므로 사오화가 행운에서 와도 제대로 된 역할을 못한다. 사화가 오면 사해충이며 오화가 와도 신자진과 반대이니 원진이 일어난다. 천라지망인 戌亥나 辰巳가 한쪽만 있는 게 덜하며, 술해가 있는 것보다 辰亥 원진이 더 못하다.

- 沖: 진해원진이 술을 만나면 戌속에 정화가 따뜻하게 하니 길하다. 沖하면 진토로 인해 다치거나 죽어 있는 해수가 술이 오면 살아나 수생목을 할 수 있어 나무가 자라나 원진이 풀리니 길하다.

- 合: 申, 子, 酉, 진해원진이 申金을 만나면 진토 속에 을목이 못 자란다. 신경계 이상, 성장 장애, 소아마비의 질병이 생기며 수운으로 갈 때는 온도가 맞지 않아 을목은 진토를 부담스러워한다. 반대로 갑목은 진토와 해수를 반긴다. 을목은 화를 좋아하나 진토 속에 화가 없어 피해를 보며 양인으로 본다. 진해원진이 자를 만나면 묘목이 없어도 진토 속에 을목 자묘형이 일어난다. 진해원진이 유를 만나면 辰酉合을 하나 酉金의 칼날이 해수로 인해 살아나 진토 속에 을목을 잘라 버려 흉하다.

- 破: 진해원진이 축토를 만나면 진토 속에 을목이 다치거나 성장 장애가 되거나 얼게 되어 흉하다.

- 害: 진해원진이 묘목을 만나면 亥卯合하려다 卯辰방국의 잡이 되어 목이 커지며 해수가 흉하게 된다.

- 刑: 진해원진이 진토를 만나면 해수 속의 임수가 완전히 마른다. 辰辰은 자형이 되며 진토 속에 두 개의 무토가 있어 해수가 죽으며 수화가 약하고 죽게 되므로 흉하게 된다. 원국이나 대운에서 목화가 있거나 만나면 해수가 좋지 않고 금수가 있거나 만나면 해수가 흉하지 않다. 辰亥원진은 金水運으로 가면 해수가 살아나니 바깥일인 직장 등 사회적 지위가 좋게 된다. 목화운으로 가서 진토가 살아나면 집안의 일인 결혼이나 연애나 가정적으로 잘된다. 진토는 지망이며 인간관계 땅이며, 해수는 천라이며 하늘이고 바깥일이다.

(5) 사술원진

- 沖: 사술원진이 해수를 만나면 巳亥沖으로 목화냐 금수냐에 따라 화가 다치거나 수가 다치거나 한다.
- 巳戌원진은 조하여 임수가 필요하며 정화가 燥하므로 최고 흉하고 그다음 병화가 흉하다. 사술원진은 정화가, 진해원진은 계수가 흉하다.
- 合: 사술원진이 申, 酉, 丑, 申金을 만나면 화가 꺼져 병화가 무력하여 목이 자라기 힘들다. 酉金을 만나면 巳酉三合하고 酉戌방국이며 잡이라 섞여 있어 목적을 이루지 못한다. 육합은 사적인 합이니 개인적인 것이 흉하고 삼합은 목적의 합이며 공적인 것이 흉하다.
- 破: 사술원진이 申金을 만나면 巳申의 육합과 사신형도 된다. 사술원진은 신금으로 인해 화가 꺼진다. 문서나 재산과 계약이 깨어진다.
- 害: 사술원진이 寅木을 만나면 寅巳害가 되어 목생화를 하여 화가 커지고 甲木인 목이 흉하게 된다. 원국에 수가 있으면 낫고 수가 없다거나 화와 금이 있을 때 甲木이 크게 좋지 않다. 또한 손발이 다치거나 교통사고나 관재수 등의 일이 일어난다. 금보다 화가 있을 때 흉함이 더하며 과다한 화는 100% 寅巳刑殺의 살기가 뻗쳐 흉하다.
- 刑: 사술원진이 申金을 만나면 화가 다치며 이때는 목이 있는지를 잘 판단해야 한다.

(6) 축오원진

- 沖: 축오원진이 자수를 만나면 자축합으로 인하여 오화가 상실되며 흉해진다. 만약 무토일주라면 인성과 계약과 공부가 잘되지 않는다.
- 合: 未, 酉, 戌 중, 未를 만나거나 운에서 오면 오미합하여 축토 속의 계수가 흉하다. 만약 무토일간이라면 재성에 문제가 발생하며, 명조에 木金이 있느냐와 계절에 따라 차이가 난다. 목이 있는 사람은 재성이 크게 문제가 된다. 금이 있는 사람은 계수에게 금생수를 하여 피해가 덜하다. 申金보다 酉를 만나면 마른 금이라 오화가 살아나고 편안해진다. 酉丑합되면 축이 오화를 괴롭히지 않는다. 丑午가 있을 때 申金보다 酉가 오면 더 낫다.

- 合: 寅, 戌중, 寅을 만나면 寅午合으로 나무가 잘 자라서 최고로 길하다. 丑은 겨울이며, 寅木은 봄이며, 午火는 여름이다. 겨울과 봄과 여름이 합하니 좋다. 미토가 축토를 충하여 깨며 땅은 땅끼리 깨는 것이다. 寅을 만나 丑을 극하는 것은 아니다. 축토는 인목을 만나도 계수가 마르지 않는다. 술토를 만나면 午戌合하여 축토를 깬다. 午戌의 정화의 왕지는 축토를 깨나 정화 왕지는 깨어지지 않는다. 午戌合은 화가 죽지 않고 금인 辛金이 좋지 않지만, 축토 속의 계수가 좋지 않으므로 丑戌刑이 일어난다. 술토와 축토는 1대 1로는 축토가 이긴다. 그러나 축오원진에다가 술토가 와서 오술합하면 축토가 지는 것이다.
- 破: 축오원진이 묘목을 만나 午卯破가 되면 음지에서 피는 꽃, 우울, 눈물 한탄이다. 화보다 묘목이 잘못되어 힘들다. 토일주라면 묘목의 육친인 남자나 직장으로 인해 힘들어 문제가 생긴다. 원진이 있는데 운에서 오지 않으면 괜찮지만 운에서 올 때는 좋지 않다.
- 害: 축오원진이 축토를 만나면 타인으로 인해 정신적으로 두 번 죽는 것과 같아 죽지도 않고 너무 힘들게 된다. 일이 될 듯하면서 지연되고 되지 않아 때를 기다려야 한다. 寅未戌를 만나 축을 극하거나 합하여 풀려 변화가 오거나 하여야 한다. 그래서 合沖하여 많이 변화한다.
- 刑: 축오원진이 오화를 만나면 오화가 측토를 조절할 수 없고 폭발성이 가중되어 오화의 자형까지 일어난다. 오화가 축토와는 축오해와 축오원진과 귀문관살이 동시에 작용하여 물질적 도움은 있으나 정신적으로 힘들게 한다. 오화가 더 왔으니 오오자형이 되어 정신적으로 힘들며 곱하기를 하여 두 배로 더 힘들고 해결은 되지 않는다.
- 원진살은 귀문관살과 한난조습을 동일하게 적용하면 된다.

(7) 원진살의 고서에 의한 기록

- 자미원진: 양 머리의 날카로운 뿔을 쥐는 싫어하며, 쥐의 꼬리를 양은 싫어한다.
- 축오원진: 말은 빈둥대고 게으르며 노는 것을 좋아하여 밭을 갈지 않으므로 열심히 일하고 부지런한 소가 싫어한다. 소는 말이 사람을 태워 다니니 노는 것같이 보이

므로 싫어한다.

- 인유원진: 닭의 부리가 짧다고 호랑이가 싫어한다. 다른 이유로는 닭이 자주 짖어 대니 호랑이는 싫어하게 된다.

- 묘신원진: 원숭이 항문 색과 토끼 눈의 빨간색이 같아서 싫어하며 원숭이의 허리가 구부정한 것을 토끼는 싫어한다.

- 진해원진: 돼지가 용인 본인의 얼굴과 닮았지만 돼지의 검은 얼굴과 입을 싫어한 다. 용이 여의주를 물고 있어 돼지는 부러워하며 싫어한다.

- 사술원진: 개 짖는 소리를 뱀이 싫어하며 뱀의 가느다랗고 긴 혀를 개는 싫어한다.

2.

鬼門關殺

鬼門關殺

子酉, 丑午, 寅未
卯申, 辰亥, 巳戌

귀문관살은 기존 지지에서 여덟 번째의 후진한 지지가 귀문이 되며, 또한 기존 지지에서 여섯 번째 전진한 지지가 귀문이 된다. 그러나 자유귀문관살만 다르다. 귀문관살 중 丑午, 卯申, 巳戌, 辰亥는 원진살과 같으며, 子未원진은 子酉귀문으로, 寅酉원진은 寅未로 귀문관살이 된다.

명조에 鬼文關殺이 있으면 다른 것은 돌아볼 겨를도 없이 한 가지에 몰두하고 집착하는 것이다. 귀문관살은 귀신이 문을 열었다 닫았다 하며 드나드는 문을 의미한다고 한다.

귀문관살이 흉할 때는 변덕스럽고 불평불만과 증오심과 열등감과 배타심으로 관계 소통이 약하다. 또한 정신적으로 피폐해지고 집착하여 히스테리나 폭발적인 기질과 더불어 정신병과 우울증 등이 있고 편집증적인 면이 있다.

귀문관살은 오행이 과다하거나 수화와 금목이 다툴 때나 조후가 되지 않을 때나 인성이 약할 때 일어난다.

명조가 길하고 중화되면 머리가 좋아 영리한 사람이 많으며 귀할 때는 발복하여

연구한 업적이 있기도 한다.

귀문관살은 화병, 불안감, 우울증이 크며 판단력이 약하고 의존도가 높으므로 대화를 많이 해 주고 스트레스나 정신적인 것을 해소하거나 본인이 좋아하는 일을 해야 한다.

원진살과 귀문관살의 의미는 서로 유사하며 추가적인 의미는 다음과 같다.

- 子酉: 마음의 변덕이 있고 깐깐하여 사회적인 관계성이 약하다. 자유귀문은 귀문관살의 작용보다 파의 작용으로 보아야 한다. 자유귀문에 자유파보다 신축 귀문이 더 타당하다.
- 丑午: 평소에 차분하다가 폭력적이고 폭발적인 기질이 있어 감정의 기복이 있어 주위에 사람들을 힘들게 한다.
- 寅未: 평소에 괜찮고 얌전하다가 멍해지며 일에 있어 명확하지 않고 갑작스러운 사고를 낸다.
- 卯申: 과단성이 있고 똑똑하며 본인에게는 과신하여 일을 그르치거나 남들을 무시하는 성향이 있어 관계성이 약하고 힘이 든다.
- 辰亥: 욕심이 과다하여 눈은 높고 까다로워 대인관계에서 양보하지 않고 질척대며, 감정의 분별심이 약하여 일이나 관계성이 약하다.
- 巳戌: 감정이나 성격이 앙칼지고 메마르며 고집이 있고 정이 없어 대인관계가 원만하지 않다.
- 申丑: 금이 약해지므로 결단력과 단단함이 약해지며 귀문에 추가하여야 한다고 제시해 본다.

V

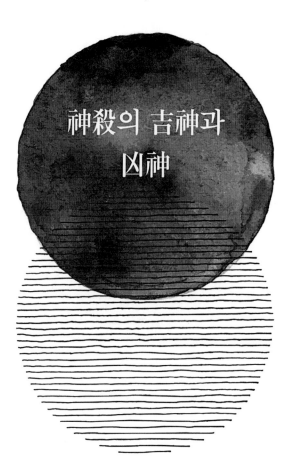

神殺의 吉神과
凶神

吉神

(1) 天乙貴人

천을귀인은 일간을 중심으로 보며 玉當星이라고도 한다. 하늘이 준 복록이 강하고 길신이다. 지혜로 영리하며 성격이 좋고 공명정대하여 인덕과 배우자복과 덕이 있다.

천을귀인에서 甲戊庚은 丑土와 未土가, 乙己는 子水와 申金이, 丙丁火는 酉金과 亥水가, 辛金은 寅木과 午火가, 壬癸는 卯木과 巳火가 있다.

천을귀인은 일지에 있으면 귀격으로 간주하며 출세하고 신용을 얻고 명성이 있어 존경을 받으며 귀인을 행운에서 만나도 길하고 좋은 일이 생긴다.

귀인은 지지합이면 좋으며 특히 생과 합을 좋아하며 공망이나 형충파해나 쟁합 등은 좋지 않다.

행운에서 천을귀인이 오면 좋은 사람이 생기거나 일이 잘 풀리게 된다.

천을귀인이 文昌星과 함께하면 학문에 뛰어나 학계에서 명성을 얻는다. 또한 화개살과 함께하면 화술과 웅변에 능하여 지도자의 위치에 오르며 정치계나 활인업에 종사하기도 한다. 三奇星(丁乙己, 甲戊庚)과 귀인이 함께하면 인품이 후덕하고 귀한 명으로 관직이나 직장에서 복록을 얻는다.

귀인이 비겁이면 현명한 형제와 친구, 동료, 직장동료 등의 복덕이 있다.

귀인이 식상이면 의식이 풍족하고 뛰어나며 총명한 자녀와 제자가 있고 장수하며 달변가이므로 외교에 능하고 사교적이고 남자는 처가 덕이 있다.

귀인이 재성이면 현명한 처가로 인해 복덕이 있고 재복이 있으며 여자는 시댁덕을 본다.

귀인이 관성이면 관직이나 직장운의 복덕이 있어 명예가 있고 현명한 남편을 만난다. 남자는 자녀가 크게 되거나 덕이 있다. 인성이면 부모 덕과 인복이 있으며 학문에 능하다.

귀인이 인성이면 학문에 능통하여 성공하며 부모가 후덕하여 사랑을 많이 받고 자라며 외가 덕도 있다.

귀인이 역마살과 함께하면 뛰어난 용모와 위엄이 있으며 외교와 사교술에 능하며 외국이나 타지와 인연이 깊다.

귀인이 과다하면 좋지 않고, 건명은 상처하기 쉽고, 곤명은 여러 번 결혼하거나 음란하기도 한다. 또한 귀인이 공망되고 식신이면 예술인이거나 기예인이거나 활인업에 종사하기도 하며 경제적으로 힘든 경우가 더러 있다.

귀인은 일시 그다음 년월 순서로 좋다. 건명은 동지후부터인 子에서 巳까지인 陽貴라 하여 좋고, 곤명은 하지부터인 午에서 亥까지를 陰貴라 하며 길하다.

귀인은 일지가 아무리 천을귀인이 있어도 사주 구성과 행운을 봐야 하며, 특히 월과 연계해서 봐야 길흉을 정확히 판단할 수 있다. 귀인이 있더라도 월에서 형충파해가 있으면 커다란 흉으로 작용하는 경우도 있다.

위 명조는 계사의 천을귀인의 일주이면서 복록이 있는 것이 아니라 힘들게 살았다. 축월에 계사일주라서 화가 팔자에 세 개나 있으나 겨울이라 화가 아주 약하

다. 또한 행운이 수금대운으로 흉한 운을 지났다. 丁酉대운 남편이 자살하였고 辛酉時로 인하여 자녀운도 약하다. 그러나 대운이 말년에 화대운으로 흘러 조후가 맞춰지니 차츰 나아질 것이다.

(2) 文昌貴人

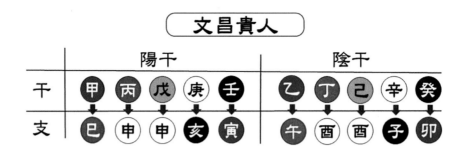

문창귀인과 학당귀인에서 음간은 乙木은 午火, 丁火와 己土는 酉金, 辛金은 子水, 癸水는 卯木으로 동일하다. 양간은 甲木은 巳火, 丙火와 戊土는 申金, 庚金은 亥水, 壬水는 寅木이며 학당귀인과 다르다.

양일간은 십이운성으로 病(年)에 해당되며, 음일간은 십이운성의 長生에 해당이 된다. 그러나 음간은 십이운성의 욕지에 해당한다.

문창귀인은 일간에 대비하여 식상에 해당하며 병정화는 재성에 해당된다.

문창귀인은 총명하여 학문과 창조적인 예술 방면과 다방면에 재능이 뛰어나며 기억력, 연구력 등으로 자질을 발휘한다. 또한 학자, 교수, 교사, 문학가, 예술계 등의 사회적 지위에 오른다.

문창귀인은 일주가 신강해야 하며 문창이 과다하지 않아야 하며 형충회합과 공망은 적용을 하지 않는다.

문창귀인은 일지를 우선시 적용하고 월시는 그다음 적용한다. 문창성은 지지에 해당하는 것을 천간으로 드러난 오행이 같아도 문창성으로 적용한다. 甲木일주는 丙, 丙火와 戊土일주는 庚, 庚金일주는 壬, 壬水일주는 寅, 乙일주는 丁, 丁火와 己土는 辛, 辛金일주는 癸, 癸水 일주는 乙이다.

문창귀인은 명조에 관인이 있어야 국가나 국공립 등에서 인정하는 자격증을 얻게 되며, 그 방면으로 인연이 있으며 큰 능력을 발휘한다.

(3) 學堂貴人

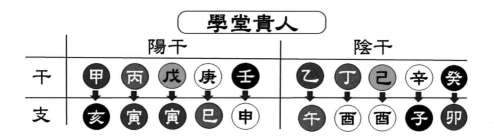

학당귀인과 문창귀인에서 음간은 乙木은 午火, 丁火와 己土는 酉金, 辛金은 子水, 癸水는 卯木이며 동일하다. 양간은 甲木은 亥水, 丙火와 戊土는 寅木, 庚金은 巳火, 壬水는 申金이며 문창귀인과 다르며 생지가 되며 문곡귀인과 같다.

십이운성으로 일간의 장생에 해당되며 지혜로 영리하여 학문적 성과를 이루며 문필이 뛰어나고 교직에 근무하는 경우가 많다. 또한 새로운 십이운성으로 음간은 욕지에 해당한다.

정도의 길을 걸으며 월지와 시지에 있는 것이 작용력이 더 강하다.

(4) 文曲貴人

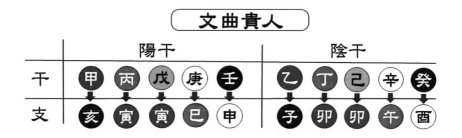

문곡귀인에서 양간은 甲木은 亥水, 丙火와 戊土는 寅木, 庚金은 巳火, 壬水는 申金으로 학당귀인과 같다. 그러나 음간은 乙木은 子水, 丁火와 己土는 卯木, 辛金은 午火, 癸水는 酉金으로 학당귀인과 다르다. 문곡귀인은 문창귀인과는 양음 둘 다 정반대의 십이지이다.

양간은 십이운성의 장생이며 음간은 병지에 해당되며 기억력이 좋고 책과 학문을 좋아하고 학문적으로 성과를 이룬다. 음간은 십이운성의 새로운 이론으로 사지에 해당한다.

(5) 官貴學官

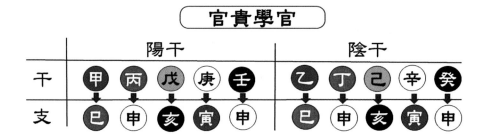

관귀학관은 음양간이 같은 지지에 해당되며 사생지인 인신사해로 구성된다.

관귀학관에서 양간은 일간의 관성의 양간 오행의 장생에 해당된다. 甲乙木의 관성은 金이므로 금의 양의 생지는 巳火, 丙丁火는 관성이 수이므로 수의 양의 생지는 申金, 戊己土는 관성은 목이므로 목의 양의 생지는 亥水, 庚辛金의 관성은 화이므로 화의 양의 생지는 인목, 壬癸水의 관성은 토이므로 토의 양의 생지는 申金이 관귀학관이다.

관귀학관은 같은 오행으로 구성되며 갑을목, 병정화, 무기토, 경신금, 임계수는 음양이 달라도 지지는 같다.

관귀학관은 지혜가 있고 영리하여 학문적으로 뛰어나 고위직 관직이나 교육자로 주로 근무한다.

(6) 天月德貴人

천월덕귀인[7]은 월지를 기준으로 적용하며 이사나 택일 때 주로 사용한다.

천덕귀인은 하늘이 은혜를 사람에게 베푼다는 의미이며 월덕은 숨은 덕이 있다는 의미이다.

『연해자평』에서 천간의 천덕귀인 원리는 다음과 같다.

- 생지인 인신사해월의 천덕은, 그다음 계절의 오행의 천간에 음간이 된다. 해수의 다음 계절은 봄이므로 목이며, 천간의 음간은 을목이 된다. 인목의 다음 계절은 여름이므로 화이며, 천간의 음간은 정화이다. 사화의 다음 계절은 가을이므로 금이며, 천간의 음간은 辛金이다. 申金의 다음 계절은 겨울이므로 수이며, 천간의 음간은 계수가 되는 것이다.

- 왕지인 자오묘유월의 천덕은, 해당하는 왕지와 충하는 계절의 생지가 해당된다. 자수와 충하는 것은 오화이며 계절은 여름이므로 생지인 사화가 된다. 묘목과 충하는 것은 유금이며 계절은 가을이므로 생지인 申金이 된다. 오화와 충하는 것은 자수이며 계절은 겨울이므로 생지인 해수가 해당된다. 유금과 충하는 것은 묘목이며 봄이므로 생지는 인목이 해당된다.

- 묘진인 진술축미월의 천덕은, 전 계절의 오행의 천간에 양간이 된다. 축월의 전계절은 가을이므로 금의 양간은 경금이다. 진토의 전 계절은 겨울이므로 수의 양간은 임수가 된다. 미토의 전 계절은 봄이므로 양간은 갑목이 된다. 술토의 전 계절은 여름이므로 양간은 병화가 된다.

---

7) 만민영 저, 김정안 편(2017), 『삼명통회적요(三命通會摘要)』, 서울: 문원북, pp. 166~167.

오성의 『논천월덕』에서 논한 지지의 천덕귀인은, 인신사해월은 이전 계절의 인 신사해이며 생월의 생지에 해당된다. 자오묘월은 이전 계절의 왕지에 해당된다. 진술축미월은 이전 계절의 묘지에 해당된다.

오성의 『논천월덕』에서 논한 천간의 월덕귀인은 생월을 삼합하여 합화하는 오행 의 양간의 천간에 해당하며 다음과 같다.
- 해묘미월은 해묘미 삼합하면 목이 되므로 양간의 천간은 갑목이 해당된다.
- 인오술월은 인오술 삼합하면 화가 되므로 양간의 천간은 병화가 해당된다.
- 신자진월은 신자진 삼합하면 수가 되므로 양간의 천간은 임수가 해당된다.
- 사유축월은 사유축 삼합하면 금이 되므로 양간의 천간은 경금이 해당된다.

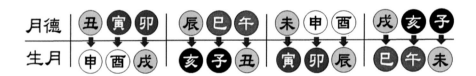

오성의 『논천월덕』에서 논한 지지의 월덕귀인은 충한 생월의 앞의 지지에 해당 된다. 인월은 신금과 충한 앞의 지지인 미토가, 묘월은 유금과 충한 앞의 지지인 신금과, 진월은 술토의 충한 앞의 지지인 유금과, 사월은 해수와 충한 앞의 지지인 술토가 된다. 또한 오월은 자수와 충한 앞의 지지인 해수와, 미월은 축토와 충한 앞의 지지인 자수가 된다. 또한 신월은 축토와, 유월은 인목과, 술월은 묘목과 해 월은 진토와, 자월은 사화와, 축월은 오화가 월덕이 된다.

(7) 太極貴人

태극귀인은 科名星이라 하며, 생년과 일지를 위주로 보며 격국이 중화되면 결과를 거두어 성과가 있어 복록을 누리고 편안하게 산다. 또한 자신의 뜻을 이루며 조상 덕이 있으나 형충파해가 있으면 길함이 흉이 된다. 태극은 만물이 시작되며 太(클 태)가 되고 이루어지고 거두어들여 다시 되돌아가므로 極(다할 극)이라 한다.

甲乙丙丁은 왕지로 구성되며 계절의 중간이다. 庚辛壬癸는 생지로 구성되며 계절이 시작되는 것이다. 戊己는 묘지로 구성되며 계절을 마무리하며 다음 계절을 준비하는 것이다.

갑을은 자수와 오화를, 병정은 묘목과 유금을, 무기토는 진술축미를, 庚辛은 인목과 해수를, 임계는 사화와 申金이 태극귀인이다.

(8) 福星貴人

복성귀인은 장수하며 부귀와 복록을 누리며 인덕이 있는 길신이며 시지에 있으면 말년까지도 복록이 있다. 사회적으로 대성하며 술해는 천라살이므로 정신적이

고 종교적인 분야를 뜻하므로 복성귀인이 되지 않는다.

양간인 갑목은 인목을, 병화는 자수를, 무토는 申金을, 경금은 오화를, 임수는 진토에 해당된다. 음간인 을목은 축토를, 정화는 유금을, 기토는 미토를, 신금은 사화를, 계수는 묘목에 해당된다.

복성귀인의 다른 방법은 갑병이 인과 자를, 을계가 묘와 축을, 무가 申과 술을, 기가 미를, 정이 유와 해를, 경이 오를, 辛이 사를, 임이 진을 보는 것으로 연해자평에서 제시하고 있다.

(9) 財庫貴人

財庫貴人

干	甲 乙	丙 丁	戊 己	庚 辛	壬 癸
支	辰	丑	丑	未	戌
財	戊	辛	癸	乙	丁

재고귀인은 지지에 재성의 재물의 창고를 두어 부자가 되는 길신이며 조후를 같이 적용해야 한다.

재물의 창고는 진술축미의 사고지이며 화개살로 이루어지며 땅속의 창고에 재물이 있는 것과 같다.

갑을목의 일간은 진토 속에 무토인 재를, 병정화의 일간은 축토 속에 辛金의 재를, 무기토의 일간은 축토 속에 계수의 재를, 경신금의 일간은 미토 속에 을목인 재를, 임계수의 일간은 술토 속에 정화의 재를 가지고 있다. 그러므로 재물의 창고가 있으므로 재고귀인이라 한다.

(10) 天廚貴人과 天祿貴人

천주귀인은 식신에 해당하며 십이운성의 식신의 건록이다. 단, 병정화는 비겁의 생지에 해당한다. 갑목과 병화는 사화, 을목과 정화는 오화, 무토는 申金, 기토는 유금, 경금은 해수, 辛金은 자수, 임수는 인목, 계수는 묘목에 해당된다.

천주귀인은 하늘에서 평생 복록이 풍부하게 곳간을 주어 의식주의 편안함이 있다. 식신이 먹을 복이므로 천주귀인에 해당된다.

천록귀인의 십이운성의 비견의 지지이며, 무기토는 인성에 해당된다.

천록귀인은 하늘의 복록이 있어 성품이 온화하고 사람들의 믿음과 신뢰를 받아 일생 동안 편안함이 있다. 그러나 일지에 천록귀인이 있으면 비겁에 해당하므로 배우자와 좋지 않거나 재물에 낭비가 있을 수 있어 주의해야 한다.

천록귀인은 갑목은 인목, 을목은 묘목, 병화와 무토는 사화, 정화와 기토는 오화, 경금은 申金, 辛金은 유금, 임수는 해수, 계수는 자수이다.

(11) 金輿祿

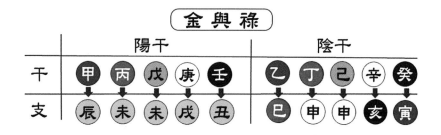

금여록의 양간은 사묘지인 진술축미이며 십이운성의 쇠지로 이루어지고 십이운성의 건록부터 두 번째 전진한 지지가 금여가 된다. 음간은 사생지인 인신사해이며 십이운성의 욕지(생지)로 이루어진다. 양간인 갑목은 진토, 병화와 무토는 미토, 경금은 술토, 임수는 축토이다. 음간인 을목은 사화, 정화와 기토는 신금, 신금은 해수, 계수는 인목이다.

금여록은 '금과 철로 만든 단단한 황금수레로 된 마차를 탄다'라는 의미이므로 고위직이나 부귀를 가진다는 뜻이다.

금여록을 한자로 金輿錄이라고도 하며 金輿祿이라고도 한다.

배우자와의 인연이 좋고 신망을 얻고 일시에 있으면 자손 덕이 있다. 그러나 형충파해가 있으면 원국을 살펴서 적용해야 한다.

(12) 暗祿

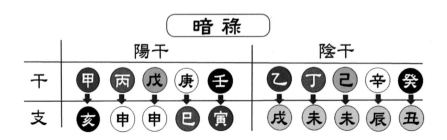

암록은 건록과 육합이 되는 지지이다. 갑목의 록은 인목이며 육합은 해수가 되며 병화와 무토의 록은 사화이며 육합은 申金이므로 암록이 된다. 경금의 록은 신금이며 육합은 사화가 되며, 임수의 록은 해수이며 육합은 인목이니 암록이다. 음간은 기존 십이운성의 록(태)과 육합하는 것이 암록이 된다. 을목의 록(태)은 묘목이며 육합은 술토이니 암록이다. 정화와 기토의 록(태)은 오화이므로 육합은 미토이며 암록이다. 辛金의 록(태)은 유금이며 육합은 진토이며 암록이다. 계수의 록(태)은 자수이며 육합은 축토이며 암록이다.

양간은 사생지와 음간은 사묘지로 이루어지며 재능이 뛰어나고 귀인의 도움과 재물이 있어 평안하게 살게 된다.

(13) 祿馬

　재관쌍미격인 일주인 임오, 계사를 록마라고도 하며 일지에 정관과 재성이 암장되어 있는 것을 의미한다.
　록마일주는 부귀하며 물질에 구애받지 않고 편안하게 살게 되며 복록이 많다.

(14) 三奇貴人

　천간에 甲戊庚의 天上三奇, 壬癸辛의 人中三奇, 乙丙丁의 地上三奇로 천지인으로 구성되며, 차례대로 있으면 삼기귀인 또는 三奇星이라고 하여 부귀장수하며 귀명이 된다.
　辛壬癸의 인중삼기는 수재이며 得하나 음란으로 인해 失하기도 한다. 또한 총명하고 기이하며 학문과 재능이 뛰어나고 박학다식하여 발전하게 된다.
　삼기성의 귀격은 일간으로부터 년간까지 차례대로 있어야 한다. 특히 천을귀인 지상삼기의 갑무경과 동주하면 길하여 학문에 탁월하며 명성을 얻는다. 더불어 형충파해 등의 흉이 없어야 한다.
　삼기성이 있고 삼합을 이루면 나라의 인재가 되어 명성을 얻는다. 그러나 사주 원국과 구성을 봐야 하며 계절과 절기와 함께 적용해야 한다.

(15) 日德

일덕은 갑인, 병진, 무진, 경진, 임술이 있다.

일덕은 자비로우며 성품이 온화하여 복록이 있으며 재성, 관성, 인성이 조화로우며 인덕과 통솔력이 있다.

(16) 天醫星

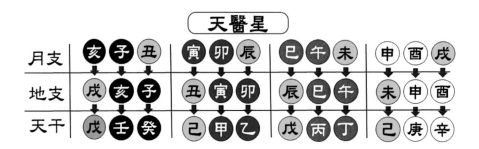

천의성은 活人星이라고 하며 지지는 월지 앞의 지지이다. 천간은 왕지와 묘지는 같은 음양의 오행이며, 사생지의 해월과 사월은 무토, 인월과 신월은 기토가 해당된다.

간지의 월별 천의성은, 해월이면 술토 또는 무토이며, 자월이면 해수 또는 임수이며, 축월이면 자수와 계수이다. 인월이면 축토와 기토이며, 묘월이면 인목과 갑목이며, 진월이면 묘목과 을목이다. 사월이면 진토와 무토이며, 오월이면 사화와 병화이며, 미월이면 오화 또는 정화이다. 신월은 미토와 기토이며, 유월은 申金과 경금이며, 술월이면 유금과 辛金에 해당된다.

천의성은 의사 또는 사람을 살리는 직업으로 하늘에서 내려준 것이다. 직업은 의약사, 간호사, 한의사, 종교지도자, 교육자, 법조계, 변호사 등이 있다.

사주에 천의성과 문창성과 관인이 함께 하면, 교수, 의사, 법조계, 검경계에 근무한다. 그러나 천의성이 있고 관인이 없어 사절하고, 공망과 형충이 있고 기신이면 실력을 겸비하여도 자격증을 갖추지 못하여 힘들 수가 있으며 무면허인 경우가 많다.

2.

凶神

(1) 白虎大殺

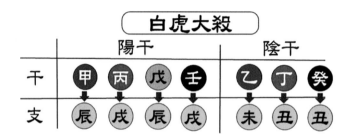

백호대살은 혈광지신이라고도 하여 피를 보는 살이라고 하며 사고, 산액, 수술, 횡사, 총상이나 교통사고, 자살, 급사를 의미한다.

백호대살은 7개로 이루어지며, 甲辰일주는 인성의 백호이며, 乙未일주는 겁재의 백호이며, 丙戌일주는 비견의 백호이며, 丁丑일주는 庚金의 재의 백호이다. 또한 戊辰일주는 壬水인 재의 백호이며, 壬戌일주는 火인 재가 백호이며, 癸丑일주는 金의 인성이 백호이다.

남자의 명조에 갑진과 을미일주를, 여자의 명조에 임술과 계축일주를 형충하면 배우자나 본인이 사고나 질병으로 흉사할 수 있기도 한다.

직업으로 검경, 도축업, 식육점, 의약사 등의 일을 하면 흉이 없게 된다.

백호대살의 白은 금이며 금은 殺을 의미하며, 백호인 흰 호랑이는 살생, 급사, 질병을 의미하는 동물이다. 또한 큰 대가 붙은 것은 큰 흉사를 의미하기도 한다.

명조 어디에 있어도 작용되며 작용력이 큰 것은 월일주, 그다음 시주, 그다음 년

주로 보기도 한다. 백호살은 진술축미 묘고에 있으므로 파, 해, 충이 있어야 일어
난다.

백호는 명조나 행운에 나타나는 것도 보아야 하지만 지장간에 암장된 육신과 오
행도 적용해야 한다. 또한 년월에 있으면 조상과 연관되며 일주에 있으면 성격이
강하다고도 하나 월을 보고 적용을 해야 한다.

백호살은 한 개보다 두 개 이상일 때나 육신이 약하고 뿌리가 없을 경우와 형충
파해나 공망이 되면 더 강하고 나쁘게 작용한다.

남자가 백호살이면 甲辰, 乙未일주이며 비겁이 많을 경우 배우자가 자살이나 산
액을 겪을 수 있다. 결혼 전 아버지나 숙부 등이 돌아가셨으면 액을 피한다.

여자가 백호살이면 壬戌, 癸丑일주이며 관성이 형충이 있거나 약하면 이혼하거
나 남편이 일찍 사망할 수 있다. 남자가 임술과 계축일주이며 백호살인 경우는 자
식이 장애나 저능아이거나 교통사고가 생기거나 단명할 수도 있다. 그러나 월이
일주와 유정하고 튼튼하면 횡액이 없다.

(2) 魁罡殺

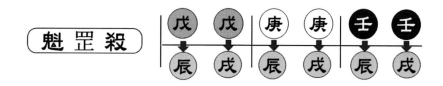

괴강살은 戊辰, 戊戌, 庚辰, 庚戌, 壬辰, 壬戌의 6가지이며 무진과 무술이 괴강이
약하며 특히 무진은 괴강으로 간주하지 않는 경우가 많다.

괴강은 한자의 뜻에서 의미하듯 괴수(으뜸) 魁와 북두칠성(별이름) 罡으로 북쪽 방
향의 괴수라고도 하며, 별의 영향을 받아 높은 지위에 오르기도 한다. 괴강이나 백
호가 용신이 되는 사람은 크게 성공하는 경우가 있다.

괴강의 장점으로는 자존심이 강하며 강직하고 추진력이 있으며 고집이 세며 주
관이 뚜렷하다는 점이 있다. 단점은 이기적이고 극단적이며 성격이 괴팍하고 강
하여 굽히지 않는다는 점이다.

괴강살이 있는 명조는 괴강살이 있는 배우자와 만나면 길하다.

진토는 땅의 우두머리인 地魁이며 술토는 하늘의 우두머리인 天魁이며 서로가 충을 하여 흉함과 길함을 일으키는 것이다.

남자는 괴강도 무난하나 고집이 세고 융통성이 약하므로 사업을 하면 망할 수가 있다. 여자가 괴강이 있는 명조는 의약학, 법조계, 경찰, 군인, 간호사 등의 일을 하면 괴강이 완화된다. 여자 괴강은 부부생활에 만족을 못 한다.

괴강이 흉하면 범법자가 많고 흉을 당하여 좋지 않은 일을 하기도 한다.

괴강이 없는 남자는 괴강이 있는 여자와 잠자리를 하면 음기가 양기에 꺾이니 이름 모를 병에 걸리거나 죽을 수 있다. 또는 여자가 애인을 두거나 외도할 수 있다.

(3) 羊刃殺과 飛刃殺

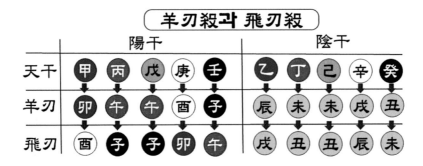

① 양인살

양인은 陽刃殺이라고 하며, 양간은 십이운성의 왕지이며 자오묘유로 이루어지고, 음간은 관대지이므로 진술축미로 이루어진다. 양인은 양간인 甲丙戊庚壬에 주로 적용한다.

양간의 양인에서 갑목은 묘가, 병화와 무토는 오가, 경금은 유가, 임수는 자이다. 음간의 양인에서 을목은 진토가, 정화와 기토는 미가, 辛金은 술이, 계수는 축이 양인이다. 음간의 양인은 본 계절의 사묘지로 이루어지며 양간의 양인보다 좋지 않다. 양간은 양인격이 있으나 음간은 양인이라도 양인격으로 잘 간주하지 않는다.

양인이 편중되고 과다하면 부친, 처, 재물을 극하므로 해당하는 육친과 인연이 약하다. 또한 흉하면 불량배나 수감자 등의 살기가 있거나 사고나 흉액을 당할 수가 있다.

양인이 길하고 중화되면 의약학, 군경, 법조계, 의약사, 운동선수, 기계공 등으로 일을 하여 입신양명하게 된다.

양인살이 길신이면 발전하고 기신이면 살기가 된다. 양인은 지지뿐만이 아니라 천간도 같이 살펴야 한다.

양인은 흉기나 칼과 살기를 뜻하지만, 같은 흉기나 칼이 수술하는 의사가 사람을 살릴 수도 있는 것이다. 또한 장군이나 군인 등의 칼은 위엄과 권위이며 사회적으로 악을 도려내는 칼이기도 하다.

양인의 장점으로는 자기 주장과 자존심이 강하면서 드러내지 않으며 양보도 하며 사교성이 있어 대인관계가 원만하다는 점이 있다. 또한 인품이 준수하고 건강하며 독립적이며 리더십 또는 자신감과 추진력과 끈기가 있어 자수성가한다.

양인의 단점으로는 고집과 개성이 강하고 자존심이 세고 오만하며 냉혹하여 타인과 충돌이 많다는 점이다. 또한 구설과 손실이 따라 손해를 보기도 하고 기복이 있다.

② 비인살

비인살은 양인살을 충한 위치의 지지에 해당하며 양간인 갑목은 유금과, 병화와 무토는 자수와, 경금은 묘목과, 임수는 오화가 비인살에 해당한다. 음간의 비인인 경우 을목은 술토와, 정화와 기토는 축토와, 辛金은 진토와, 계수는 미토가 비인에 해당한다.

비인은 날아갈 듯이 가볍다는 뜻이며 예술가적인 기질이 있다. 비인과 삼합하는 오행을 잘 봐야 한다.

비인살은 싫증이나 변덕을 잘 부려 지속적이고 꾸준하지 못하다. 시작은 잘하나 끝맺음을 잘하지 못하여 실패가 잦으며 참고 살아야 한다.

병화의 양인은 오화이며 비인은 자수이며 남편은 수인데 수를 싫어하니 남편과 갈등하고 이혼하거나 힘들어한다. 임수의 양인은 자수이고 비인은 오화이니 재물이나 처와 문제가 있거나 힘들며, 인목운이 와서 비인이 커져 버리면 흉하다. 갑목은 묘목이 양인이고 유금이 비인이니 남편과 힘들며 사화나 사화대운이 와서 사유합을 하면 더 힘들게 된다.

음간의 양인은 부담스러우며 흉하며 원국에 길한 것이 있거나 운에서 와야 한다. 그러나 음간의 비인은 양간과 정반대로 비인이 있거나 운에서 오면 길하다.

예를 들어 寅木은 寅申沖이 무서우나 酉金를 보면 비인이라서 유가 더 무섭다. 그러므로 호랑이는 닭을 무서워한다. 닭이 목생화를 못하도록 하니 화의 문제가 일어나게 된다. 유금이 인목을 보면 금생수를 하지 못하게 된다. 申은 卯를 무서워하며, 申子辰하여 금생수를 해야 하나 묘목이 합하므로 잡혀 버리니 금생수가 안 되어 수의 문제가 생긴다. 단, 금수가 많을 때는 금수의 문제가 생기지 않는다. 그러므로 양간의 비인은 원진살과 음양의 합으로 이루어져 꼼짝달싹 못하게 잡혀 정신적으로 힘들게 하는 것이다.

(4) 孤鸞殺

고란살은 공방살이라고도 하며 고란은 '혼자 우는 새'라는 뜻으로 고독하다는 의미가 포함된다. 갑인, 을사, 정사, 戊申, 辛亥일주의 여자는 배우자가 약하며 고독하다고 하여 고란살이라 한다.

고란살은 독수공방하며 서로 등을 돌려 자는 살이라 하여 이성과 오래가지 못한다. 배우자와 인연이 약하거나 이별, 사별 또는 고독하게 살게 된다. 단, 고란살이 있고 정편관의 뿌리가 튼튼하면 예외가 된다.

고란살 중 乙巳일주는 적용이 잘 되지 않는다. 현대에 고란살은 크게 작용을 하지 않을 때도 있어 사주 구성을 잘 봐야 한다.

(5) 孤身寡宿殺

孤身寡宿殺			
孤身殺	寅	巳	申	亥
年支	亥子丑	寅卯辰	巳午未	申酉戌
寡宿殺	戌	丑	辰	未

고신과숙살은 일명 줄여서 孤寡殺이라고도 하며 생년지 띠 方局의 다가오는 계절 생지의 지지가 고신이다. 생년지 띠 방국의 이전 계절 묘지의 지지가 과숙이 된다.

고신살은 인신사해로 구성되며 홀아비살이라고 하며 처와의 관계가 약하다. 과숙살은 진술축미로 구성되며 과부살이라고 하여 남편과의 사이가 약하다.

寅卯辰生은 辰 다음 지지는 巳火이므로 巳가 고신, 寅의 앞의 지지는 丑이 과숙이다. 巳午未生은 未土 다음인 申이 고신, 巳火의 앞의 지지인 辰이 과숙이다. 申酉戌生은 戌土 다음인 亥가 고신, 申金 앞의 지지인 未가 과숙이다. 亥子丑生은 丑土 다음인 寅이 고신, 亥水 전인 戌이 과숙이 된다. 과숙살은 진술축미의 사묘지로, 고신살은 인신사해의 사생지로 이루어진다.

(6) 天羅地網殺

天羅地網殺

天羅殺	戌	亥
地網殺	辰	巳

천라지망살은 일지를 기준으로 주로 적용을 하되 년월시지에 있어도 육친으로 적용하기도 한다. 술해는 천라살이며, 진사는 지망살이다. 병정은 술해일에 천라살을, 임계는 진사일 지망살에 주로 적용한다.

천라는 하늘에 그물이 쳐져 맑지 않고 막힘이 계속 있어 컴컴해져 앞길이 보이지 않고 발전이 없는 것이다. 천라는 술해이며 남자들에 주로 해당하며 길하면 천문성을 가져 지혜롭고 현명하다. 술토는 천문이니 중첩되면 고독하며, 술은 서양이며, 진은 동양을 나타낸다.

지망은 땅에 거미줄이나 그물이 쳐져 일을 그르쳐 장애가 생겨 일이 막히고 발전이 없는 것을 의미한다. 지망은 진사이며 여자들에 주로 해당하고 길하면 천예성을 가져 재주가 뛰어나다. 진토는 용궁이며 길하면 으뜸이 된다.

天門星은 戌亥가 동주하는 것이며 하늘과 연관되며 정신적이며 수행, 종교, 신앙, 활인업, 역학, 무당, 수도인, 종교인, 의사 등과 인연이 있다. 戌戌이 길하면 사회적으로 으뜸이 되기도 한다. 명조에 천라지망살이 있으면 매사 걸림돌이 있어 한 번에 결과가 나타나지 않고 관재구설이 따른다. 명조가 잘 짜여져 있으면 일사천리로 일이 추진되며 좋은 지위에 오른다. 천라지망이 年에 있으면 조상과 부모, 月은 사회성과 집, 日은 부부, 時는 자녀와 개인적인 비밀과 음적으로 하고 싶은 것에 걸림돌이 있다. 천라지망이 월일에 있으면 최고 강하게 일어난다.

술해는 정신세계가 발달하나 임수가 투간하면 정신세계가 발달하지 않는다. 戌은 생명을 태우고 亥는 씨앗이므로 생명을 씨핵으로 갖고 새로운 세계를 개척하는 다음 세대이다.

(7) 急脚殺

季節	春	夏	秋	冬
月支	亥 子 丑	寅 卯 辰	巳 午 未	申 酉 戌
地支	丑 辰	亥 子	卯 未	寅 戌

急脚殺

급각살은 월지를 기준으로 적용하며 다리를 전다는 뜻이며, 사고나 질병으로 몸에 이상이 있게 된다. 봄인 寅卯辰月에는 亥와 子, 여름인 巳午未月에는 卯나 未, 가을인 申酉戌月에는 寅과 戌, 겨울인 亥子丑月에는 丑과 辰이 있으며 두 개의 지지 중 하나만 있어도 해당된다.

인묘진월 봄은 해자가 있고 화가 없을 때 질병이 있고, 해자축월 겨울은 축진이 있고 화를 다스리지 못하므로 신경마비, 장애, 키가 작거나 할 수 있다.

- 寅卯辰月-春-亥子: 금수가 많고 목을 다스리지 못하고 나무가 크지 않으면 신경 계통이나 원인을 알 수 없는 병이 있으며 화가 있으면 괜찮다.

- 巳午未月-夏-卯未: 수가 없고 목화가 많을 때 화를 다스리지 못하면 신경성질환, 다리나 관절 질환이 있다. 금이 있으면 괜찮고 수가 있어도 괜찮으나 잘 봐야 하며 목화가 많은 사람은 질환이 있다.

- 申酉戌月-秋-寅戌: 금운으로 가거나, 금이 많거나 금을 다스리지 못하면 뼈, 신경성 질환 등이 있다. 수가 있으면 괜찮고 건조한 건강의 질환이 있다.

- 亥子丑月-冬-丑辰: 금수운으로 가거나, 화가 없거나 화를 다스리지 못하면 신경마비, 장애, 키가 크지 않을 수 있다. 화가 있으면 괜찮으며 수가 많으면 습하므로 습한 질환이 있다.

겨울 계수가 濕土인 진토나 축토가 중복하여 있으면 중병이거나 소아마비 등이 있다. 동절기에 축진은 추우니 목이 못 자라서 생명이 자랄 수 없기 때문이다. 을목인 생명을 키우지 못하니 간과 심장과 신경이 약하여 체력 저하나 피곤함을 많이 느끼므로 활동이 안 된다.

급각살은 생지는 크게 지장은 받지 않지만 질환은 생기기도 한다. 특히 卯辰, 午未, 酉戌, 子丑月생이 더 강하게 일어난다.

급각살은 한자 뜻에서 다리나 하반신에 상해나 장애가 갑작스럽게 생기는 것을 의미한다. 또한 골절, 낙상, 신경통, 소아마비, 골다공증, 치아, 기형, 디스크, 소아마비, 혈압, 중풍, 마비, 관절, 수족과 다리 이상 등에 해당하는 신체직 질환이 있다.

(8) 湯火殺

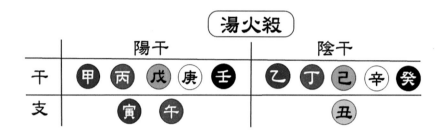

탕화살은 일지를 기준으로 적용하며 인, 오, 축이 탕화이며 두 개 이상이 있거나 운에서 오면 작용을 한다.

양간의 탕화는 갑인, 갑오, 병인, 병오, 무인, 무오, 경인, 경오, 임인, 임오일주가 해당된다. 음간의 탕화는 을축, 정축, 기축, 신축, 계축일주가 해당된다.

화재로 인한 화상, 칼이나 총에 의한 흉터, 뜨거운 물에 의한 화상, 폭발, 약물중독, 음독 등의 위험한 살이다.

탕화살은 즉흥적이며 염세적이며 자살 충동이 일어나는 등 감정 제어가 쉽지 않고 극단적이거나 비관적인 성향이 두드러진다.

축오 탕화는 원진살, 귀문관살, 육해살, 탕화살 4가지가 다 해당이 되어 사주 구성이 좋지 않으면 흉하다.

(9) 斷橋關殺

단교관살은 다리가 끊어진다는 의미로 월지를 기준으로 적용하며 사고를 당하여 팔다리나 신경 계통의 질환이 생기는 살이다. 급각살과 유사하며 성인들은 흉터가 생기거나 고혈압, 중풍 등을 조심해야 한다.

해월은 미토, 자월은 해수, 축월은 자수, 인월은 인목, 묘월은 묘목, 진월은 申金, 사월은 축토, 오월은 술토, 미월은 유금, 申月은 진토, 유월은 사월, 술월은 오화에 해당한다.

(10) 落井關殺

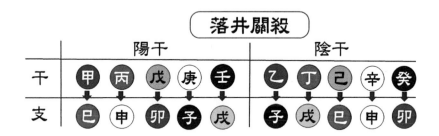

낙정관살은 일간을 기준으로 적용하며 갑목과 기토는 사화를, 병화와 辛金은 申金이, 무토와 계수는 묘목이, 을목과 경금은 자수가, 정화와 임수는 술토가 살에 해당된다. 이것은 천간합을 하는 오행의 지지가 동일하게 낙정관살이 적용되는 것을 알 수 있다.

낙정관살은 물웅덩이나 수렁에 빠져 헤어나오지 못하고 수액이나 익사가 생기는 살이다.

(11) 伏吟殺과 返吟殺

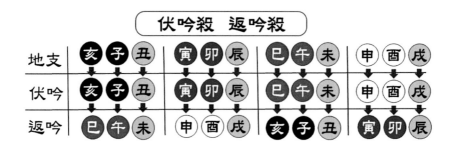

복음살은 년일지가 같은 지지를 만나는 것이다.

반음살은 년지와 일지가 서로 상충하는 지지를 만나는 것이다. 또한 간지가 서로 상충하는 일주가 반음이 된다. 갑오일주가 경자일주가 천간 갑경과 지지 자오가 상충하여 반음으로 간주하기도 한다.

복음살과 반음살은 행운에서 오면 재난을 당하여 곡하고 울게 되는 살이다. 엎드릴 복과 신음할 음으로 구성되어 엎드려 신음한다는 뜻으로 우울과 불운을 암시한다. 그러나 사주원국과 구성을 잘 보고 적용해야 한다.

(12) 紅艷殺

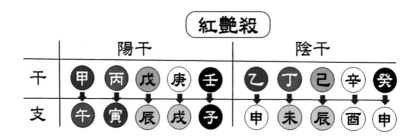

홍염살은 월일의 기운이 더 세며 이성살이므로 도화와 같은 인기살이다. 낭만적이며 미적 감각과 눈웃음을 잘하며 다정다감하여 이성에게 매력으로 비처 호감을 사며 배우자와는 무정하게 된다.

홍염살과 관살혼잡되면 화류계 계통의 일을 할 수 있다.

홍염살은 양간은 갑오, 병인, 무진, 경술, 정미, 임자일주에 해당되며, 다른 일간은 월시지에 있으면 더 강하다.

홍염살은 甲은 午, 乙은 申金, 丙은 寅, 丁은 未, 戊는 辰, 己도 辰, 庚은 戌, 辛은 酉, 壬은 子, 癸는 申이 있으면 해당된다. 일주로 센 것은 甲午, 丙寅, 丁未, 庚戌, 壬子만 있다.

홍염살은 이성에 눈을 빨리 뜨고 관심이 많고 이성을 좋아하고 혼자 못 사는 것이나 일찍 결혼하지 않을 수도 있다. 홍염살은 충이 되어도 있는 것이다.

(13) 淫慾殺

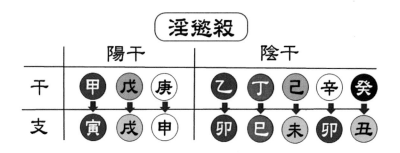

음욕살은 낭만적이기도 하나 노골적으로 음흉하고 색정이 강하며 탐욕적이다.

음욕살은 갑인, 무술, 경신, 을묘, 정사, 기미, 신묘, 계축이 강하게 나타난다.

(14) 咸池殺

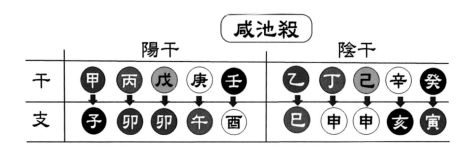

함지살은 십이운성의 욕지에 해당되며 도화(욕지) 또는 년살이라고 하여 색욕으로 망신을 당하거나 배우자 외에 애인이 있거나 삼각관계가 되어 망신을 당하기도 한다. 음간은 욕지라고도 하나 생지로 간주하기도 한다. 또한 월주 중심으로 보기도 하지만 일주나 다른 년주 시주도 살펴보고 적용하여야 한다.

(15) 懸針殺

현침살은 甲, 辛, 申, 卯, 午의 다섯 가지로 이루어지며, 바늘로 찌르며 뾰족한 것에 사고를 당하거나 다치거나 매달려 죽임을 당하는 살이다.

특히 일주에서 甲午, 甲申, 辛卯, 辛未가 해당되며 성격이 송곳이나 침과 바늘처럼 찌르는 듯이 예리하며 의약학, 군경, 법조계, 미용, 기술자들이 주로 있다.

현침살은 날카롭고 비판적이며 섬세하고 잔인하고 냉정한 면이 있다. 독설가이며 언변이 뛰어난 사람도 많다. 흉이 되면 칼에 찔리거나 교통사고를 당하거나 총 맞거나 침을 많이 맞아야 하는 질병이나 사고를 당한다. 또한 관재구설에 잘 휩싸인다.

(16) 陰陽差錯

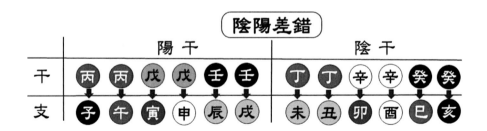

음양차착은 일주를 위주로 보며 배우자와 친인척 관계를 가늠한다. 배우자와 무정하며 극하여 상처상부하거나 해로하기 힘들고 색난이 따른다.

양착살은 양간일주 중 병자, 병오, 무인, 무신, 임진, 임술일주이다. 음착살은 음간일주 중 정미, 정축, 신묘, 신유, 계사, 계해 일주가 있다.

음양차착이 있으면 남자는 처가나 또는 외가의 몰락이 있고, 여자는 시가나 외가의 몰락이 있다. 외가의 외삼촌이나 배우자 덕이 약하거나 몰락한다. 시주에 있으면 처가의 처남이나 처가의 덕이 약하거나 처가가 망할 수가 있다.

지지가 서로 충되는 일주가 음양차착으로 이루어진다.

(17) 梟神殺

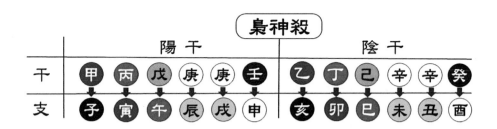

효신살의 양간은 갑목이 자수가, 병화가 인목이, 무토가 오화를, 경금이 진토와 술토를, 임수가 申金이 있을 경우에 해당한다. 음간의 효신인 을목은 해수가, 정화는 묘목이, 기토는 사화가, 辛金은 미토와 축토가, 계수는 유금이 있을 경우에 해

당한다.

효신은 일지에 편인이 있는 경우이며, 편인은 올빼미에 비유하여 어미새를 잡아 먹는다는 의미로 어머니의 덕이 약하거나 부정하거나 근심이 있거나 생이별이나 사별을 할 수 있다. 그러나 사주 구성에 따라 인성은 잘 보아야 한다.

올빼미는 성장기까지 어머니가 물어주는 먹잇감을 먹고 성장하다가 다 성장한 후에 어머니의 귀, 눈 등의 몸을 쪼아 먹고 살므로 어머니를 힘들고 고통스럽게 하여 좋지 않은 것이다.

효신살이 공망이 되면 효신살의 흉은 약해진다. 효신살이 있으면 배우자와 육친의 덕이 약하므로 새나 부엉이 등의 장식물은 가까이하지 않는 것이 좋다.

(18) 十惡大敗

	十惡大敗					
60甲子旬	甲子	甲戌	甲申	甲辰	甲午	甲寅
十惡大敗	壬申	庚辰 辛巳	丁亥 己丑	甲辰 乙巳	丙申 戊戌	癸亥

십악대패는 60갑자 중 10개의 일간 자신의 건록이 공망이 되는 일주이며 공망되는 일간을 60갑자 중 각 갑순의 일주로 정해진다. 앞의 60갑자와 공망 조견표를 참조하여야 한다.

甲子旬은 술해가 공망인데 임수가 록이 되는 것은 임수이므로 임신이 십악대패가 된다. 갑술순은 申酉가 공망이므로 경금은 申金이 辛金은 유금이 록이 되므로 경진, 신사가 십악대패가 된다. 甲申순은 오미가 공망이므로 정화의 록은 오화이므로 정해, 기축이 십악대패가 된다. 갑진순은 인묘가 공망이 되므로 갑진과 을사가 십악대패가 되며 갑목은 인, 을목은 묘가 록이며 공망이 된다. 갑오순은 진사가 공망이 되므로 병화와 무토일주가 사화의 록에 해당되어 병신과 무술이 십악대패가 된다. 갑인순은 자축이 공망이 되므로 계수의 록은 자이므로 계해가 십악대패가 된다.

십악대패는 갑진, 을사, 병신, 정해, 무술, 기축, 경진, 신사, 임신, 계해이다. 이 중 병신, 기축, 임신 일주는 순중공망이라서 제외가 된다.

십악대패 중 십악은 법을 수행 중인 자가 십악의 중죄를 지었을 때 사면받지 못하는 것이며, 대패는 적군과 싸우다가 대패하여 단 한 명도 살아 돌아오지 못한다는 뜻이다. 그러나 사주 구성에 따라 흉보다 길인 경우도 있다.

십악대패는 비인살과 같이 싫증과 변덕을 잘 부려 유시무종하며 흉할 때 재물의 손괴를 보아 대패한다는 삶이다.

십악대패는 천간과 지지가 같이 상충하며 충돌을 일으켜 흉한 운에는 대패하는 살이다. 관록 등에 인연이 약하고 결혼도 늦게 해야 한다.

십악대패일은 무질서, 사고, 다툼, 낭비, 알력이 있어 출산, 이사, 혼인 등의 중요한 결정을 할 때 택일을 피해야 한다. 그러나 장사지낼 때는 상관이 없다. 그러나 년월일시의 사주원국이 조화로운가도 봐야 한다.

(19) 男戀殺과 女戀殺

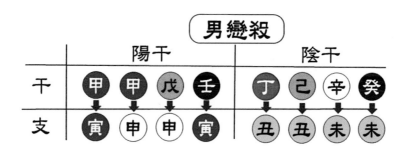

남자가 일주의 지장간에 편재를 암장한 일주로 배우자 모르게 첩이나 애인을 숨겨 두어 망신을 당할 수 있다. 남연살은 갑인, 갑신, 무신, 임인, 정축, 기축, 신미, 계미일주가 해당된다.

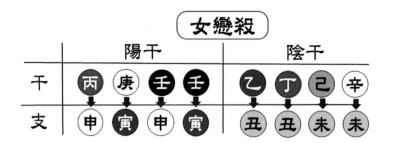

여자가 일주의 지장간에 편관을 암장한 일주로 배우자 모르게 애인이나 남자 친구를 숨겨 두어 망신을 당할 수 있다. 여연살은 병신, 경인, 임신, 임인, 을축, 정축, 기미, 신미일주가 해당된다.

남연살과 여연살은 사주 구성을 잘 보고 판단해야 한다.

(20) 干與支同

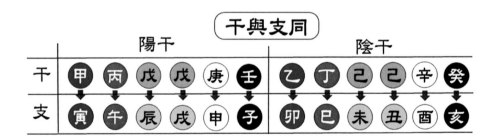

간여지동은 일주의 간지가 같은 오행으로 비견과 나란히 있으면 부부가 생이별이나 사별을 겪을 수도 있다. 干與支同이라고 하기도 하고 干如支同이라고 하기도 한다.

간여지동은 갑인, 병오, 무진, 무술, 경신, 임자, 을묘, 정사, 기미, 기축, 신유, 계해일주가 해당된다.

일주는 나와 배우자를 뜻하므로 간여지동이 있으면 결혼이나 배우자운이 좋지않아 별거을 하거나 각방을 사용하거나 재물로 인해 위장 이혼하거나 초혼에 실패할 수 있다. 사주원국의 구성을 잘 보고 판단해야 한다.

(21) 四廢日

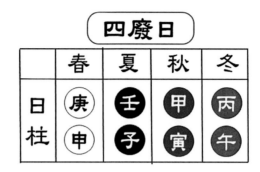

사계절의 폐일을 사폐일이라고 하며, 춘절은 금기가, 하절은 수기가, 추절은 목기가, 동절은 화기가 절하게 되어 부귀영화가 약하며 감옥에 갇히는 것과 같이 무기력해지는 것이다.

갑인일주가 가을인 유월에 태어나고, 경신일주가 봄인 묘월에, 임자일주가 여름인 오월에, 병오일주가 겨울인 자월에 태어나면 사폐일이다. 사폐일은 되는 것이 잘 없고 목이 다치지 않아야 하며 금이 나무를 자르면 나무가 자라지 않아 밥만 먹고 사는 사람이다.

사폐일은 일주가 반대 계절인 역으로 태어났으니 고난이 많고 흉하다. 또한 사폐일에다가 반대 오행인 왕지가 있으면 더 힘들게 된다. 봄의 경신일주가 묘목이, 여름의 임자일주가 오화가, 가을의 갑인일주가 유금이, 겨울의 병오일주가 자수가 있을 때이다.

(22) 기타 신살

다른 신살로는 활인성, 음양살, 곡각살, 철쇄개금, 관식동림, 정록, 장성, 장군전, 금신, 복신, 퇴신, 진신, 음인, 신병살, 계비관, 뇌공타뇌관, 교신성, 상관사궁, 과살, 철사관, 구추방해 등이 있다.

3.

三煞方과 大將軍方

(1) 삼살방

삼살방은 매년마다 바뀌며 삼합의 왕지의 오행과 충되는 방향을 의미한다.

인오술의 왕지인 오화와 충하면 자수가 되므로 북쪽이 삼살이 되고, 사유축의 왕지인 유금과 충은 묘목이 되므로 동쪽이 삼살이 된다.

신자진의 충은 오화이므로 남쪽이 삼살이 되고, 해묘미의 충은 유금이 서쪽이 삼살이 된다.

삼살방은 인오술년은 북방, 사유축년은 동방, 신자진년은 남방, 해묘미년은 서방이다.

예를 들어 계묘년이라면 해묘미의 반대 방향이니 왕지인 묘와 충되면 서쪽이 삼살방이 된다. 갑진년이라면 신자진의 반대 방향이니 왕지인 자수와 충되는 남쪽이 삼살방이 된다.

삼살방은 하늘과 땅의 기운으로 인해 세 가지 살의 흉한 일을 당한다고 하여 이사 시 불길한 방향을 피해야 한다.

(2) 大將軍方

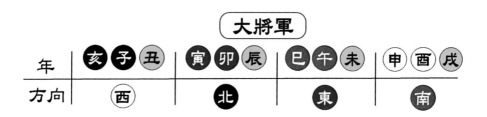

대장군방은 방국을 기준하여 3년마다 바뀌며 현재 년도의 방합을 하는 3년 전 방합의 기운의 방향이다. 예를 들어 계묘년이라면 인묘진의 방국의 3년 전 지난 해자축년의 방국이므로 북쪽이 대장군이 된다.

대장군 방향은 그 실세가 떠난 것이다. 해자축년은 금이 실세가 떠나니 서방, 인 묘진년은 수가 실세가 떠나니 북방, 사오미년은 목이 실세가 떠나니 동방, 신유술 년은 화가 실세가 떠나니 남방이 대장군 방향이 된다.

대장군과 삼살은 이사나 장소를 이동할 때 흉 방향으로 이사하면 구설, 손재, 질 병, 이별 등을 경험할 수 있다.

대장군과 삼살은 가족 중 과반수가 삼재년에 해당될 때나, 임산부가 있을 경우 나 가족이 많을 경우 등은 이사할 때 주의해서 살펴보아야 할 것이다.

喪門殺과 弔客殺

상문살과 조객살은 년운을 기준으로 보며 현재 년의 두 지지를 전진한 지지가 상문이고 두 지지를 후진한 지지가 조객이다.

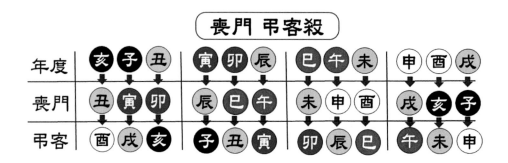

예를 들어 亥年은 앞으로 전진하면 축토가 상문이 되며 뒤로 후진하면 유금이 조객이 된다.

喪家에 출입 시 언행과 행동거지를 조심해야 한다. 상문이 조객보다 강하게 작용한다.

상문과 조객살은 격각살과 동일하게 앞뒤의 두 개 지지의 위치이며, 삼합과 충하는 삼합의 왕지와 묘지에 해당한다. 예를 들어 해묘미년의 격각살은 사유축 삼합이 충을 하므로 왕지 묘지인 유축이 격각살에 해당되는 것이다.

三災

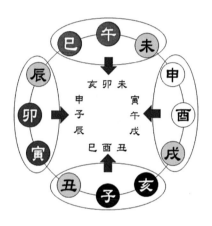

三災

寅午戌年生 - 申酉戌年
巳酉丑年生 - 亥子丑年
申子辰年生 - 寅卯辰年
亥卯未年生 - 巳午未年

入三災는 들삼재라고도 하며 첫 번째 삼재년이다. 伏三災는 중삼재라고도 하며 두 번째 삼재년이다. 出三災는 날삼재라고도 하며 세 번째 삼재년이다.

입삼재년은 4생지인 寅申巳亥年이므로 이동과 변동이 잦게 된다. 복삼재년은 4왕지인 子午卯酉年이므로 식구를 늘이지 말아야 하며 피부로 삼재를 강하게 느낀다. 출삼재년은 4묘지인 辰戌丑未年이므로 삼재의 마지막 마무리를 잘하여 흉한 기운을 내보내야 한다.

삼재는 년지를 기준하여 삼합하는 양간오행의 病死墓의 3년간에 해당된다.

삼재는 3년 동안의 人災와 官災와 壽災(憂患)의 세 가지 흉한 일을 경험하며 위축되고 자라지 못하며 사고 등이 일어난다.

인재는 금전의 손해, 파산, 사기 등을 경험하는 것이고, 관재는 송사, 법정소송과 관재구설의 시비를 당하고, 수재(우환)는 목숨과 관련된 일, 사고로 인한 부상이나 질병, 사망, 수술, 중병 등을 경험하게 된다.

삼재는 행운인 대운과 년운이 좋고 사주가 중화가 잘되면 '福三災'라 하여 3배 정도의 행운이나 길한 것이 생긴다. 복삼재는 대운도 좋고 세운도 좋은 삼재이므로 좋은 일이 많고 재물이 나가지 않고 자녀들이 출세하고 경사스러운 일이 생기는 것이다.

삼재는 개인의 명조와 행운에서 길신과 희신인지 흉신인지 잘 파악하여 적용하여야 한다.

(1) 寅午戌生의 삼재

인오술생은 삼합하면 火局이므로 화의 양간인 병화의 십이운성의 병사묘가 신유술이므로 申酉戌年에 화가 약해지므로 삼재가 일어난다.

인오술의 화는 가을에 소멸되고 겨울에 다시 살아나려 한다.

인오술생의 띠가 화가 죽는 신유술년에 삼재이니 申酉戌을 원진시키면 삼재를 막아준다. 申金은 卯申원진으로 잡고, 酉金은 寅酉로 잡고, 戌은 巳戌로 잡아 준다. 그러므로 인오술생은 卯寅巳로 삼재를 막을 수 있다.

(2) 巳酉丑生의 삼재

사유축생은 삼합하면 金局이므로 금의 양간인 경금의 십이운성의 병사묘가 해자축이므로 해자축년에 수가 약해지므로 삼재가 일어난다.

사유축의 금은 겨울에 소멸되고 봄에 다시 살아나려 한다.

사유축생의 띠가 금이 죽는 亥子丑年에 삼재이니 亥子丑을 원진시키면 삼재를 막아 준다. 亥水는 辰土로 잡고, 子水는 子未로 잡고, 丑土는 丑午로 잡아 준다. 그러므로 사유축생은 辰未午로 삼재를 막을 수 있다.

(3) 申子辰生의 삼재

신자진년은 수국인 임수의 병사묘가 인묘진이라 인묘진년에 삼재가 일어난다.

신자진의 수는 봄에 소멸되고 여름부터 다시 살아나려 한다.

신자진생의 띠가 수가 죽는 인묘진년이 삼재이니 인묘진을 원진시키면 삼재를 막아 준다. 寅木은 酉金을, 卯는 申金을, 辰土는 亥水로 잡아 준다. 그러므로 신자 진생은 酉申亥로 삼재를 막을 수 있다.

(4) 亥卯未生의 삼재

亥卯未年은 목국인 갑목의 병사묘가 사오미라 사오미년에 삼재가 일어난다.

해묘미 목은 여름에 소멸되고 가을부터 다시 살아나려 한다.

해묘미생의 띠가 목이 죽는 사오미년에 삼재이니 사오미를 원진시키면 삼재를 막아 준다. 亥水는 戌土로, 午火는 丑土로, 未土는 子水를 가져야 삼재를 막아 준다. 그러므로 해묘미생은 戌丑子로 삼재를 막을 수 있다.

VI

寒暖燥濕

1.

寒暖燥濕에 대하여

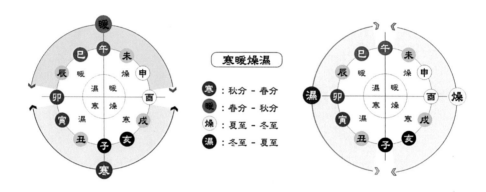

寒暖燥濕	
寒	秋分 - 春分
暖	春分 - 秋分
燥	夏至 - 冬至
濕	冬至 - 夏至

(1) 한난조습의 특성

한난조습은 한, 난, 조, 습의 네 가지이며 寒暖과 燥濕으로도 나뉜다. 또한 한조와 한습과 난조와 난습으로도 나뉜다. 한난조습은 조후인 온도와 습도를 조절하여 사주 명조의 조화를 이루어 길흉화복과 건강을 보는 것이다. 용신이 무력하면 힘든 일을 하고 용신이 유력하면 대길하다. 조후가 잘되면 편하고 조후가 안되면 남들이 하기 싫은 일을 하고 산다.

- 한은 좁고 추우니 밖으로 나가지 않고 넓게 확장을 하지 못한다. 한은 추분에서 춘분까지이다.
- 난은 넓고 더우니 밖으로 돌아다니게 되며 넓게 확장을 한다. 난은 춘분에서 추분

까지이다.

- 조는 높고 이상이 높고 이성적이며 현실적인 것을 높게 추구한다. 조는 하지에서 동지까지이다. 조는 조급하여 서두르게 된다.
- 습은 낮고 움츠러들며 현실감각이 약하다. 습은 동지에서 하지까지이다. 침체되고 우울하고 소극적이 된다.

한난조습은 수화와 금목의 음양이 조화를 이루어야 결과가 생긴다. 모든 것은 금목에서 실체적으로 이루어지는 결실을 거두게 된다.

조후가 되면 편안하게 살며 조후가 되지 않으면 일이 뜻대로 되지 않아 불평불만이 많다. 한난조습은 끊임없이 바뀌고 움직인다.

(2) 한난조습의 계절별 특성

한난조습의 온도와 습도는 계절의 변화로 인한 것이며 조후를 의미한다. 조후는 개인적인 성격, 감정, 인정, 행동, 의지, 활동, 직업 등에 다양하게 영향을 준다. 한난은 개인적인 성향과 의지이며, 조습은 인간관계의 교류나 정 등을 의미한다.

사주는 조후가 되면 배양의 덕이 있고 마음 편하게 산다. 仁義禮智信을 오상이라 하는데 이것이 다 갖춰지면 덕이 있다. 그러나 조후가 되지 않으면 힘들고 조상이나 가족 등의 사람들과의 인덕도 약하다.

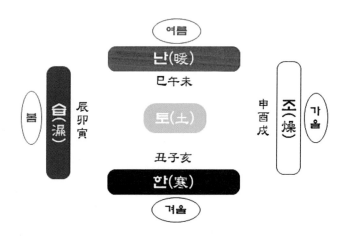

① 寒(겨울)

한은 춥고 위축, 응축, 느림, 지체, 소극적, 정적, 소외감, 경직, 차가움, 단단하고 딱딱함 등이다.

한은 추우므로 생존 능력과 추진력, 단단함과 날카로움, 단일한 꾸준함, 집중력, 파괴력이 있어 응축된 에너지를 강하게 발현한다. 또한 뒷심이 있어 강하여 어떤 일이 있어도 극복하고자 하며 시간이 많이 걸리고 늦게 발현된다.

한은 추우므로 매사 부정적이고 일에 있어 인정을 못 받고 능률이 적거나 가난하거나 비참하게 생각하고 고립되며 고독하다.

한은 조급해지고 준비가 안 될 때 다치기도 하며 늦지 않으려고 서두르기도 하고 급하다.

인간관계가 넓지는 못하고 정신적인 일을 하며 느리지만 꾸준하고 길게 보며 넓게 보기보다는 깊이 있게 살펴보는 장점도 있다. 한은 온도인 丙火와 巳, 午, 未, 寅, 戌이 있어야 한다.

② 暖(여름)

난은 따뜻하므로 퍼짐, 빠름, 적극적, 긍정적, 활동적이다. 난은 따뜻하고 부드럽고 온화하며 행복하고 여유가 있어 대인관계가 넓어 친화력이 있고 유연하며 남들을 속이는 걸 잘 못한다.

난이 강하면 느슨하여 깊게 사귀지를 못하고 싫증을 빨리 내며 결정을 빨리 하므로 실수를 할 수 있다. 그러나 추진력이나 의지력이 약하며 빠른 결정으로 시작은 잘하나 뒷심이 약하여 끈기가 부족하다.

난은 너무 드러나 감추지를 못하므로 사기 등의 손재가 있다. 직업은 영업, 서비스, 육체적 노동을 하게 된다. 더운 여름에는 몸이 늘어지고 움직이기 싫어하므로 베짱이 기질이 있어 재관이 없으면 무위도식하기도 한다. 난은 온도인 壬水와 亥, 子, 丑, 申, 辰이 있어야 한다.

③ 燥(가을)

조는 건조하므로 분리, 이별, 깐깐함, 독립, 아집과 개성이 강하며, 마감의 뜻을 의미하며 결실을 거두려고 한다.

조는 가을이니 건조해지기 시작하며 선선하고 서늘해지므로 독립심이나 의지가 강하다. 조가 강하면 냉정하며 건조하고 정은 약하고 차가우므로 개인적인 성향이 강하고 대인관계가 원만하지 않다.

조의 건조하고 마른 것은 잘 융화되지 않고 섞이지 않고 변화가 안 되고 융통성이 적다. 스스로 알아서 하는 생존 능력이 있으나 조급하고 부정적이며 분리를 하여 대인관계에서 지지를 받지 못한다. 조는 습도인 乙木과 寅, 卯, 辰, 亥, 丑가 있어야 부드러움과 연함이 생긴다.

④ 濕(봄)

습은 습하므로 뭉침, 만남, 개성이 약하며 관계 정리가 안 되어 인연을 끊고 맺고가 쉽지 않다.

습은 적극적이며 지혜와 꾀가 있어 화합을 잘하고 융통성이 있고 신중하며 수용을 잘한다.

습이 지나치면 일에 있어 감정이입이 심하고 일을 냉정하게 처리하지 못한다. 습하면 끈적하고 집착하거나 정이 많아 잘 섞이고 어울리며 동화도 잘 되나 변질되기도 쉽다.

습이 강하고 조한 기운이 없으면 생각에 젖어 생각이 많아지고 우울증 또는 결정을 잘 못하여 행동으로 나서지를 못하게 된다. 庚金과 申, 酉, 戌, 巳, 未가 있어야 냉정하고 합리적이 된다.

(3) 한난조습의 조합의 특성

- 寒濕은 온도인 병화와 습한 계수가 약한 것, 정신과 물질이 약한 것이다. 습하고 차
  가우므로 자라지만 아직은 양육해야 하고 덜 자란 것이다(동지에서 춘분까지).
- 暖濕은 온도인 병화와 습한 계수가 강한 것, 정신과 물질이 강한 것이다. 만물이 무
  성해지고 활기차게 자라므로 습하고 너무 뜨거우면 변질이 잘 된다(춘분에서 하지까
  지).
- 暖燥는 습도인 정화와 온도인 임수가 강한 것, 물질과 정신이 강한 것이다. 열매는
  결과나 결실을 맺고 건조해진다(하지에서 추분까지).
- 寒燥는 습도인 정화와 온도인 임수가 약한 것, 물질과 정신이 약한 것이다. 응축되
  며 건조하고 차가우므로 일을 마무리하고 저장한다(추분에서 동지까지).

2.

十天干의 寒暖燥濕

天干의 寒暖燥濕

	水火				金木				中央	
天干	丙	壬	丁	癸	甲	乙	庚	辛	戊	己
寒暖燥濕	暖	寒	暖	寒	燥	濕	濕	燥	燥	濕

寒暖은 수화의 온도이며 시간 개념과 같다. 또한 따뜻하고 추운 것이며 잘못되면 생각이나 정신적인 면이 약해진다. 한난은 병화와 임수가 있다. 寒은 추분에서 춘분까지이며 暖은 춘분에서 추분까지이다. 병화는 동식물이나 만물의 성장을 도와준다. 비유하자면, 동태를 얼리려면 오랫동안 온도를 유지해야 적절할 때 사용할 수 있는 것과 같다.

燥濕은 금목의 습도이며 건조하고 습한 것이며 잘못되면 물질적인 것이나 실질, 물건, 현실적인 것이 약하고 이상세계가 높다. 조습은 금목이 있다. 습은 동지에서 하지까지이며 조는 하지에서 동지까지이다. 조습은 습도이며 정화와 계수가 있다.

(1) 천간의 한난과 조습의 분류

① 천간의 寒暖: 丙火(暖), 壬水(寒), 丁火(暖), 癸水(寒)

습할 때는 병화를 사용한다.
난할 때는 계수를 1차적으로 사용하고, 2차로 임수도 사용한다.
조할 때는 임수를 사용한다.
한할 때는 1차로 정화를 사용하고, 2차는 병화도 사용한다.

② 천간의 燥濕: 甲木(燥), 乙木(濕), 庚金(濕), 辛金(燥)

난조는 정화의 조함과 임수의 한함이 약할 때다.
한조는 정화의 조함과 임수의 한함이 강할 때다.

③ 戊己土의 燥濕: 戊土(燥), 己土(濕)

무기토는 목화금수의 작용을 한난조습으로 조절하여 성장쇠멸을 조절할 수 있
도록 한다.

(2) 天干의 寒暖의 분류: 온도

- 寒: 甲, 癸, 壬, 辛, 己
- 暖: 乙, 丙, 丁, 庚, 戊
갑목이 난으로 보기도 하며 경금이 한으로 보기도 한다.

(3) 天干 燥濕의 분류: 습도

燥: 甲木, 丙火, 丁火, 戊土, 辛金
濕: 乙木, 己土, 庚金, 壬水, 癸水
임수를 조함으로 보기도 한다.

3.

十二支의 寒暖燥濕

(1) 4계절의 한난조습

地支의 寒暖燥濕

① 춘하추동으로 볼 때: 春(濕), 夏(暖), 秋(燥), 冬(寒)

- 春: 寅卯辰(조습습)-濕(낮음)-묘진(습습이니 물건이 잘 안된다)
- 夏: 巳午未(조습조)-暖(넓음)-오미(조습이 맞으니 괜찮다)
- 秋: 申酉戌(습조조)-燥(높음)-유술(조조이니 물건이 잘 안된다)
- 冬: 亥子丑(습조습)-寒(좁음)-자축(조습이 맞으니 괜찮다)

미는 조이지만 습이기도 하며 축은 습이지만 조이기도 하다.

오미와 자축은 조습은 맞으나 조후가 맞아야 결과가 있다. 여름은 조후가 필요하고 그다음 목을 키우는 것이므로, 화는 목을 키우는 것이다. 조후가 되지 않으면 생명인 목이 크지 않는다.

② 춘하추동의 한난조습의 필요한 기운

子丑寅卯月은 癸水가 역할을 하고 濕하므로 丙火가 필요하다.
卯辰巳午月은 丙火가 역할을 하고 煖하므로 癸水가 필요하다.
午未申酉月은 丁火가 역할을 하고 燥하므로 壬水가 필요하다.
酉戌亥子月은 壬水가 역할을 하고 寒하므로 丁火가 필요하다.

(2) 地支의 寒暖燥濕

① 생왕묘의 한난조습 분류

- 辰戌丑未의 한난조습: 丑土(寒濕), 辰土(暖濕), 戌土(寒燥), 未土(暖燥)
- 寅申巳亥의 한난조습: 寅木(寒燥), 巳火(暖燥), 申金(暖濕), 亥水(寒濕)
- 子午卯酉의 한난조습: 子水(寒燥), 午火(暖濕), 卯木(暖濕), 酉金(寒燥)

辰戌丑未는 십이지지 중 나머지 8개의 온도와 습도를 조절하므로 중요하다.
실질적으로 巳火는 暖하지만 寒하며 조하지만 습하기도 한다. 또한 亥水는 寒하지만 暖하기도 하며 습하지만 조하기도 한다.

② 십이지의 燥濕에 의한 분류: 습도

십이지의 조습에 의한 구분을 보면 조는 子未寅酉戌巳이며, 습은 卯午丑辰申亥이다.

地支	燥						濕					
	子	未	寅	酉	巳	戌	卯	午	丑	辰	申	亥

- 燥: 子, 未, 寅, 酉, 巳, 戌
- 濕: 卯, 午, 丑, 辰, 申, 亥

③ 십이지의 寒暖에 의한 분류: 온도

	寒						暖					
地支	子	丑	寅	酉	戌	亥	午	未	申	卯	辰	巳

십이지의 한난에 의한 구분을 보면 한은 子丑寅酉戌亥이며, 난은 午未申卯辰巳
이다.

- 寒: 子, 丑, 寅, 酉, 戌, 亥
- 暖: 午, 未, 申, 卯, 辰, 巳

④ 지지의 토의 한난조습의 분류

- 濕: 진토
- 燥: 술토
- 暖: 미토
- 寒: 축토

⑤ 한난조습의 조후용신이 필요한 계절

- 여름: 巳, 午, 未, 申月. 申月은 처서의 절기가 지났는지를 봐야 한다. 사오미월은 금
  수가 용신이며, 申金은 사주원국을 잘 살펴보고 판단해야 한다.
- 겨울: 亥, 子, 丑, 寅月. 寅月은 우수의 절기가 지났는지를 봐야 한다. 해자축월은 목

화가 용신이며, 寅木은 사주원국을 잘 살펴보고 판단해야 한다.

⑥ 한난과 조습

조습이 맞지 않으면 물질적인 것의 결과가 안 된다.
한난이 맞지 않으면 정신적으로 안정이 안 되고 문제가 생긴다.

VII

四柱의 通辯

1.

四柱八字 通辯 方法

(1) 사주팔자를 통변할 시 파악할 부분

- 월령과 일간을 보고 전체적인 환경을 파악
- 대운의 순행과 역행을 파악 후 어릴 적의 첫 대운을 중요하게 보고, 그다음 대운부
  터 길흉화복을 파악(인생의 첫출발이 중요)
- 지지의 변화 형충회합: 방합, 삼합, 육합, 형충회합
- 천간의 뿌리의 유무 파악(십이운성과 십이신살 적용)
- 격과 당령(사령)의 조화(성격이나 기질과 사회성)와 용신
- 조후용신: 한난조습의 조화(행위에 의한 결실과 결과를 파악하고 건강의 병약을 파악)
- 태과불급: (有用之神, 억부, 병약) 환경의 변화를 판단하고 태과불급을 파악
- 천간 지지의 배합(희신, 기신의 유무 파악)
- 시대의 흐름이나 배경과 환경을 파악

월지는 나의 직업과 적성이니 조후나 격 등의 월지를 중심으로 봐야 한다. 일지
는 인간관계나 배우자 등을 보는 것이다. 사주가 조화가 되면 때에 맞추어 준비를
하여 때를 기다리는 것이다. 조후는 현재의 나의 자질, 내가 하고 싶은 것을 때를
기다려서 결과를 거두는 것이다.

(2) 편중되고 혼합된 사주의 특성

- 행동이나 성격으로 강하게 나타난다.
- 싫어하면서도 어쩔 수 없이 끌려가고 행동한다.
- 변화가 많고 자주 문제가 일어난다.
- 길신도 흉한 작용으로 변할 수 있다.
- 전생부터 인연이 많다.

(3) 사주에 없는 육신

- 욕심을 부린다. 전생부터 인연이 약하다.
- 막상 나타나면 방관하고 무시하거나 관리를 잘 못한다.
- 만족하지 못한다.

(4) 사주에 없는 육신을 보는 방법

- 생하는 육신을 살펴본다.
- 지장간을 살펴본다.
- 대운을 살펴본다.

(5) 사주팔자에 살기가 뻗칠 때

- 조후가 되지 않을 때
- 정관과 정인이 없을 때

- 오행이 혼잡하거나 편중될 때
- 수화와 금목이 싸우고 있을 때
- 육신(星)과 자리(宮)에 문제가 있을 때
- 관성이 과다할 때

2.

五行歸類表[8]

五行其類	木	火	土	金	水
五方(오방)	東	南	中央	西	北
五時(五季)	春(춘)	夏(하)	長夏(季夏)	秋(추)	冬(동)
五臟(오장)	肝(간)	心(심)	脾(비)	肺(폐)	腎(신)
五腑(오부)	膽(담)	小腸(소장)	胃(위)	大腸(대장)	膀胱(방광)
五體(오체)	筋(근)	脈(맥)	肉(육)	皮(피)	骨(골)
五官(오관)	目(목)	舌(설)	口(구)	鼻(비)	耳(이)
五液(오액)	淚(루)	汗(한)	涎(연)	涕(체)	唾(타)
五華(오화)	爪(조)	面(면)	脣(순)	毛(모)	髮(발)
五神志 (오신지)	魂(혼)	神(신)	意(의)	魄(백)	志(지)
七情(칠정)	怒(노)	喜(희)	思(사) 慮(려)	憂(우) 悲(비)	驚(경) 恐(공)
五聲(오성)	呼(호)	笑(소)	歌(가)	哭(곡)	呻(신)
五化(오화)	生	長	化	收	藏
六氣(육기)	風(풍)	君火·相火·暑·熱 (서, 열)	濕(습)	燥(조)	寒(한)
五氣(藥性)	溫(온)	熱(열)	平(평)	涼(량)	寒(한)
五星(오성)	歲星(세성) 木星	熒惑星(형옥성) 火星	鎭星(진성) 土星	太白星(태백성) 金星	辰星(진성) 水星

---

8) 김규열(2014), 『음양오행설연구』, 원광디지털대학교, p. 106. "오행귀류는 추리, 연역, 귀류하는 방법이 내경에서는 널리 쓰이고 있는데 소문의 금궤진언론, 음양응상대론, 장기법시론, 선명오기, 오운행대론, 오상정대론 등의 편과 영추의 오미, 오음오미 등의 편에 근거하여 작성한 것이다."

五行其類	木	火	土	金	水
生數(생수)	三	二	五	四	一
成數(성수)	八	七	十	九	六
天干(천간)	甲乙	丙丁	戊己	庚辛	壬癸
地支(지지)	寅卯	巳午	辰戌丑未	申酉	亥子
五音(오음)	角(각)	徵(치)	宮(궁)	商(상)	羽(우)
五味(오미)	酸(산)	苦(고)	甘(감)	辛(신)	鹹(함)
五色(오색)	靑(청)·蒼(창)	赤(적)	黃(황)	白(백)	黑(흑)
五臭(오취)	臊(누린내)	焦(탄내, 단내)	香(향내)	腥(비린내)	腐(썩은내)
五果(오과)	李(리)	杏(행)	棗(조)	桃(도)	栗(율)
五菜(오채)	韭(구: 부추)	薤(해: 염교)	葵(규: 아욱)	蔥(총: 파)	藿(곽: 콩잎)
五畜(오축)	鷄(계) 犬(견)	羊(양) 馬(마)	牛(우)	馬(마) 鷄(계)	豕彘猪(돼지)
五穀(오곡)	麻(마) 麥(맥)	麥(맥) 黍(서)	稷(직)	稻(도)	豆(두)
五蟲(오충)	毛(모)	羽(우)	倮(라)	介(개)	鱗(린)
其令(기녕)	風(풍)	熱(열)	濕(습)	燥(조)	寒(한)
其候(기후)	溫和(온화)	炎暑(염서)	溽蒸(욕증)	淸切(청절)	凝肅(응숙)
其化(기화)	生榮(생영)	繁茂(번무)	豊滿(풍만)	堅斂(견렴)	凝堅(응견)
其行(기행)	宣發(선발)	鬱蒸(울증)	雨露(우로)	霧露(무로)	氷雪(빙설)
其政(기정)	發散(발산)	明曜(명료)	安靜(안정)	勁肅(경숙)	流演(유연)
其性(기성)	隨(수)	速(속)	順(순)	剛(강)	下(하)
其性(기성)	喧(훤)	暑(서)	靜(정)	涼(량)	한(한)
其用(기용)	曲直(곡직)	燔灼(번작)	高下(고하)	散落(산락)	沃衍(옥연)
其變(기변)	摧拉(최납)	炎爍(염삭)	動注(동주)	肅殺(숙살)	凝洌(응열)
其病變 (기병변)	握(악)	噯(우)	口歲 (얼: 딸꾹질)	咳(해)	慄(률)
其眚(기생)	殞(운)	燔炳(번설)	淫潰(음궤)	蒼落(창락)	冰雹(빙박)
其正(平氣)	敷和(부화)	升明(승명)	備化(비화)	審平(심평)	靜順(정순)
其太過 (기태과)	發生(발생)	爀曦(혁희)	敦阜(돈부)	堅成(견성)	流衍(류연)
其不及 (기불급)	萎和(위화)	伏明(복명)	卑監(비감)	從革(종혁)	涸流(학류)
五類(오류)	走類(주류)	飛類(비류)		甲類(갑류)	魚類(어류)

부록
— 사연 만화 —

參考文獻과 論文

○ 김규열(2014),『음양오행설연구』, 원광디지털대학교

○ 김상연(2015),『컴퓨터 萬歲曆』, 대구: 甲乙堂

○ 陳遵嬀(1998),『中國天文學史』, 5(臺北: 明文書局)

○ 김만태(2011),『한국 사주명리 연구』, 서울: 민속원

○ 만민영 저, 김정안 편(2017),『삼명통회적요(三命通會摘要)』, 서울: 문원북

○ 서순향(2021),「命理學과 Vedic占星學의 比較를 통한 相談 活用方案에 관한 研究 —五行과 五行星의 陰陽을 中心으로—」, 공주대학교 대학원 동양학과 박사학위논문

○ 양계초, 풍우란 저, 김홍경 편역(1993),『음양오행설의 연구』, 서울: 신지서원

○ 陸致極(2008),『中國命理學史論』, 上海: 上海人民出版社

○ 이진훈(2010),「十二運星에 關한 研究」, 公州大學校大學院 易理學科 碩士學位論文, 재인용,『淮南鴻烈解』,「天文訓」

○ 네이버 지식백과,「원형이정(元亨利貞)」, 한국고전용어사전, 2001. 3. 30., 세종대왕기념사업회